인생의 차이를 만드는 독서법
본깨적

본깨적

인생의 차이를 만드는 독서법

박상배 지음

보다. 깨닫다. 적용하다.

위즈덤하우스

| 차례 |

• 프롤로그 | 살아있는 책 읽기가 삶의 변화를 부른다 … 6

1. 책을 읽다, 삶이 바뀌다

운명처럼 만난 책, 새로운 삶을 선물하다 … 13
미운 오리 새끼, 백조가 되다 … 22
책 읽기로 위기의 학교를 구하다 … 33
권고사직 대상자, 꼭 필요한 인재로 거듭나다 … 43
평범한 보험설계사에서 우수인증설계사로 도약하다 … 50
한 사람의 변화가 조직 전체를 바꾸다 … 58

2. 이것이 삶을 바꾸는 책 읽기다

삶을 바꾸는 책 읽기는 본깨적이다 … 67
필요한 부분만 골라 읽어도 충분하다 … 74
1124 재독법이 망각을 잡는다 … 81
빨리 읽는 것보다 제대로 읽는 것이 중요하다 … 87
어떤 책부터 읽느냐가 성패를 결정한다 … 92
나를 이해하는 방법, 책 속에 있다 … 99
책을 몇 권이나 읽어야 삶을 바꿀 수 있을까 … 104
실행을 방해하는 원인부터 제거하라 … 111
수평적, 수직적 병렬독서의 조화가 필요하다 … 117

3. 실전! 본깨적 책 읽기

책을 읽는 데도 준비가 필요하다 … 127
눈으로 보고 손으로 읽으면 책 읽기 효과가 배가된다 … 138

밑줄과 박스를 치면서 읽으면 집중력 쑥쑥!　　　　　　　… 142
책 여백 상·하단에 본깨적 정리하기　　　　　　　　… 146
마무리 5분이 책을 살린다　　　　　　　　　　　　… 150
본깨적 노트 작성, 선택이 아닌 필수　　　　　　　… 158
본깨적 책 읽기, 함께하면 효과가 더 크다　　　　　… 171
333 본깨적으로 변화의 속도를 높인다　　　　　　… 177
나만의 독서 내비게이션　　　　　　　　　　　　　… 184
본깨적 책 읽기는 오감을 동원할 때 극대화된다　　… 190
인문학 책 읽기, 비슷하면서도 다르다　　　　　　… 197

4. 북 바인더, 책과 삶을 하나로 묶다

북 바인더가 독서 습관을 만든다　　　　　　　　　… 209
목표를 적으면 현실이 된다　　　　　　　　　　　… 212
북 바인더로 나만의 지식 자서전을 만든다　　　　… 222
One Book, One Message, One Action　　　　　　… 231
북 바인더를 잘 쓰면 책 읽을 시간이 저절로 생긴다　… 236
디지털 미디어 사용 시간을 반만 줄여도 인생이 달라진다　… 242

- **에필로그** | 책과 함께라면 건너지 못할 웅덩이가 없다　… 247
- **감사의 말**　　　　　　　　　　　　　　　　　　… 249
- **책 속 책** | 인생 변화를 준비하는 사람들을 위한 추천도서 15　… 253
- **책 속 부록** | 북 바인더　　　　　　　　　　　　… 269

| 프롤로그 |

살아있는 책 읽기가
삶의 변화를 부른다

　필자는 1년에 150회 이상 책 읽기에 관한 강의를 한다. 책을 읽는 목적은 사람마다 조금씩 다르다. 그냥 재미를 위해 읽는 사람도 있고, 삶의 위안을 얻기 위해 읽는 사람도 있고, 책을 통해 좀 더 적극적으로 삶을 바꾸고 싶은 사람도 있다. 그저 재미있게 책을 읽기 위해 내 강의를 듣는 사람은 드물다. 지금과는 다른 삶을 살고 싶은 사람들, 좀 더 자신을 발전시켜 성공적인 인생을 살고 싶은 사람들이 주로 강의를 듣는다.

　최선을 다해 강의를 하지만 한두 시간으로 사람들의 궁금증을 모두 풀기에는 역부족이다. 그래서 강의 중이나 강의가 끝나고 사람들의 질문이 쇄도한다. 책을 열심히 읽으면 정말 삶이 변할 수 있느냐는 질문도 많지만 의외로 어떻게 책을 읽어야 하는지를 묻는 경우도 상당히 많다. 강의 현장에서 사람들이 호소하는 고충과 가장 많이 하는 질문들은 대략 다음 6가지다.

1. 책을 읽으면 기억이 나지 않아요.
2. 책을 읽다 보면 정신이 다른 곳에 가 있어요.
3. 어떤 책을 선택해야 할지 모르겠어요.
4. 책은 자꾸 책장에 쌓이는데 어떻게 해야 하나요?
5. 읽은 책을 어떻게 정리해야 하나요?
6. 책에 나온 내용을 어떻게 회사 일에 접목할 수 있나요?

고민과 질문의 내용은 조금씩 달라도 결국 책을 읽어도 머릿속에 잘 남지 않고, 책을 삶에 활용하기는 더더욱 어렵다는 내용이다. 이 모든 문제의 근원은 다 책을 읽는 방법에 있다. 필자는 이를 '죽어있는 책 읽기'라고 표현한다. 잘못된 방법으로 책을 읽으면 나를 변화시키기 어렵다. 제대로 살아있는 책 읽기를 해야 '의미 없이 살고 있는 나'를 인생의 주인공으로 성장하게 만들 수 있다.

그렇다면 '살아있는' 책 읽기는 어떻게 하는 것일까?

살아있는 책 읽기는 ① 독서 마인드 셋 ② 본깨적 독서법 ③ 북 바인더로 구성되어 있다.

첫째, '독서 마인드 셋'은 말 그대로 책에 대한 오해를 풀고 왜 책을 읽어야 하는지 동기를 부여하는 과정이다. 책을 읽고 싶어도 시간이 부족해서 읽을 수 없다는 분, 책을 읽어도 하루만 지나면 내용이 가물가물해 괴롭다는 분, 아무리 책을 읽어도 삶이 바뀌지 않는다며 절망하는 분일수록 마인드 셋이 필요하다. 2장에 그 내용이 소개되어 있다.

둘째, '본깨적 책 읽기'는 살아있는 책 읽기의 몸통과도 같다. 책에 흥미를 느끼고 삶을 변화시키기 위해 어떻게 책을 읽어야 하는지 구체적으로 방법을 알려준다. 책만 읽고 끝나는 것이 아니라 업무, 미팅, 공부 등 자신의 삶에 적용할 수 있도록 돕는 책 읽기 방법이라 할 수 있다. 본깨적 책 읽기 방법은 3장에 자세히 설명했으니 읽어보면 실질적인 도움을 얻을 수 있을 것이다.

마지막으로 '북 바인더(Book binder)'는 책을 통해 알게 된 지식을 체계적으로 분류하고, 생활에 적용할 수 있도록 도와주는 도구다. 북 바인더와 관련한 내용은 4장에 소개했다. 북 바인더라는 시스템을 잘 활용하면 생활이 달라지고, 업무 능력을 비롯한 개인의 능력이 일취월장함을 느낄 수 있을 것이다.

살아있는 책 읽기는 필자 혼자서 만든 것이 아니다. 독서경영 현장에서 만난 수많은 분들과 함께 만든 독서법으로, 그분들의 목소리가 녹아 있다. 책 읽기의 어려움을 토로하는 분들의 이야기를 듣고 부족한 부분을 보충하면서 만든 것이 '살아있는 책 읽기'다.

오랜 시간 공들여 만든 살아있는 책 읽기를 좀 더 많은 사람들과 공유하고 싶어 책을 쓰기 시작했다. 강의를 하면서 만난 분들이나 지인들이 왜 책을 내지 않느냐며 집필을 권유한 것도 책을 써보자는 용기를 내게 했다. 하지만 책을 쓰는 일은 쉽지 않았다. 처음에는 강의에서 늘 하던 이야기를 글로 옮기면 되지 않을까 간단하게 생각했는데, 강의를 하는 것과 글을 쓰는 것은 크게 달랐다. 너무 힘들어 중간에 포기하고 싶은 생각도 들었지만 그때마다 조선대학교 박신영 학생이 보내온 편지를 보며 마음을 다잡았다.

"교수님, 저는 15년간 책을 한 권도 읽지 않았어요. 하지만 교수님을 만난 지 6개월도 안 됐는데 벌써 20권째 읽고 있어요. 저처럼 책 읽기 울

렁증이 있는 사람들, 교수님이 책을 내서 다 치료해주세요."

  이 책이 박신영 학생의 바람처럼 책 읽기를 어려워하는 많은 분에게 조금이라도 도움이 되었으면 좋겠다. 그리고 무엇보다 변화하고 싶은 독자들에게 단순히 읽고 끝나는 책이 아닌 운명을 바꾸어주는 책이 되어 오랫동안 소장되기를 소망한다.

2013년 가을

박상배

1

×

책을 읽다, 삶이 바뀌다

책은 삶을 변화시킬 수 있는 큰 동력을 갖고 있다. 그럼에도 선뜻 책을 읽지 못하는 이유는 책을 읽으면 정말 삶이 변할 수 있다는 것을 믿지 못하기 때문이다. 책을 읽었는데도 삶에 아무 변화가 없었던 것은 책을 제대로 읽지 못했거나 읽었어도 읽은 것으로만 끝냈기 때문이다.

운명처럼 만난 책,
새로운 삶을 선물하다

2008년 8월 새벽 4시. 한여름인데도 한강 다리 위에서 맞는 새벽은 차갑기만 했다. 발밑에 흐르는 한강의 물결이 유혹하듯 출렁였다. 곧 이승에서의 삶을 송두리째 거둬갈 물결이었지만 무섭지는 않았다. 오히려 스스로도 놀랄 정도로 담담했다. 잠시 잠깐 충동적으로 내린 결정이 아니었기에 서른다섯의 짧은 생을 마감하려는데도 아무런 미련도 없었다.

불행은 혼자 오지 않는다고 했던가. 그리 특별할 것도, 나쁠 것도 없는 평범한 삶에 불행의 그림자가 드리우기 시작한 것은 첫딸이 태어나면서부터다. 2001년 11월, 사랑하는 아내와 결혼할 때만 해도 장밋빛 미래를 상상하며 꿈에 부풀어 있었다. 잠시 동안이나마 꿈은 현실이 되는 듯했다. 2003년 3월 드디어 예쁜 딸아이가 우리에게로 왔다. 모든 아빠들이 그렇겠지만 세상을 다 얻은 듯 기뻤다.

  기쁨은 오래가지 못했다. 한 달, 두 달, 세 달이 지나도 아이는 말을 하지도, 몸을 뒤집지도 못하고 그대로였다. 처음에는 좀 늦는 것일 뿐이라 여기고 대수롭지 않게 생각했다. 하지만 시간이 지나도 자라지 않는 아이의 모습에 그제야 병원을 찾았고, 아이는 뇌성마비 1급 판정을 받았다. 평생 걸을 수도, 혼자서는 몸을 가눌 수도 없다고 했다.

  그때부터 2007년까지 약 4년 동안 아이 치료비를 마련하기 위해 안간힘을 쓰며 살았다. 안경원에서 일해 버는 수입으로는 한 달에 몇백만 원씩 하는 치료비를 도저히 감당할 수 없어 무리를 해서 주식투자를 하기도 했다. 다행히 총각 시절부터 주식 관련 책을 꽤 많이 섭렵하면서 꾸준히 노하우를 쌓은 덕분에 수익이 제법 괜찮았지만 행운은 거기까지였다. 주식으로 승승장구하던 2007년 초 어느 날, 해외에서 열리는 안경 검안 컨벤션 행사에 참여하느라 친구에게 주식계좌를 맡기게 되었다. 형제보다도 믿을 수 있는 친한 벗이었는데, 친구는 내 전 재산 10억 원을 들고 행방을 감춰버렸다.

  세상에 대한 분노와 불만에 가득 차 매일 술만 마시며 지냈다. 아무리 고민해도 답이 보이지 않아 결국 삶을 정리하자 결심하고 한강을 찾았다. 마지막으로 가족사진을 보기 위해 꺼져 있던 휴대전화를 켰는데, 아내가 보낸 문자가 눈에 들어왔다. "지금보다 빚이 열 배가 많아도 좋으니 옆에 있어줘요." 그 문자를 보고 차마 뛰어내릴 수는 없었다.

예상치 못한 곳에서 찾은 삶의 용기

아내의 문자에 마음을 돌리고 택시를 타고 집으로 돌아왔다. 극단적인 선택을 실행에 옮기지 않고 돌아왔지만 달라진 것은 아무것도 없었다. 사기를 당해 쌓인 빚을 갚을 길도 없고, 엄청난 치료비를 쏟아 부어도 딸아이는 좀처럼 나아질 기미가 보이지 않았다. 절망스러운 현실 앞에 신이란 신은 다 찾아가며 울고 또 울었다.

한참을 울다 문득 나처럼 죽으려고 했던 사람들은 어떻게 살았을까 궁금해졌다. 방법을 고민하다 혹시 책이라면 내가 원하던 이야기가 있지 않을까 생각했다. 씻지도 않고 그 길로 바로 동네 서점에 갔다. 까치머리에 눈곱이 잔뜩 낀 얼굴, 낡은 '추리닝' 차림에 슬리퍼를 질질 끌고 다니는 모습은 전형적인 백수나 걸인에 가까웠다. 지금 생각하면 어떻게 그런 모습으로 벌건 대낮에 바깥출입을 했는지 낯이 뜨겁다.

서점에서 책을 둘러보던 중 인상적인 책 한 권을 만났다. 선명한 노란색 띠지에 새겨진 "한 달 벌어 한 달 먹고사는 당신을 위한 인생의 반전"이라는 글귀가 마음을 흔들어놓았다. 꼭 나 같은 인생을 위한 책이란 생각이 들어 덥석 책을 집어 들었다. 그 책이 바로 천호식품 김영식 회장이 쓴 『10미터만 더 뛰어봐!』였다.

마을버스를 타고 집으로 돌아오는 길에 책을 읽기 시작했다. IMF 시절, 한순간에 몰락한 저자가 한 끼 밥값이 없어 소주로 허기를 달래며 새벽부터 강남역 지하도에서 전단을 돌리는 열정과 뚝심으로 1년 만에 20억 원의 빚을 갚고 재기에 성공한 내용을 담은 책이었다. 나보다 더 어려운 상황에 처했던 저자가 죽으려던 마음을 접고 재기한 이야기는 벅찬 감동으로 다가왔다. 같은 처지였다는 것 하나만으로도 동질감이 느껴졌고, 나도 일어설 수 있겠다는 용기를 얻었다.

책을 다 읽고 곧바로 저자가 운영하는 '뚝심카페'에 가입했다. 나와 처지가 비슷한 사람들이 많아 큰 위로가 되었다. 카페에서 주관하는 독서 공모전에도 응모해 서툰 글솜씨지만 진심을 담아 독후감을 썼고, 보름 후 카페에서 1등으로 당선됐다는 연락을 받았다. 1등 상금이 100만 원이었는데, 그 100만 원은 내게 바닥까지 추락했던 삶의 자신감을 다시 끌어올려준 한 줄기 빛과도 같았다.

뚝심카페에서 열심히 활동하던 어느 날 김영식 회장이 특강을 한다는 소식이 들려왔다. 혹시 미리 가면 회장님을 만나 질문을 할 수 있을지도 모른다는 기대로, 오후 1시에 특강이 시작하는데 오전 9시 30분에 강의장에 도착했다. 무려 3시간 30분이나 일찍 간 것이다. 기대와는 달리 강의 시작 전에 저자를 만나는 행운은 일어나지 않았다. 하지만 강의가 시작한 후 내 생애 잊을 수 없는 사건이 벌어졌다.

김영식 회장은 들어오자마자 "오늘 강의장에 가장 빨리 오신 분 앞으로 나오세요"라고 말했다. 번쩍 손을 들고 나갔더니 "언제 오셨나요?"라고 물었다. 오전 9시 30분에 왔다고 대답하니 김영식 회장은 깜짝 놀라며 과분한 칭찬을 했다.

"약속 시간 15분 전에 도착하면 사업에 성공할 수 있는 기본을 갖추었다고 생각합니다. 그런데 3시간 30분 전에 왔다니! 세상에, 이런 분이라면 반드시 성공합니다!"

처음 들어보는 큰 칭찬에 나는 잔뜩 고무되었다. 김영식 회장은 가장 일찍 온 사람에게 주는 상품이라며 5만 원짜리 문화상품권에다 건강식품 선물 세트까지 따로 챙겨주었다. 따뜻한 격려에 나는 처음 『10미터만 더 뛰어봐!』를 읽었을 때보다 더 큰 용기와 자신감을 얻을 수 있었다.

책의 힘을 절감한 첫 경험

김영식 회장이 준 문화상품권을 들고 다시 동네 서점에 갔다. 그때 『10미터만 더 뛰어봐!』 못지않게 내 마음을 움직인 책, 『가슴 뛰는 삶』을 만났다. 『10미터만 더 뛰어봐!』가 할 수 있다는 자신감을 갖게 해준 책이라면, 『가슴 뛰는 삶』은 무엇을 하고 살지를 고민하게 하고, 내가 진정 간절히 원하는 것이 무엇인지 깨닫게 해준 책이다.

그때까지 돈을 많이 벌고 싶다는 욕심만 있을 뿐, 분명한 인생의 비전을 갖고 살지는 못했다. 진지하게 고민해본 적도 없는 것 같다. 그저 하루하루 버티고 살아남는 데 급급했다.

총각 시절, 잠시 안경원을 그만두고 공부를 해야 하나 고민한 적은 있다. 공부에 대한 비전을 품어서라기보다는 자존심 때문이었다. 고등학교 2학년 때 어머니가 위암 선고를 받았다. 말기라 치료를 해도 생존을 장담할 수 없는 상황. 그 충격에 공부를 손에서 놓았다. 한참 공부해야 할 시기였지만 매일 만화책만 들여다보며 허송세월했다. 보다 못한 어머니가 "죽기 전에 네가 대학 가는 걸 보면 소원이 없겠다"라며 호소하는 모습에 겨우 정신을 차렸지만, 중요한 시기에 8개월이라는 공백은 극복하기 힘들었다.

결국 성적에 맞게 안경광학과에 진학해 졸업한 뒤 안경사로 일하던 중 우연히 고등학교 동창을 만났다. 안경원 바닥을 청소하다 누군가 내 이름을 불러 고개를 들어보니 친구가 나를 내려다보고 있었다. 그 친구가 사법고시에 합격했다는 소식은 이미 들어 알고 있었다. 연수원 동기인 듯한 예닐곱 명의 사람들과 함께 있었는데, 왠지 모를 부끄러움에 인사도 하지 못하고 자리를 피해 도망가고 말았다. 이후 한동안 방황하며 다시 공부를 해볼까 고민했지만 시간이 지나면서 흐지부지됐다. 진지한 성찰 없이 알량한 자존심만으로는 삶을 변화시키기에 역부족이었다.

『가슴 뛰는 삶』은 뚜렷한 비전 없이 살던 나를 되돌아보게 해준 소중한 책이다. 책을 읽으면서 수없이 자문했다.

"과연 내가 간절히 원하는 일은 무엇일까?"

"내 가슴을 뛰게 만드는 삶은 어떤 것일까?"

끊임없이 스스로 묻고 답하면서 답을 찾았다. 당시 나는 이외에도 구본형 선생의 『익숙한 것과의 결별』 등 삶을 성찰하고 자기 변화를 꾀하는 데 도움이 될 만한 책을 주로 읽었다. 책을 읽는 것으로 끝나지 않고 저자가 하는 강연을 쫓아다니며 들었다. 그러다 어느 순간부터 나도 그들처럼 사람들과 진심으로 소통하는 강사가 되고 싶다는 꿈을 꾸기 시작했다.

안경사로서의 삶은 좋지도 나쁘지도 않았다. 그게 문제였다. 전문직이어서 직장을 구하기도 쉽고, 열심히 일한 만큼 돈도 벌 수 있었지만 밋밋했다. 가슴이 설레거나 뛰지 않았다. 하지만 '강사'를 꿈꾸면서 내 가슴은 뛰기 시작했다. 고민하면 할수록 얼마나 간절하게 강사가 되고 싶은지 분명해졌다. 이제 남은 일은 꿈을 현실로 만들기 위해 노력하는 것뿐이었다.

250만 원이던 월급이 1570만 원으로

어떻게 하면 강사가 될 수 있을까?

강사가 되겠다는 결심은 했지만 어디서부터 어떻게 시작해야 할지 막막했다. 그러다 머릿속에 『가슴 뛰는 삶』의 저자인 강헌구 교수가 운영한다는 '한국비전교육원'이 스쳐 지나갔다. 그곳에서 비전을 코칭하는 강사를 양성하는 프로그램을 본 기억이 나서 무작정 찾아갔다. 강헌구 교수는 뵙지 못했지만 대신 비전 코치로 활약 중인 두 코치를 붙잡고 정말 책대로 하면 비전을 가질 수 있느냐, 강사가 될 수 있느냐고 물었다. 겸허하면서도 확신에 찬 모습으로 성심성의껏 대답해주는 두 사람을 보고 거금 500만 원을 대출받아 1년 과정을 밟기 시작했다.

6개월 동안 딴생각하지 않고 앞만 보고 달렸다. 하지만 점차 한동안 잊고 있었던 불안감이 스멀스멀 되살아났다. 가뜩이나 빚도 많은데 교육까지 받느라 500만 원을 또 대출받아 가계는 엉망이었고, 시간이 지날수록 과연 내게 강사가 될 자질이 있는지, 강사가 될 수는 있는 건지 의문스러웠다.

불확실한 미래에 불안해하면서도 꿈을 포기할 수는 없었다. 불안할수록 책을 더 많이 읽고 주변 사람들과 고민을 나누었다. 많은 분들이 진심으로 조언을 해주었지만 구본형 선생의 조언이 기억에 가장 많이 남는다. 그분은 초조해하는 나에게 "너무 서두르지 마라. 고통이 쌓이면 더 좋은 길로 갈 수밖에 없다"라고 말하며 조급해하지 말라고 당부했다.

그러던 중 불안감을 떨쳐버리게 해준 또 다른 운명의 책 『성공을 바인딩하라』를 만났다. '한국비전교육원'에서 만난 이윤배 코치가 선물해준 책이었는데, 큰 충격을 받았다. 사실 이 책을 만나기 전까지는 책을 많이 읽으면서도 늘 왠지 모를 갈증이 있었다. 분명 책을 읽으며 감동을 받고 의지를 다잡는데도 삶은 기대만큼 달라지지 않았다. 책을 읽어도 시간이 지나면 기억이 잘 나지 않았고, 나름 메모도 많이 했지만 막상 필요한 내용을 찾으려 하면 찾기가 어려웠다. 『성공을 바인딩하라』는 그 모든 고민에 해결의 실마리를 제공해주었다.

그때부터 저자인 강규형 대표를 많이 쫓아다녔다. 『성공을 바인딩하라』는 바인더를 통해 지식을 분류하는 방법을 소개한 책인데, 강규형 대표에게 일대일 코칭을 받고 업무에 적용하자 바로 효과가 나타났다. 안경원에서 개인 매출이 300퍼센트 가까이 늘어난 것이다. 그동안 별 변화가 없었는데 왜 바인더를 활용하니까 되는 거지? 놀랍기도 했고 한편으론 화가 났다.

똑같이 책을 읽어도 어떻게 활용하느냐에 따라 결과가 크게 달라진다는 것을 몸소 체험하고 이직을 결심했다. 그렇게 강규형 대표의 강연을 보조하는 스태프로 일하기 시작했다. 정직원은 아니었지만 단순한 업무 보조 역할에 머물지 않고 강의를 좀 더 발전시킬 수 있는 방법을 고민하면서 아이디어를 냈고, 강 대표는 그런 나를 높이 평가해 정직원으로 승진시켜주었다. 오랫동안 꿈꾸었던 강사의 길도 걷게 되었다. 강 대표와 함께 '독서경영'이라는 새로운 프로그램을 만들고 직접 강사로 뛰게 된 것이다. 처음 사람들 앞에서 강연했을 때 느꼈던 희열이 지금도 잊히지 않는다.

독서경영 강사로 일한 지 4년, 그동안 많은 변화가 있었다. 서툴렀던 초보 강사는 지금 대외적으로 실력을 인정받고 3P자기경영연구소에서 강사양성과정 수석 마스터를 맡을 정도로 성장했다. 연봉도 많이 올랐다. 안경원에서 일할 때 월급이 250만 원 정도였는데, 지금은 편차가 있긴 하지만 많이 받을 때는 1570만 원까지 받는다.

물론 연봉은 내 삶의 변화에서 큰 비중을 차지하지 않는다. 연봉보다는 즐겁게, 피곤한 줄도 모르고 몰입할 수 있는 가슴 설레는 일을 하고 있다는 데 전율을 느낀다. 강사는 내게 천직이다. 앞으로도 머리가 하얗게 셀 때까지 열심히 책을 읽고, 많은 사람과 지식, 삶을 소통하면서 살고 싶다.

미운 오리 새끼, 백조가 되다

독서경영을 하면 대학생들을 볼 기회가 많다. '젊음'은 큰 무기다. 가진 게 아무것도 없어도 젊기에 무엇이든 이룰 수 있는 무한한 가능성의 나이가 바로 20대가 아닐까 싶다. 하지만 정작 요즘 20대는 젊음을 무기가 아닌 불안함으로 받아들인다. 그들 탓이 아니다. 어렵게 대학에 들어가 4년 내내 열심히 '스펙'을 쌓아도 취업을 하지 못해 청년 백수들이 넘쳐나는 지금, 20대들이 희망보다는 불안과 친숙한 것은 너무도 당연한 일이다. 그래서인지 내가 만나는 대학생들의 표정은 대부분 어둡다.

워낙 취업이 어렵다 보니 요즘 대학생들은 옛날과는 달리 1학년 때부터 열심히 공부한다. 취업에 도움이 될 만한 스펙을 쌓기 위해 분주하게 움직이면서도 자신감이 없다. 현재의 자기 모습에 만족하지 못한 채, 결국 자신은 변화하지 못하고 그저 그렇게 살 거라는 패배감에 젖어 있는 학생들도 많다.

그런 대학생들을 볼 때마다 무척 안타까웠다. 한때 길을 잃고 헤매던 내 모습이 떠올라 어떻게든 도와주고 싶은 마음이 간절했다. 내가 할 수 있는 일은 함께 책을 읽는 것이 전부였다. 내가 그랬듯 그들도 책을 읽고 변화할 수 있기를 바랐지만 솔직히 처음에는 100퍼센트 자신하기 어려웠다. 그들이 바라는 것은 구체적인 변화였다. 책을 읽고 마음의 위로를 받는 차원에서 벗어나 책이 당장 밋밋하고 불안한 자신의 삶을 드라마틱하게 바꿔주기를 원했다. 하지만 책을 읽고 변화하는 주체는 자기 자신이다. 결국 자신이 얼마나 노력하느냐에 따라 삶이 바뀔 수도, 바뀌지 않을 수도 있기에 처음 대학생들과 함께 책을 읽을 때만 해도 조금 불안했다.

내 걱정은 기우에 불과했다. 주눅 들고 패배감에 젖어 있던 학생들은 책을 읽으면서 변화하기 시작했다. 책을 읽으며 스스로 삶의 목표를 세우고 하루하루 최선을 다하면서 예전에는 불가능하다고 생각했던 것들을 이루어냈다. 그런 학생들이 헤아릴 수 없을 정도로 많지만 그중에서도 특히 기억에 남는 친구가 있다. 바로 최원석 군이다.

최원석 군은 책 읽기를 시작한 지 불과 1년여 만에 자신의 삶을 성공적으로 변화시켰다. 그는 그 흔한 토익 점수도 없이 200 대 1의 경쟁률을 뚫고 이랜드에 입사했다. 흔히 말하는 훌륭한 스펙과는 거리가 멀어도 한참 먼 조건에도 당당히 합격할 수 있었던 비밀은 '책'에 있다.

나를 닮은 친구를 만나다

2011년 11월, 독서포럼 숭실나비 1주년 행사가 있던 날로 기억한다. 행사가 끝나고 고깃집에서 뒤풀이를 했는데 꽤 많은 사람이 모였다. 40여 명의 사람들, 대부분은 1년 동안 함께 독서포럼을 해온 멤버여서 낯이 익었다. 그런데 처음 보는 얼굴이 있었다. 남학생 두 명, 그중 한 명이 숭실대학교에 다니던 원석이였다.

원석이의 첫인상은 강렬했다. 자기 얼굴보다 훨씬 큰 검정 뿔테 안경을 쓰고 있어서인지 인상이 예사롭지 않았다. 안경원에 근무했던 터라 원석이가 쓰고 있던 안경이 눈에 더 잘 들어왔는지도 모른다. 자세히 살펴보니 안경테가 레이밴 선글라스 테였다. 원래 선글라스에 있던 렌즈를 빼고 도수를 넣은 안경 렌즈를 넣어 쓰고 있었다. 개성이 강한 친구 같았다.

처음에는 원석이와 친구 둘 다 어색한지 말이 없었다. 그러다 분위기가 무르익으면서 자연스럽게 많은 이야기를 나누게 되었다.

"앞으로 어떻게 살아야 할지, 취직은 어떻게 해야 할지 걱정이에요."

곧 4학년이 되는 학생들이라 고민이 많았다. 앞으로 어떻게 살 것인가에 대한 고민도 많았지만 당장 발등에 떨어진 취업이라는 문제를 어떻게 해결해야 할지 막막한 모양이었다. 미래와 취업에 관한 고민은 원석이뿐 아니라 대학생 모두가 하는 것이지만 나는 원석이에게 마음이 많이 쓰였다. 뒤풀이 자리에서 들은 그의 사정이 왠지 딱했기 때문이다. 집안 형편이 넉넉지 않아 아르바이트를 하며 공부를 하고 있었고, 그때까지 대출받은 학자금도 몇천만 원이 넘는다고 했다. 졸업하고 취업을 하지 못해 대출받은 학자금을 갚지 못하면 사회생활을 시작하기도 전에 신용불량자가 될 판이었다.

원석이 이야기를 들으면서 대학시절의 내 모습이 떠올랐다. 나 또한 집안 사정이 좋지 않아 어렵게 대학생활을 했기에 그의 사정이 더욱 가슴 아프게 느껴졌다. 조금이라도 도움이 되고 싶은 마음에 내가 몸담고 있는 '3P자기경영연구소'에 인턴으로 지원해보라고 권유했다. 막연히 고민하는 것보다는 직접 현장에서 뛰면서 배우는 게 앞으로 사회생활을 하는 데 도움이 된다고 생각했기 때문이다.

두 친구는 흔쾌히 인턴 제의를 받아들였다. 그로부터 한 달 후 두 친구가 약속대로 회사에 나왔다. 그때부터 두 달 동안의 인턴생활이 시작되었다. 그들이 맡은 일은 창고 물류관리였는데, 추운 겨울이라 무척 힘들어했다. 가뜩이나 익숙지 않은데 춥기까지 하니 쉽지 않았을 것이다.

그러던 중 원석이와 함께 시작했던 친구가 개인적인 사정으로 일을 그만두었다. 원석이도 얼마 버티지 못하고 그만둘 거라고 생각했다. 힘들어도 친구와 함께하면 서로 의지하며 버틸 수 있을 텐데, 친구가 없으니 외롭고 힘들어 계속하기가 어려울 것이라 지레짐작했다.

예상은 보기 좋게 빗나갔다. 원석이는 혼자서 꿋꿋하게 인턴생활을 계속해나갔다. 처음 원석이를 보았을 때 신중하지만 일을 끈기 있게 해내는 강단은 없어 보였다. 생각이 너무 많아 쉽게 행동하지 못하는 전형적인 지식인 같은 느낌이 강했다고 할까. 내가 본 원석이의 모습이 전부는 아니겠지만 실제로 그에게는 고뇌하는 지식인 같은 모습이 많았다. 그랬던 그가 쉽게 흔들리지 않고 끝까지 자신의 선택을 실천하는 모습을 보이며 달라지기 시작했다.

스펙 대신 책을 선택한 결정적 이유

원석이를 변하게 만든 힘은 '책 읽기'다. 원석이는 대부분의 20대가 그렇듯 자신감이 부족했다. 그를 주눅 들게 만든 것은 스펙이었다. 대학생이 꼭 갖춰야 한다고 생각하는 가장 기본적인 스펙 중 하나가 토플이나 토익 같은 영어 점수다. 당시 원석이의 토익 점수는 400점이 채 안 되었다. 어디 내놓을 수도 없는 참담한 점수였다.

영어 점수만 부족한 게 아니었다. 이렇다 할 인턴 경력도 없고, 흔하디흔한 자격증도 없었다. 물론 모든 기업이 스펙만 보고 사람을 판단하는 것은 아니다. 남들 다 쌓는 스펙만으로는 그 사람의 잠재적인 능력을 판단할 수 없다고 생각해 심층 면접이나 다른 방법으로 인재를 발굴하는 기업들도 많다.

문제는 스펙이 없는 것이 아니라 무엇이든 할 수 있다는 자신감이 없어도 너무 없다는 데 있었다. 그런 원석이를 보면서 취업 준비 이전에 자신감을 회복하는 것이 먼저라는 생각을 하게 되었다.

원석이에게 어떤 책이 도움이 될까, 고민에 고민을 거듭했다. 이미 숭실나비에서 자신을 변화하게 하는 데 도움이 되는 책을 몇 권 읽은 후였기 때문에 좀 더 직접적으로 동기를 부여하고 자신을 돌아보는 데 도움이 될 만한 책을 추천하고 싶었다. 간절하게 변화를 원하는 사람에게 책을 추천하기란 쉬운 일이 아니다. 그 사람이 가장 고민하는 문제가 무엇인지, 어떤 환경에서 어떤 경험을 하며 성장했는지를 모르면 맞는 책을 추천하기가 어렵다. 고심 끝에 『성공하는 사람들의 7가지 습관』 『프랭클린 자서전』 『맥킨지는 일하는 방식이 다르다』 『죽음의 수용소에서』 『피터 드러커의 자기경영노트』 다섯 권을 추천했다.

다행히 이 책들이 원석이가 자기를 돌아보고 미래를 꿈꾸는 데 도움이 되었던 것 같다. 그는 책을 읽으면서 자기도 몰랐던 자신을 만날 수 있었다. 자신이 아무 데서도 환영받지 못하는 미운 오리 새끼가 아니라, 내면에는 아름다운 백조가 될 수 있는 잠재력이 있다는 것을 자각하기 시작했다. 특히 『성공하는 사람들의 7가지 습관』에 나온 '주도성'과 관련된 내용이 큰 자극이 되었다고 했다. 원석이의 마음을 울렸던 내용은 다음과 같다.

> 주도성(proactivity)이란 단어를 요즈음 경영학 문헌에서 빈번하게 찾아볼 수 있게 되었지만 대부분의 사전에서는 찾지 못할 것이다. 이것은 단순히 솔선해서 사는 것 이상을 의미한다. 이 말의 의미는 스스로의 삶에 대해 책임을 져야 한다는 뜻이다. 우리의 행동은 우리가 하는 의사 결정에 의한 것이지 결코 우리를 둘러싼 여건에 의해 좌우되는 것이 아니다.

일이 잘 안 풀릴 때 사람들은 흔히 조건을 탓한다. 내색은 하지 않았지만 원석이도 조금은 환경을 탓하기도 했다고 한다. 집안 형편이 어려워 스스로 생활비와 학비를 벌면서 공부하기가 쉽지 않았을 것이다. 남들 다 가는 어학연수는 꿈도 꾸기 어려웠으리라. 그런 환경에선 누구라도 위축되고 열등감을 느끼는 게 당연하다며 스스로를 위로했을 것이다. 그런 그에게 "우리의 행동은 우리가 하는 의사 결정에 의한 것이지 결코 우리를 둘러싼 여건에 의해 좌우되는 것이 아니다"라는 문장은 애써 외면해왔던 진실을 일깨웠다.

결국 자기 삶은 스스로 책임져야 한다. 그러려면 주변을 탓하지 말고 스스로 고민하고 결정해서 행동해야 한다는 것을 깨닫고 원석이는 달라지기 시작했다. 소극적이었던 자세는 점차 적극적으로 바뀌어갔고, 목적 없이 표류하던 돛단배 같은 모습에서 점차 방향을 잡고 움직이는 모습으로 변해갔다.

원석이가 인턴생활을 한 지 한 달쯤 지났을 무렵, 독서경영강사 과정을 론칭하기 위해 눈코 뜰 새 없이 바빴을 때였다. 할 일은 너무 많은데 일손이 부족해 고양이 손이라도 빌려야 할 상황이었다. 옆에서 이 모습을 지켜보던 원석이가 자신도 일을 돕겠다며 나섰다. 부탁도 하지 않았는데 먼저 돕겠다고 자청한 것도 고마웠지만, 예전과는 달리 적극적으로 나서는 모습이 보기 좋았다.

원석이는 몸을 사리지 않고 열심히 일했다. 그러던 어느 날 회사에 다급한 프로젝트가 떨어졌다. 워낙 바쁜 시기여서 직원 모두가 정신없는 나날을 보내고 있었던 터라 마땅히 처리할 사람이 없었다. 더구나 밤 9시였는데 당장 다음 날 아침 10시까지 프로젝트를 마무리해야 하는 상황이었다.

이사님이 궁여지책으로 원석이에게 프로젝트를 맡겼다. 평소 성실하게 인턴생활을 한 그에게 기본적인 믿음은 있었지만 실무 경험이 없는 원석이가 하룻밤 사이에 프로젝트를 완성하기란 거의 불가능했다. 그럼에도 달리 대안이 없어 그에게 프로젝트를 맡길 수밖에 없었.

다음 날 아침, 원석이는 완벽하게 정리한 자료를 들고 회사에 나타났다. 밤을 꼬박 새운 듯 눈이 빨갰지만 어려운 일을 해냈을 때 느낄 수 있는 기분 좋은 만족감이 표정에서 드러났다. 원석이가 정리해 온 프로젝트는 완벽했다. 이사님은 두고두고 원석이를 칭찬했다.

"회사 직원들도 밤을 새워 과제를 다 해오는 친구가 없는데 인턴사원이 해내다니, 정말 감동받았어요."

원래도 원석이는 성실한 편이었다. 다만 구체적인 삶의 목표를 정하지 못해 주어진 일은 성실하게 하는데 스스로 적극적으로 일을 찾아 하는 열정이 조금 부족했다. 하지만 인턴을 하면서 보여준 모습은 열정 그 자체였다. 누구보다도 적극적으로 열심히 일했고, 실제로 훌륭하게 일을 해내면서 자신감도 많이 회복했다. 이 모든 것이 책으로부터 시작된 변화였다.

200 대 1의 경쟁률을 뚫고 대기업에 입사하다

"이랜드에 들어가고 싶어요. 어떻게 준비하는 게 좋을까요?"

인턴생활을 하던 어느 날 원석이가 상담을 요청하더니 이랜드에 취업하고 싶다고 했다. 인턴을 하기 전에는 앞으로 무엇을 해야 할지 목표가 없어 고민했던 원석이였다. 그런 그가 인턴을 하면서 유통에 관심을 가지기 시작했고, 이랜드 유통사업부라는 구체적인 목표를 세운 것이다.

사실, 원석이가 처음 이랜드에 입사하고 싶다는 말을 했을 때만 해도 반신반의했다. 이랜드에 관해 잘 알지도 못하는 상태에서 정한 목표였기 때문에 바뀔지도 모른다고 생각했던 것이다. 하지만 일단 없던 목표를 세운 것은 상당히 고무적인 일이라 우선 이랜드 필독서부터 읽는 게 좋겠다고 조언했다. 단순히 책을 읽는 데서 그치지 말고 이랜드가 즐겨 하는 방식대로 책에서 본 것, 깨달은 것, 적용할 것을 노트에 정리해보라고 했다.

아침부터 저녁 늦게까지 파김치가 되도록 일하고 나서 책을 본다는 것은 쉬운 일이 아니다. 그럼에도 원석이는 열심히 책을 읽고 약속한 날까지 정리를 해서 왔다. 하지만 이 일은 인턴이 끝나고 3월이 되면서 끝이 났다. 새 학기가 시작하면서 원석이는 다시 학생 신분으로 돌아가야 했다.

그로부터 3개월쯤 지난 어느 날, 원석이에게서 연락이 왔다. 2012년 12월에 최종 결과가 발표되는 이랜드 채용에 지원하고 싶다며 조언을 구했다. 지난해 겨울에 했던 말이 그냥 하는 말이 아니었다. 사실 난 이랜드를 잘 몰랐다. 『이랜드 2평의 성공신화』라는 책을 읽고 이해한 게 전부였다. 그 정도로는 원석이에게 실질적인 도움을 주기가 어려웠다.

다행히 3P자기경영연구소에는 이랜드에 10여 년 동안 몸담았던 강규형 대표와 류경희 이사가 있었다. 그분들에게 원석이의 사정을 설명하고 도움을 요청했다. 두 분이라면 이랜드의 문화와 이랜드가 바라는 인재상을 잘 알고 있을 테니 실제적인 조언을 해줄 수 있으리라 믿었고, 두 분도 흔쾌히 도와주겠다고 약속했다.

그때부터 이랜드 입사 100일 작전이 시작되었다. 우선 1차 서류심사부터 통과해야 했다. 마감일 9월 17일까지는 약 100일의 시간이 있었다. 강규형 대표와 류경희 이사의 조언을 듣고 본격적으로 자기소개서를 쓰기 시작했다. 당연한 말이지만, 자기소개서는 자신을 소개하는 중요한 자료이기 때문에 신중을 기해 잘 써야 한다. 솔직하면서도 자신의 강점을 잘 드러내고, 무엇보다 업체가 바라는 인재상에 자신이 잘 부합한다는 것을 입증하는 게 중요하다. 자기소개서를 수십 번은 썼던 것 같다. 강 대표와 류 이사의 조언을 바탕으로 수정하는 것은 물론, 원석이는 직접 이랜드에 근무하는 선배들을 찾아가 조언을 구하고 수정을 거듭하면서 자기소개서를 완성했다.

열심히 노력한 덕분에 1차 서류심사는 무사히 통과했다. 인적성 평가도 별 탈 없이 통과하고 3차에 걸친 까다로운 면접을 치렀다. 10월 18일에 1차 면접을 보고, 약 한 달 후인 11월 15일~16일에 1박 2일에 걸쳐 합숙 면접을 보고, 마지막으로 11월 28일에 최종 면접을 치렀다. 관문을 하나씩 통과할 때마다 원석이는 말할 것도 없고 지켜보는 나도 심장이 타들어가는 것 같았다.

최종 합격자를 발표하던 12월 3일, 초조한 마음으로 소식을 기다리는데 전화벨이 울렸다. 원석이의 들뜬 목소리가 전화기를 타고 들려왔다.

"팀장님, 저 합격했어요!"

합격했다는 소식을 듣는 순간 울컥했다. 원석이가 지금의 자신을 만들기 위해 얼마나 피나는 노력을 했는지 곁에서 쭉 지켜보았기에 나도 모르게 감정이 격해졌다. 분명 원석이는 자신만 몰랐을 뿐, 아무 데서도 환영받지 못하는 미운 오리 새끼가 아니었다. 책을 읽으면서 자신의 강점을 발견하고 자신감을 회복하자, 과감히 이랜드에 도전할 수 있었다.

하지만 그보다 더 중요한 것은 생각을 행동으로 옮기는 '실천'이었다. 이랜드에 입사하겠다는 목표를 세우고, 관련 필독서들을 부지런히 읽으면서 회사 문화를 이해하려고 노력했고, 이랜드와 관련된 매장을 직접 찾아다니며 경험을 쌓고 지식을 얻었다. 그런 노력과 열정을 이랜드 면접관들이 알아보고 인정했기에 합격할 수 있었을 것이다.

현재 원석이는 이랜드에서 열심히 일하고 있다. 이미 책 읽기로 삶을 상당 부분 변화시켰지만 그는 책 읽기를 멈추지 않는다. 이랜드는 변화의 시작점이지 끝이 아니기 때문이다. 그는 앞으로도 책을 더 많이 읽고 삶을 더욱 긍정적으로 변화시키고 싶다고 말한다. 원석이라면 꼭 그렇게 할 수 있으리라 믿는다.

책 읽기로
위기의 학교를 구하다

학교가 심각한 위기에 처했다는 목소리가 커진 지 이미 오래다. 수업 시간에 선생님 수업을 경청하는 학생들이 드물다. 그나마 다른 공부를 하거나 집중하지 않아도 눈을 뜨고 선생님을 보고 있는 학생들은 예의가 있다고 봐야 하는 실정이다. 보란 듯이 책상에 엎드려 자는 학생들의 모습은 더 이상 놀랍지도 않다.

죽어가는 학교를 살릴 수 있는 방법은 없을까? 분명 쉬운 문제는 아니다. 선생님과 학생, 학부모만 각성하고 노력한다고 해결될 문제는 아니기 때문이다. 학교 문제는 우리나라 사회구조와 밀접하게 연결되어 있으므로 학력 위주의 사회구조를 바꾸지 않는 한 교육을 정상화하기는 어려울 것이다.

하지만 실망하기에는 이르다. 사회구조적인 문제가 바탕에 깔려 있기는 해도 학교의 주체인 선생님과 학생이 변하면 학교는 달라질 수 있다. 전남 함평 나산 중·고등학교가 그 증거다. 나산 중·고등학교는 설립자가 가난한 농촌의 청소년들에게 교육받을 수 있는 기회를 주고자 만든 학교로, 1961년에 개교했다. 이후 막대한 자금을 들여 학교를 발전시키려고 노력했지만 점점 학생 수도 줄고 선생님들도 지쳐가면서 심각한 어려움에 처했다.

조금씩 죽어가는 학교를 살린 건 바로 '책'이었다. 선생님들이 먼저 책을 읽고 변화하면서 학교에 생기가 돌기 시작했고, 지금은 학생과 학부모들까지 함께 책을 읽을 정도로 책 읽기가 확산되었다. 선생님들이 변하고, 학생들이 변하고, 이를 지켜보는 학부모들까지 변하면서 이제 나산 중·고등학교는 예전의 우울하고 칙칙한 학교가 아니라 생기 넘치고 즐겁게 공부할 수 있는 학교로 변화했다.

성남에 뿌린 독서 불씨가 함평으로 옮겨가다

나산 중·고등학교 변화의 현장에는 나도 함께 있었다. 2011년 5월부터 1년여 동안 나산 중·고등학교 선생님들과 함께 책을 읽고, 책으로 삶을 변화시키는 방법을 아낌없이 전수했다. 사실 한 달에 두세 번씩 서울에서 전라도 함평까지 가서 독서지도를 한다는 것은 쉬운 일이 아니다. 그 어려운 길을 마다하지 않고 갔던 데는 사연이 있다.

나산 중·고등학교 이야기를 하려면 성남에 있는 '일진커뮤테이터'라는 회사 이야기를 하지 않을 수 없다. 일진커뮤테이터는 자동차 시동모터 정류자를 생산하는 업체로, 60여 명의 직원을 둔 탄탄한 중소업체다. 처음 일진커뮤테이터와 독서경영을 진행할 때만 해도, 그것이 인연이 되어 나산 중·고등학교까지 독서경영을 하게 될지는 생각조차 못했다.

일진커뮤테이터에서 독서경영을 도입한 분은 김현정 부장이다. 김 부장은 회사 분위기를 바꾸고 싶어 했다. 수십 년에 걸친 꾸준한 연구개발 끝에 자동차 시동모터 정류자를 국산화하고 유럽 시장에도 진출한 덕분에 그 분야에선 독보적인 전문업체로 인정받고 있었지만 정작 회사 분위기는 많이 침체되어 있었기 때문이다. 그 상태로는 발전에 한계가 있다고 판단하고 직원들에게 변화의 동력을 제공하고자 독서경영을 시작하려고 했다.

하지만 회장님은 "현장에서 기름 만지는 사람들이 무슨 책이냐"라며 난색을 표했다. 김현정 부장이 이왕 하기로 한 것이니 일단 3개월만 해보자며 회장님을 설득해 어렵게 독서경영을 시작할 수 있었다.

2010년 9월 17일, 일진커뮤테이터와 독서경영을 시작했던 그날을 잊을 수가 없다. 직원들의 표정에는 반감이 가득했다. 책이라곤 도통 읽지 않던 사람들이 어느 날 갑자기 부장의 강요로 독서경영에 참여하게 되었으니 기분이 좋을 리가 없었다. 그것도 업무에 지장이 있어서는 안 된다는 이유로 새벽에 모이라고 하니 얼마나 싫었을지 충분히 이해하고도 남았다.

냉소적인 사람들 앞에서 혼자서 떠드는 것만큼 힘든 일도 없다. 새벽 6시 50분부터 8시 40분까지 2시간가량 독서경영 과정을 진행했는데, 그 2시간이 2년처럼 길게 느껴졌다. 나를 보아주는 것만도 고맙게 느껴질 정도로 사람들은 집중을 하지 않았다. 여기저기 하품을 하는 사람, 아예 다른 곳을 보며 딴생각을 하는 사람들이 부지기수였다. 독서경영은 책을 읽고 함께 이야기하는 것이 기본인데, 책을 읽어 온 사람이 거의 없었다.

그런 그들에게 진심으로 호소했다. 회사를 위해 책을 읽는 것이 아니라 나를 위해 읽는다는 생각으로 힘들더라도 2개월만 해보자고 설득했다. 진심이 통했던 것일까? 횟수가 늘어나면서 직원들의 눈빛이 조금씩 달라지기 시작했고, 비록 적지만 적극적으로 참여하는 직원들도 나타났다. 똑같이 심드렁했던 동료가 변하는 모습을 보면서 다른 직원들도 고무되기 시작했고, 10회쯤 되었을 때는 독서경영 모임이 180도 달라져 있었다.

3개월쯤 지났을 무렵 독서경영에 호의적이지 않았던 회장님이 처음으로 참여했다. 직접 참여한 뒤 회장님은 독서경영에 많은 관심을 보이기 시작했고, 적극적으로 지원을 해주셨다.

그러던 어느 날, 회장님이 의논할 일이 있다며 나를 불렀다.

"박 팀장, 최근에 말이지 내가 공장이 변하고 있다는 것을 실감하고 있어요."

"어떤 변화가 생겼는데요?"

"사람들이 많이 밝아졌고 생기가 돌아요. 특히 공장에서 일하는 50대 여직원이 있는데, 책을 읽으면서 표정이 몰라보게 밝아졌어요. 예전에는 좀 우울하고 의욕도 없어 보이던 분이었거든요. 그랬던 사람이 표정뿐 아니라 말하는 것도 달라져서 직원들이 참 보기 좋다고들 해요."

직원들의 변화를 직접 눈으로 보고 이야기를 전해 들으면서 회장님은 진즉에 독서경영을 하지 않은 걸 후회한다고 했다. 그러고는 개인적인 고민을 털어놓으셨다.

"사실, 내 고향이 전남 함평인데 그곳에 형님께서 나산 중·고등학교를 만들었어요. 1961년에 설립했으니 벌써 50년이 넘었군요. 나는 지금까지 이 공장에서 번 돈으로 형님이 세운 학교를 지원해왔어요. 농촌 청소년들이 나라의 기둥이 되도록 돕는 것이 소명이라고 생각하고, 훌륭한 학생을 육성하는 학교를 만드는 것이 개인적인 바람입니다. 그런데 몇 년 전부터 농촌의 학생 수는 줄어들고, 경쟁이 치열해지면서 학교가 어려워지고 있어요. 선생님들도 많이 지친 상태구요. 학교 분위기를 새롭게 바꾸고 싶은데 방법이 없을까요?"

회장님이 무슨 말을 하는지 잘 알면서도 난 아무 말도 할 수가 없었다. 회장님은 책을 읽고 직원들이 변했듯이 학교도 책을 읽으면 변할 수 있을 거라 기대했고, 나 또한 그럴 수 있다고 생각했지만 문제는 거리였다. 서울에서 함평까지는 300킬로미터가 넘는다. 어쩌다 한 번씩 가는 특강이라면 아무 문제가 없지만 한 달에 최소한 두 번 이상 내려가는 건 쉬운 일이 아니었다. 또한 그런 일을 혼자서 결정할 수는 없었다. 회사 대표의 허락이 있어야 가능한 일이었다.

내 사정을 들은 회장님은 직접 우리 회사의 수장인 강 대표님을 만나 설득했다. 그분은 항공기 티켓과 숙소를 제공하고 나를 가장 빨리 서울로 상경할 수 있도록 최선을 다하겠다며 진심을 전했다. 그분의 정성에 결국 강 대표님은 허락을 했고, 그렇게 해서 나산 중·고등학교와의 인연이 본격적으로 시작되었다.

선생님의 변화가 학생에게로 이어지다

 2011년 5월 21일 토요일, 나산 중·고등학교 선생님 스물세 분과 첫 만남을 가졌다. 기업을 대상으로 한 독서경영 지도는 많이 해보았지만 선생님들은 처음이어서 그런지 서울에서 출발할 때부터 가슴이 두근거렸다. 잘할 수 있을까 걱정되면서도 학교 선생님이라면 일반인보다는 책을 가까이하는 분들이니 좀 더 재미있게 독서모임을 할 수 있지 않을까 하는 기대감도 없지 않았다.
 토요일 오후 2시부터 6시까지 4시간 동안 책 읽기와 관련한 특강을 했다. 본격적으로 책 읽기를 하기 전에 독서모임에 대한 전반적인 소개를 하는 일종의 워밍업이었다. 본격적인 독서모임은 그로부터 약 3주 후인 2011년 6월 13일에 시작했다. 그때부터 한 달에 두 번씩 월요일 새벽 6시 30분부터 8시 30분까지 독서모임을 가졌다. 그렇게 하려면 나는 전날 김포공항에서 비행기를 타고 광주공항에 도착해야 했다. 그럴 때마다 아내에게 미안했다. 아내는 별 내색하지 않고 잘하고 오라고 격려했지만 일요일만이라도 함께 있어주지 못하는 미안함은 떨쳐버릴 수가 없었다.
 독서경영을 시작하기 전에 나병구 교장선생님, 전종채 교감선생님과 면담을 시작했다.
 "선생님들이 많이 지친 상태입니다. 업무도 많고 학생들 지도하는 것도 여간 힘든 일이 아닙니다. 요즘 시골 학교가 모두 힘들어요. 저희 학교도 예외는 아닙니다. 학교 선호도가 떨어지면서 지망하는 학생들이 점점 줄고, 기초가 부족하고 공부에 별 의욕이 없는 학생들이 주로 오니 수업이 잘 진행되지 않습니다."
 두 선생님은 학교의 어려운 사정을 토로하고 독서경영이 지친 선생님들에게 도움이 되었으면 좋겠다며 독서경영에 대한 기대를 감추지 않았다.

면담이 끝나고 독서모임이 시작되었다. 독서모임에 대한 참여도는 당연히 좋지 않았다. 하지만 선생님들의 변화는 비교적 빨리 찾아왔다. 선생님들은 의외로 동료 선생님들과 소통할 기회가 적다. 각자 수업 시간대가 다른 데다 수업 외에도 처리해야 할 업무들이 많아 편하게 이야기를 나눌 시간이 부족하다. 소통이 부족하면 당연히 서로를 오해하기도 쉽다. 사소한 말 한마디가 상대방에게 상처를 주기도 한다. 학교 선생님들도 예외는 아니다. 그런데 독서토론을 하면서 자연스럽게 서로의 생각과 경험을 이야기하게 되자 선생님들은 급속히 가까워졌고, 학교에 대한 문제, 학생들을 지도하는 문제 등에 대해서도 깊은 대화를 나누기 시작했다.

물론 모든 선생님들이 독서모임에 호의적이지는 않았다. 독서모임이 진행되면서 몇몇 선생님들이 변화하기 시작했는데, 이러한 변화는 학생들에게도 영향을 미쳤다. 선생님들이 책을 읽으면서 얻은 아이디어를 수업에 적용해보고, 좀 더 재미있게 수업을 할 수 있는 방법을 연구하면서 학생들의 반응이 달라졌다. 나산 중·고등학교에서 새벽에 독서모임을 지도하고 서울로 올라오기 전, 어떤 학생이 했던 이야기가 잊히지 않는다. 화장실에 들렀다 나오는 내게 한 학생이 다가와서 물었다.

"우리 선생님 새벽에 뭐하세요? 요즘 수업이 달라졌어요. 선생님 수업이 재미있어졌어요."

그 말을 듣는 순간 가슴이 뭉클했다. 선생님들의 변화가 학생들에게까지 좋은 영향을 미쳤다고 생각하니 서울에서 함평까지 먼 거리를 왕

복한 보람이 절로 느껴졌다.

좋은 소문도 나쁜 소문 못지않게 빠른 것 같다. 나산 중·고등학교의 독서모임에 대한 이야기가 알려지면서 전 함평 군수님을 비롯해 노양섭 전 교육장님 그리고 교장선생님과 장학사님들이 견학을 왔다. 독서모임을 좋게 봤는지 노양섭 전 교육장님은 이후 전남 지역 6개 교육청에서 독서교육을 진행할 수 있는 기회를 마련해주었다.

1년간 진행되었던 독서모임이 끝난 지금도 나산 중·고등학교 선생님들은 독서모임을 계속하고 있다. 모든 선생님들이 독서모임에 적극적이었지만 그중에서도 가장 적극적이었던 김미경 선생님은 책 읽기를 나누는 데 열심이다. 영어를 가르치는 김미경 선생님은 원래도 한 달에 한두 권 정도는 책을 읽었는데, 독서모임을 시작한 이후에는 100권 이상 읽었다고 한다. 혼자서 책을 읽을 때는 느낄 수 없었던 또 다른 즐거움을 독서토론을 통해 경험하면서 자발적으로 학부모 독서모임을 만들어 책을 읽는 기쁨을 공유하고 있다. 뿐만 아니라 주변 학교 선생님들과 학부모 그리고 학생들의 독서를 지도하며 활기찬 나날을 보내고 있다.

그동안 나산 중·고등학교 선생님들이 주축이 되어 자발적으로 진행한 독서모임은 성공적이었다. 나와 진행한 독서모임이 20회였는데, 2013년 8월 둘째 주에 50회를 돌파했다고 한다. 물론 선생님들이 자체적으로 준비해 모임을 갖는 게 쉽지는 않았지만 지금은 도가 터서 능수능란하게 잘 진행한다고 한다.

독서경영을 한 후 가장 큰 변화는 선생님과 학생들 간의 소통이라고 했다. 수업을 할 때뿐만 아니라 학생들의 생활을 지도할 때도 많은 도움이 된다고 한다. 무엇보다 나산 중·고등학교 선생님들의 새벽 독서토론이 다른 학교에 알려지면서 확산되고 있다는 소식에 참 기뻤다.

"전남도교육청에서 독서를 밀고 있어요. 다른 많은 학교들이 와서 벤치마킹했고, 본깨적 책 읽기를 수업 시간에 적용하는 학교들이 많아지고 있습니다. 우리 학교가 지역학교를 활성화하는 작은 불씨가 된 셈이지요."

위기의 학교를 구할 최선의 해법, 책 읽기

나산 중·고등학교를 보면 좋은 변화는 선순환된다는 것을 느낄 수 있다. 책을 읽고 선생님들이 변하니 수업이 재미있어지고, 학생들과의 소통이 원활해지면서 학교 전체가 달라졌다. 나산 중·고등학교뿐만 아니라 책 읽기를 통해 학생들이 변하고 학교가 변한 예는 많다.

미국 매사추세츠 주 보스턴에 있는 솔로몬 르웬버거 중학교도 그중 하나다. 1950~60년대까지만 해도 보스턴 최고의 명문학교로 명성을 떨치던 이 학교는 1980년대에 접어들어 학교 주변이 빈민화되면서 문제 학교로 전락해 강제 폐교를 당할 위기에 처했다. 그런 학교를 살린 건 새로 취임한 오닐 교장이 시작한 책 읽기 운동 덕분이었다. 수업이 끝난 후 10분 동안 교실에서 조용히 책을 읽는 것이었는데, 처음에는 불평만 늘어놓던 학생들이 시간이 지나면서 차분히 책을 읽기 시작했다. 책을 전혀 읽지 않던 학생들이 책을 읽는 것만도 놀라운데, 변화는 그것만이 아니었다. 책 읽기 운동을 시작한 첫해부터 학생들의 읽기 능력이 몰라보게 향상되었고 3년째 되는 해에는 보스턴에 있는 중학교 중에서 최고 성적을 올린 것이다.

나산 중·고등학교와 솔로몬 르웬버거 중학교는 변화의 주체와 과정은 조금 다르지만 둘 다 책을 통해 변화했다는 점은 같다. 이런 예들을 보면 책만큼 사람을 크게 변화시킬 수 있는 것도 드물다는 생각을 다시 한 번 하게 된다. 그런 의미에서 '책 읽기'는 그 자체로 훌륭한 교육이다. 또한 그 어떤 정책보다 위기의 학교를 살릴 수 있는 최선의 해법이라는 생각을 조심스럽게 해본다.

권고사직 대상자,
꼭 필요한 인재로 거듭나다

"자기계발? 그거 좋지요. 하지만 회사에서 그렇게 일을 시키는데 언제 시간 내서 자기계발을 하나요? 자기계발하다 직장 잘리면 누가 책임져주는데요?"

많은 직장인들이 이런 변명을 한다. 일부 사실이다. 실제로 시간을 쪼개고 쪼개 잘 관리하지 않으면 회사에서 맡은 업무만 처리하는 데도 하루가 모자란다. 하지만 자기계발은 선택이 아니라 필수다. 스스로를 변화, 발전시키지 못하는 사람은 시간이 지날수록 직장에서 도태되기 쉽다. 바쁘다는 핑계로, 회사에서 잘릴까 봐 자기계발할 시간을 못 낸다고 말하지만 사실은 반대다. 자기계발은 곧 생존과 직결되어 있다. 자기계발을 하지 않으면 도태되고, 자기계발을 해야 직장에서 능력을 인정받고 살아남는다.

너무 비약적인, 무리한 설정이라고 생각할 수도 있지만 그렇지 않다. 실제로 내 주변에 권고사직 명단에 올랐다가 자기계발을 통해 회사에서 꼭 필요한 존재로 인정받았던 친구가 있다. 자기계발 방법은 다양하지만 그 친구가 선택했던 방법은 책 읽기다. 그 친구는 나와의 인연도 각별해 지금까지 친하게 지내고 있는데, 친구가 책을 읽고 삶을 변화시키는 과정에 내가 조금은 일조한 것 같아 뿌듯하기도 하다.

책 읽기와 바인더의 충격에 빠지다

2009년 8월 25일로 기억한다. 점심을 먹고 일을 하고 있는데 검고 건장한 남자 손님이 안경원에 들어왔다. 나는 다른 일을 하고 있던 터라 다른 직원이 손님을 맞았다.

"여기 박상배 씨 있나요?"

내 이름이 들려 고개를 들어 손님을 보았지만 가물가물했다. 아는 얼굴인 것 같기도 하고, 모르는 사람 같기도 했다. 어물거리는 나를 보고 그가 다시 입을 열었다.

"혹시 뚝심카페 영식사랑 님 아닌가요?"

그제야 그가 누군지 생각났다. 김영식 회장이 운영하는 뚝심카페 번개모임에서 만났던 사람이었다.

"6개월 전에 영식사랑 님이 운영하는 네이버 카페에 가입 신청을 했는데 왜 등업을 해주지 않는 건가요?"

그가 찾아온 이유를 듣고는 당황했다. 사실 2009년에 들어서면서부터 카페 관리를 거의 하지 못했다. 나름 사정이 있었다. 2008년 여름 『10미터만 더 뛰어봐!』를 읽은 후 책을 읽는 재미에 푹 빠져 대부분의 시간을 책 읽는 데 투자했다. 게다가 2009년에는 바인더의 매력에 심취해 정신없는 나날을 보내고 있었다. 그런 사정을 설명하고 사과를 하자, 그는 내 바인더를 보여달라고 했다. 선뜻 바인더를 보여주기가 어려웠다. 바인더 안에는 개인적인 스케줄이 있었기 때문이다. 끈질긴 그의 요청에 결국 바인더를 보여주었고, 그는 내가 바인더를 처음 봤을 때처럼 큰 충격을 받았다.

"이 바인더, 어디 가면 구할 수 있나요?"

그가 눈을 반짝이며 물었다. 그 모습에 왠지 모를 친근감을 느껴 나흘 뒤에 양재에서 있는 독서모임에 한번 와보라고 권유했다. 그리고 독서모임의 주제가 되는 책인 피터 드러커 교수가 쓴 『성과를 향한 도전』을 읽고 오라고 했다. 죽마고우를 제외하고는 사회에서 만난 친구들 중 제일 친한 유성환 씨와의 인연은 그렇게 시작되었다.

바인더에 이어 독서모임도 그에게는 큰 충격이었던 모양이다. 독서모임을 하는 내내 입을 다물지 못하더니 모임이 끝나고 강규형 대표를 만나 대화한 후에는 얼굴이 상기된 채로 흥분을 감추지 못했다.

"영식사랑 님, 우리 독서모임 만듭시다."

그때만 해도 독서모임에 참여는 했지만 운영해본 적은 없었기에 당황스러웠다. 독서와 바인더를 함께하지 않으면 변화를 이끌어낼 수 없기에 책만 읽는 모임은 하고 싶지 않다고 정중하게 양해를 구했다. 하지만 그는 물러서지 않았다.

"그럼 뚝심카페에서 회원을 모집할 테니, 당신이 바인더 특강을 하고 그 바인더 방식에 동의하는 사람들 중심으로 모임을 만듭시다."

결국 2009년 9월 12일 오전 9시부터 오후 1시까지 4시간에 걸쳐 바인더 특강이 진행되었고, 9월 16일 수요일에 '신길나비'가 처음으로 출범했다. 신길나비는 2011년 염창동으로 자리를 옮겨 '염창나비'라는 이름으로 운영 중이다. 2011년 초까지 약 2년 동안은 그와 내가 함께 운영했지만 염창동으로 장소를 옮긴 다음에는 회원들의 자발적인 진행으로 지금까지 잘 운영되고 있다.

1년 동안 1000권 읽기로 권고사직 대상자 오명을 벗다

"2010년에는 책을 1000권 읽겠어."

2009년 9월 나와 독서모임을 만들고 책 읽는 재미를 알아가던 그는 어느 날 뜬금없이 엄청난 계획을 선언하듯 말했다. 겉으로는 내색을 하지 않았지만 속으로 '미친 놈, 매일 새벽 4시에 일어나도 하루에 한 권 읽기가 벅찬데, 직장 다니면서 1년에 1000권을 읽는 게 말이 되냐?'라고 생각했다.

그가 누가 봐도 쉽지 않은 목표를 세운 데에는 나름 이유가 있었다. 2010년 4월 초쯤 인사발령이 있었는데, 자신이 권고사직 후보에 올랐다고 했다. 그는 남들보다 뛰어난 능력을 발휘하지는 못했어도 나름의 성실함으로 회사에 부담을 주는 무능한 직원이라는 생각은 꿈에도 하지 않았기에 당시 충격이 꽤 컸다.

그때부터 그의 방황은 시작됐다. 그가 몸담고 있던 직장은 이름만 대면 누구나 아는 탄탄한 대기업이었다. 권고사직 대상자가 되기 전에는 열심히 일하면 정년까지 무탈하게 직장생활을 할 수 있으리라 생각했는데 그 믿음이 허망하게 깨져버렸다. 그러고 나니 5년 후, 10년 후의 미래가 보이지 않아 방황을 했고, 책을 통해 방황을 끝낼 길을 찾고자 했던 것이었다.

2010년 12월 초, 우연한 기회에 몇 권이나 읽었느냐고 물으니 900권 정도 읽었다고 했다. 한 달도 채 남지 않은 기간 동안 나머지 100권을 다 읽을 수 있을까 걱정스러웠지만 그는 스스로 한 말에는 책임을 지는 성실한 친구였다. 2011년 1월초 독서포럼 나비모임에서 2010년에 1003권을 읽었다고 밝혔다.

사실 책을 몇 권 읽었는가는 중요하지 않다. 책을 읽고 자신의 삶을 긍정적으로 변화시킬 수 있는 해법을 찾고 실제로 삶을 변화시켰는지가 중요한데, 그는 둘 다 이뤘다. 책을 읽고 방황을 끝낼 수 있는 길을 찾았고, 직장에서 없어서는 안 될 직원으로 인정받을 수 있었다.

직장에서만 능력을 인정받은 것이 아니다. 2013년에는 자신의 독서 경험을 바탕으로 『독서와 바인더로 인생을 설계하라』라는 책을 내기도 했다. 독서에 대한 내공과 열정을 인정받아 전국 독서모임 나비의 회장으로 추대돼 아낌없이 자신의 독서 경험을 나누고 있다.

2010년에 읽었던 1003권의 책 중 어떤 책이 특히 도움이 되었을까? 그는 잠시 생각하더니 『그대, 스스로를 고용하라』 『TIME POWER 잠들어 있는 시간을 깨워라』 『이기는 습관』 세 권을 손꼽았다.

『그대, 스스로를 고용하라』는 변화경영 사상가로 알려진 구본형 씨가 쓴 책이다. IMF 전후 직장인들에게 많은 가르침을 주었던 책으로, 그는 이 책을 읽으면서 스스로 자신의 일터에서 누가 자신을 고용하는지 깨달을 수 있었다고 했다. 즉, 스스로 자신을 고용하는 적극적인 마인드가 중요하다는 사실을 깨달았다고 한다.

브라이언 트레이시의 『TIME POWER 잠들어 있는 시간을 깨워라』를 통해서는 시간 관리의 중요성을 실감했다고 한다. 인생 경영은 결국 시간 관리가 중요하다. 시간을 제대로 사용하지 않으면 의미 없는 나날이 될 가능성이 높다. 어떤 프로젝트가 주어지면 수동적으로 임하는 것이 아닌 미리 계획하고 그에 맞게 적극적으로 시간을 활용해야 한다는 것을 깨닫고, 직장에서 일을 하거나 일상생활을 할 때 시간을 철저히 관리하려고 노력했다고 한다.

마지막으로 『이기는 습관』은 자신을 돌아보고 반성하게 만들어준 책이라고 했다. 나도 이 책을 읽으며 무릎을 쳤다. 어떻게 꼴등 조직을 6개월 만에 전국 1등이 되게 할 수 있었을까? 그 노하우를 배워 나와 우리 팀에 적용하고 싶은 마음에 단숨에 책을 읽었다. 하지만 그는 그 어느 책보다도 진도가 잘 나가지 않았다고 한다. 어려워서가 아니라 찔려서였단다. 2퍼센트만 더 최선을 다했으면 좀 더 좋은 결과가 있었을 텐데, 열심히 하다가도 '이 정도면 됐다'라는 마음으로 적당히 일했던 모습이 떠올라 괴로웠다고 한다.

부끄러움이 강렬했던 만큼 그는 책을 읽고 자신의 부족한 점을 채우기 위해 피나는 노력을 했다. 무조건 열심히 하고 자기만족에 그치기보다 효율적으로 일하는 방법을 연구해 좀 더 좋은 결과를 내기 위해 최선을 다했다. 그런 노력이 불과 1년여 만에 권고사직 대상자였던 그를 꼭 필요한 인재로 발전시켰을 것이다.

이제 아무도 그를 나가라고 하지 않는 지금, 그는 제2의 인생을 준비하고 있다. 20여 년 동안 근무했던 안정적인 대기업 대신 좀 더 가슴이 뛰는 삶을 살고 싶기 때문이란다. 언제나 그랬듯이 그의 선택에 뜨거운 박수를 보낸다.

평범한 보험설계사에서
우수인증설계사로 도약하다

　　　　　　　　책은 삶을 변화시킬 수 있는 큰 동력을 갖고 있다. 그럼에도 선뜻 책을 읽지 못하는 이유는 크게 두 가지다. 하나는 책을 읽으면 정말 삶이 변할 수 있다는 것을 믿지 못하기 때문이다. 다른 하나는 책을 읽으면 변화한다는 것을 믿으면서도 그동안 워낙 책을 읽지 않아 책 읽기 자체가 힘들어서이다.

　아무리 좋은 약도 믿지 못하면 '독'이 될 수 있다. 책이 삶을 변화시킬 수 없다고 믿으면 책을 읽기도 힘들고, 설령 읽는다 해도 삶을 바꾸기 어렵다. 하지만 책 읽는 습관이 들어 있지 않거나 책 읽는 방법을 몰라 변화를 경험하지 못한 사람이라면 다르다. 처음에는 책 읽는 속도도 느리고 변화를 실감하지도 못해 힘들어하지만 그 고비를 넘기면 변화에 가

속도가 붙는다.

평소 1년에 책 한 권도 안 읽던 사람이 책 읽기에 재미를 붙여 열심히 책을 읽고, 그 결과 자신의 삶을 변화시키고 발전해나가는 모습을 지켜보는 일은 상당히 즐겁다. 이재덕 씨도 그런 즐거움을 선물해주었던 사람이다.

어떻게 100일 동안 33권을 읽어요?

2013년 초 강의를 마치고 사무실에 들어왔는데, 장주영 팀장이 명함을 한 장 건넸다.

"이분과 통화 한번 해보세요. 배우려는 열정이 대단해요. 우리가 진행하는 코치 과정을 밟으면 크게 성장할 수 있는 분 같아요."

그는 30대 초반으로 보험설계사 일을 하는 이재덕 씨였다. 처음 하는 통화인데도 오래전에 만난 사람처럼 친근했다. 실제 모습도 전화 목소리만큼이나 편안하고 친숙했다. 2013년 2월 15일 그를 처음 만났는데, 쿵푸팬더를 닮은 외모에 웃는 모습이 귀여웠다.

겉으로 보면 무척이나 편안해 보이는 인상이었지만 그는 자기 자신을 무척 답답해했다. 가슴속에 분명 열정은 있는데 그 열정이 무엇을 향한 것인지도 분명치 않고 어떻게 분출해야 하는지 몰라 고민하던 차에, 나와 전화통화를 한 후 용기를 내어 서울로 상경하게 되었다.

3P 코치 과정을 통해 그는 자신의 가능성을 발견하기 시작했다. 코치 과정이 끝나고 함께 술을 한잔하는데 그가 마치 고해성사를 하듯 자신의 책 읽기 경험을 털어놓았다.

"전 책을 거의 안 읽었어요. 30대 초반인 지금까지 읽은 책이 고작해야 두세 권에 불과해요."

그는 코치 과정을 밟으면서 책 읽기의 중요성을 깨달았음에도 자신은 책 한 권을 끝까지 읽는 것조차 힘들 거라고 생각했다고 한다. 그런데 어느 날 고객을 만나러 가던 중 30분가량 시간이 남아 서점에 들렀다가 우연히 책 한 권을 보게 되었는데, 그 책이 『독서 천재가 된 홍대리』였다. 그동안 책과 담을 쌓고 살았던 그였는데 신기하게 책에 빠져들어 그 책을 구입했고, 퇴근 후 집에 와서 밤새도록 읽었다.

그날은 책 읽는 재미를 깨달은 그를 진심으로 축하해주고 헤어졌다. 그리고 한동안 재덕 씨를 만나지 못했다. 그러던 어느 날 그가 100일 만에 33권을 읽었다고 연락을 해왔다. 믿기지 않았다. 그에게는 미안하지만 속으로 '정말 33권을 읽었을까?' 하고 반신반의했다.

그의 말은 우연한 기회에 사실임이 확인되었다. 재덕 씨와 통화하고 얼마 지나지 않아 대구에 갈 일이 있어 그의 숙소에 들러 이틀을 함께 보낸 적이 있다. 숙소에는 그가 읽은 책으로 가득했다. 책을 펼쳐보니 여기저기 밑줄도 쳐 있고, 메모도 많았다. 열심히 읽은 흔적이 역력했다.

100일 만에 33권을 읽었다면 평균적으로 사흘에 한 권씩 읽었다는 얘기다. 평소 책을 거의 읽지 않던 사람이 그렇게 읽기란 결코 쉬운 일이 아니다. 어떻게 혼자서 그 많은 책을 읽을 수 있었는지 무척이나 궁금했다.

"사실 처음 책을 읽을 때 무척 짜증이 났습니다. 진도도 나가지 않고 조금 읽다 보면 앞 내용이 도대체 생각이 나지 않았어요."

『독서 천재가 된 홍대리』는 재미있는 소설을 읽는 것처럼 편하게 술술 읽을 수 있는 책이다. 그런데도 책을 읽을 때 짜증이 났다니, 그동안 그가 얼마나 책을 읽지 않았는지 새삼 확인할 수 있었다. 한두 장이 넘어가자 시간이 지날수록 책에 빠져들 수 있었다고 한다.

"책 속에 등장하는 홍대리는 책을 싫어하는 저와 꼭 닮았더군요. 그랬던 그가 멘토들의 도움을 받아 왜 책을 읽어야 하는지를 깨닫고, 책을 읽는 방법을 터득해가는 과정이 인상적이었습니다."

가볍게 술술 읽히는 책이었지만 그 안에 담긴 메시지는 심오했다. 특히 그는 자신한테 맞는 독서법이 최고이자 최선의 독서법이라는 말에 용기를 얻었다고 한다. 책 읽기를 싫어해 한 권을 끝까지 읽기도 힘든데, 책을 많이 읽는 사람들을 보면 도저히 따라갈 수 없을 것 같아 더 힘들었다. 그런데 저자는 "책을 읽으면서 독서 리듬을 잘 느껴보세요"라고 했다. 이 말은 자신의 독서 리듬을 느끼고 남에게 보여주는 독서가 아닌 자신만의 독서를 찾으라는 메시지였다. 자신만의 독서가 중요하다는 메시지를 읽고 재덕 씨는 힘을 얻었다고 한다. 내친 김에 책 주인공인 홍대리가 했던 것처럼 100일 동안 33권의 책을 읽어볼까 하는 마음도 들었지만 자신이 없어 그냥 가슴속에 묻어두었다.

『독서 천재가 된 홍대리』를 끝까지 읽은 후 두 번째로 잡은 『리딩으로 리드하라』는 읽기가 더 어려웠다고 한다. 『독서 천재가 된 홍대리』는 스토리로 구성되어 있어 그나마 잘 읽혔는데, 같은 저자가 쓴 책인데도 『리딩으로 리드하라』는 고전과 관련된 내용이 많아 읽기가 어려웠다. 하지만 책을 놓을 수는 없었다. 책 초반에 나로부터 내 후손들의 미래가 정해진다는 내용을 읽고 전율을 느꼈기 때문이다.

책에 소개된 이야기는 충격적이었다. 미국 뉴욕시 교육위원회에서 한 사람의 영적, 지적 수준이 후손에게 어떤 영향을 미치는지를 조사하기 위해 조너선 에드워즈의 가문을 5대에 걸쳐 조사한 적이 있다고 한다. 비교 대상으로 조너선 에드워즈와 같은 시대 사람이면서, 같은 지역에 살고 경제력 수준도 비슷하고 가족 수도 같은 마커스 슐츠를 선정했다. 둘의 차이는 에드워즈는 책 읽는 전통을 물려준 데 반해 슐츠는 성경에 무관심하고 독서에 문외한인 전통을 물려준 것이 유일했다. 독서를 했느냐 안 했느냐의 차이는 놀라웠다. 에드워즈 가문은 법조인을 130명 배출한 데 비해 슐츠 가문은 전과자 96명을 양산했다.

선조가 후손에게 어떤 유산을 물려주느냐에 따라 후손의 삶이 바뀔 수 있다는 데 재덕 씨는 큰 충격을 받았다. 문득 자신의 선조는 어떤 모습이었는지 궁금했지만 이미 지나간 세월을 돌이킬 수는 없었다. 그렇다면 자신부터라도 후손에게 도움이 되는 유산을 물려주어야 한다는 생각이 들면서 좀 더 열심히 책을 읽어야겠다는 생각을 굳혔다.

"왜 책을 읽어야 하는지, 책을 읽으면 어떤 변화가 오는지 실감한 후에는 좀 더 집중해서 책을 읽을 수 있었어요. 그렇게 한 권, 두 권 열심히 읽다 보니 어느새 100일에 33권을 읽었더라고요. 저도 깜짝 놀랐어요."

그는 어떻게 100권을 읽었는지 이야기하고는 활짝 웃었다. 그의 표정에서 더 이상 '내가 어떻게 100일에 33권을 읽을 수 있겠어? 말도 안 돼'라며 스스로를 의심하던 모습은 찾아볼 수 없었다. 책을 읽을 수 있다는 자신감을 갖게 된 것만으로도 그의 삶은 이미 변하기 시작했음을 느낄 수 있었다.

내면의 변화가 삶의 변화로 이어지다

본격적으로 책을 읽기 시작하면서 재덕 씨는 제대로 책을 읽고 싶은 욕심이 생겼다고 한다. 책을 읽으면 분명 감동도 느끼고 교훈을 얻기도 하는데 삶에 어떻게 적용해야 하는지 몰라 답답했다. 나도 한때 비슷한 고민을 한 적이 있다. 그때 나에게 도움을 주었던 책이 『성공을 바인딩하라』였다. 그에게 그 책을 추천해주면서 "저는 이 책을 여러 번 읽으면서 답을 찾았어요. 재덕 씨도 이 책을 보면서 답을 찾을 수 있을 거예요"라고 말했다.

재덕 씨는 스펀지 같은 사람이다. 조언한 대로 『성공을 바인딩하라』를 여러 번 읽으면서 책을 읽는 방법과 삶에 적용하는 방법을 터득하기 시작했다. 하지만 그의 변화에 대한 욕구는 더 많은 것을 원했다. 좀 더 효과적으로 책을 읽고 삶을 변화시킬 수 있기를 갈구했고, 그래서 도움이 될 만한 강의라면 장소를 가리지 않고 찾아다니기 시작했다. 대구에 사는 그가 내가 대전에서 강의를 할 때도, 전라도 광주에서 강의를 할 때도 나타나 놀란 적이 한두 번이 아니다. 강의는 보통 새벽에 하는데, 대전에서 7시에 강의를 시작하면 그는 새벽 4시에 일어나서 강의장을 찾아온다고 했다. 웬만한 열정과 의지로는 불가능한 일이었다.

그의 배움과 변화에 대한 욕구는 날로 커졌다. 내가 지방에서 강의를 할 때 듣는 것만으로는 부족했는지 서울 본사에서 주최하는 각종 강의에도 열심히 다니기 시작했다. 서른두 살이 될 때까지 그가 서울에 온 것은 딱 두 번뿐이었는데 2013년부터 1월부터 6월까지 무려 스물여섯 번이나 서울에 왔다. 거의 매주 서울에 온 셈이다.

전문적으로 책 읽는 방법을 배우면서 내면의 변화는 구체적인 삶의 변화로 나타나기 시작했다. 그는 보험 일을 하면서 사람들에게 실제적인 도움을 주는 보험설계사가 되고 싶어 했다. 자신의 이익보다는 고객의 입장에서 고민하고 고객에게 정말 필요한 보험을 설계하는 사람이 되기를 희망했다. 그러려면 단지 마음만 좋은 보험설계사가 아니라 유능하고 자기 철학이 분명한 보험설계사가 되어야 한다는 생각에 일차 목표를 '우수인증설계사'가 되는 것으로 정했다.

우수인증설계사는 많은 보험설계사들이 꿈꾸는 MDRT(Million Dollar Round Table)보다는 쉽지만 그렇다고 아무나 될 수 있는 것은 아니다. 우수인증설계사가 되려면 동일 회사에 3년 이상 근무하고 계약유지율이 13회차까지는 85퍼센트, 25회차까지는 80퍼센트를 유지해야 하고, 연봉이 보험설계사들의 전체 평균 연봉보다 많아야 한다. 그는 책을 읽고 열심히 업무에 적용한 덕분에 우수인증설계사가 될 수 있었다며 좋아했다.

2013년 6월 28일 쿵푸팬더 재덕 씨가 새로운 도전을 시작했다. 자신이 책을 읽고 지인들과 독서모임을 하는데, 좀 더 잘하고 싶다는 욕심이 생겼다면서 대구에서 또 자신의 애마를 몰고 왔다. 그가 도전한 KMA(한국능률협회) 독서경영 전문가 마스터 과정은 80일간 진행되는 긴 과정으로 비용 또한 만만치 않다. 더 나은 미래를 위해 결단을 내린 그가 정말 대단하다는 생각이 절로 들었다.

현재까지의 변화도 충분히 놀랍지만 그의 미래가 더 궁금하다. 책이 이끄는 길을 따라가다 보니 지금 여기까지 오게 되었다는 그를 보고 있자면 오히려 이제는 내가 더 배워야겠다는 생각이 든다.

이재덕 씨는 이제 스스로를 변화시킬 수 있는 내부적인 동력을 충분히 갖춘 상태이기 때문에 앞으로의 변화는 더 가속도가 붙을 것으로 기대된다. 어떤 모습으로 변할까 궁금해 시간이 빨리 지났으면 하는 마음이 들 정도다. 지금처럼 열심히 책을 읽고 노력한다면 분명 더 멋진 모습으로 변할 것이라 믿어 의심치 않는다.

한 사람의 변화가
조직 전체를 바꾸다

"안녕하세요. 성남월드비전인데요. 저희가 운영하는 어린이집 학부모 대상으로 특강을 해주실 수 있나요?"

성남월드비전 권영숙 관장의 전화였다. 거절할 이유가 없었다. 흔쾌히 수락하고 2013년 3월 29일 성남월드비전을 방문했다. 6시 강의였는데, 1시간가량 일찍 도착해 관장님과 담소를 나누었다. 이런저런 이야기를 나누던 중 뜻밖의 소식을 들었다.

"팀장님, 좋은 소식이 있어요. 박 팀장님이 송파월드비전과 함께했던 책 읽기가 지금은 전국에 있는 많은 지부와 본사에까지 퍼졌답니다."

전혀 예상치 못했던 소식이었다. 송파월드비전(송파복지관)과 인연을 맺은 것은 2010년 12월이었다. 12월 29일에 시작해 2011년 3월 31일까지 약 3개월 동안 독서경영을 진행했다. 비슷한 시기에 송파월드비전 신희경 관장의 소개로 인천월드비전(선학복지관) 김민숙 관장을 뵙게 되었는데, 두 분의 도움을 받아 독서경영을 진행할 수 있었다.

송파월드비전과 인천월드비전의 독서경영 진행은 쉽지만은 않았다. 그때만 해도 의욕은 충만했지만 독서경영을 지도한 지 얼마 되지 않아 미숙한 점이 많았다. 그래도 최선을 다했고 월드비전 분들도 적극적으로 참여했다. 그러나 3개월간의 독서경영은 이런저런 사정 때문에 직원들이 자발적으로 진행하는 것으로 일단락되었다. 보통 기업 독서경영은 최소한 6개월을 지속해야 분명한 효과를 경험할 수 있다. 3개월이면 책을 읽는 방법을 포함해 독서경영을 진행하는 기본적인 방법은 배울 수 있는 기간이다. 하지만 아직 완전히 습관이 들지 않은 상태라 직원들이 자발적으로 진행하기는 어려울 수도 있다. 그런데 그때 참여했던 분들이 주축이 되어 월드비전 전체에 책 읽기를 전파했다니 놀랍고 감동스러웠다.

"책만큼 직원들을 성장시킨 게 없어요."

송파월드비전에서 시작했던 독서경영이 월드비전 전체로 확산되고 있다는 이야기를 듣고 2년 전 처음 송파월드비전 신희경 관장을 만나 독서경영을 진행했던 일이 주마등처럼 스쳐 지나갔다. 신희경 관장은 직원들을 좀 더 건강하게 성장시키고, 보다 좋은 조직을 만드는 데 관심이 많은 분이었다. NGO 단체의 특성상 직원교육비를 따로 마련하기가 여의치 않았다. 그럼에도 신 관장은 그동안 여러 가지 방법으로 직원들에게 좋은 교육을 받을 수 있는 기회를 제공하기 위해 애를 썼다. 그러던 차에 독서경영에 대해 전해 듣고 진행하게 된 것이다.

독서경영의 효과는 비교적 빨리 나타났다. 몇 번 하지도 않았는데 직원들이 변하는 모습을 보고 관장님이 이런 말을 했다.

"사실 그동안 여러 가지 교육 프로그램을 진행해봤지만 별 효과가 없었어요. 그런데 이번에는 변화가 좀 보이네요. 무슨 소리를 해도 그때뿐이고 곧 원래 자기 모습으로 돌아가던 직원들이 달라졌어요."

이런 소리를 들을 때가 제일 기쁘다. 직원들의 변화를 직접 느끼면서 신희경 관장은 인천월드비전에도 나를 소개해주었다. 인천월드비전 역시 독서경영을 통해 직원들이 많이 달라졌고, 무엇보다 회의 문화가 바뀐 것이 큰 성과라고 했다.

직장에서 회의를 할 때 직원들을 가장 힘들게 하는 것 중 하나가 부정적인 반응이다. 기껏 고민 고민해 아이디어를 내면 "이미 예전에 실패한 아이디어입니다" "그건 이런저런 문제가 있지 않을까요?" 등 긍정적인 반응보다는 부정적인 측면을 먼저 보고 지적하는 경우가 많다. 문제점을 정확하게 지적하는 것도 필요하지만 상당 부분 충분한 근거와 이유도 없이, 반대를 위한 반대를 하는 경우도 많아 자칫 서로 감정이 상하기도 한다.

인천월드비전은 『춤추는 고래의 실천』을 읽고 책에 나온 '파란불 사고'에서 아이디어를 얻어 회의를 할 때 적용했다고 한다. 파란불 사고는 신호등 회의 진행 순서로 소개된 내용인데, 1단계 파란불 사고는 무조건 찬성하는 입장이다. 2단계는 노란불 사고인데, 이는 무조건 찬성하는 것이 아니라 좀 더 신중하게 생각해보자는 의견을 내놓는 입장이다. 마지막 3단계는 빨간불 사고로 불가능한 이유를 생각해보는 입장이다. 책에서 제안한 대로 회의에서 다른 사람이 의견을 내면 일단 무조건 찬성하는 파란불 사고를 하기 시작했고, 덕분에 회의 문화가 많이 바뀔 수 있었다고 한다. 부정적으로 반응할 때보다 긍정적으로 받아들이면서 일의 결과도 훨씬 좋아졌음은 물론이다.

직원 개개인의 성장도 성장이지만 직원 간의 소통이 활발해졌다는 것도 중요한 변화다. 어느 직장이든 마찬가지지만 NGO 단체의 일상은 참 바쁘다. 도움이 필요한 사람들에게는 많은 관심을 갖지만 너무 바빠 정작 함께 일하는 동료들에게는 관심을 가질 여유가 없는 것이 NGO 단체에서 일하는 분들의 현실이다. 그런데 독서경영을 통해 공통점을 발견하고 몰랐던 부분을 알게 되면서, 서로를 이해하는 폭도 넓어지고 동료애도 더 돈독해졌다고 한다. 그런 좋은 변화를 경험했기에 송파월드비전과 인천월드비전이 자발적으로 독서경영을 훌륭히 운영할 수 있었다는 생각이 든다.

사람 따라 책 읽기도 전파되다

어떻게 불과 2년 사이에 월드비전 전체로 책 읽기가 확산될 수 있었을까? 기업 독서경영의 경우 변화를 주도하는 쪽은 위쪽이다. 처음에는 위에서 반 강제적으로 독서경영을 시도해 직원들이 마지못해 참석하다 책 읽기를 통한 변화를 체험하고 적극적으로 참여하게 된다. 변화의 흐름이 위로부터 아래로 흐르는 것이다. 일정 부분 그럴 수밖에 없는 것이 독서경영은 경영자가 도움이 안 된다고 판단하면 진행할 수 없기 때문에 직원들이 먼저 시작하기가 어렵다. 그래서 월드비전의 경우 어떻게 지부에서 시작한 책 읽기가 본사와 전국 지부로 퍼질 수 있었는지 더 궁금했다.

인천월드비전 윤영주 대리에게 전화를 걸어 어떻게 독서경영이 월드비전 전체로 확산되었는지를 물었더니 그간의 과정을 자세하게 설명해주었다.

"인천월드비전에 있었던 장민권 팀장님 기억하세요? 그분이 2013년 1월 초 본사 총무팀으로 발령을 받았어요. 본사에서 근무하면서 독서경영을 하자고 제안했고, 경영지원팀 40명 전원이 벌써 6개월째 한 달에 한 번 독서경영을 한다고 해요. 뿐만 아니라 팀장급 5명은 본부장의 지휘 아래 두 달에 한 번씩 독서경영을 진행하고 있고, 자체적으로 독서경영을 하는 팀이 다섯 팀이나 된다고 해요."

믿기지가 않았다. 월드비전 본사에 독서경영을 전파한 장본인인 장 팀장에게 직접 확인하고 싶었다. 장 팀장 전화번호를 알아내 떨리는 마음으로 전화를 했다.

"혹시 저 기억하세요? 3P자기경영연구소 박상배입니다."

"네, 기억하고 말구요."

장 팀장은 반갑게 전화를 받았다. 윤영주 대리의 말을 확인해보니 다 사실이었다. 하지만 그 과정이 결코 쉽지는 않았다고 했다. 처음에는 직원들의 반발이 심했다고 한다. 책을 읽는 것도 습관이 안 되어 어려운데, 삶을 변화시키려면 책을 읽고 본 것·깨달은 것·적용할 것을 정리해야 한다. 처음 하는 사람들은 대부분 그 작업을 어려워한다. 직원들은 가뜩이나 할 일도 많은데, 책을 읽고 정리까지 하라고 하느냐며 불만을 토로했다고 한다.

"하지만 지금은 많이 달라졌어요. 언제 독서경영을 하느냐며 모임 날

짜를 기다리는 직원들이 많아졌어요."

장 팀장의 이야기를 들으면서 한 사람의 변화가 얼마나 파급력이 큰지를 실감했다. 사람들은 책을 읽으면 삶이 바뀔 수 있다고 백번 말해도 잘 믿지 않는다. 그러나 실제로 책을 읽고 변화한 사람을 직접 보면 달라진다. 변화의 당사자도 그렇다. 처음에는 자신도 잘 믿지 못하다가 스스로 변화를 겪고 나면 확신을 갖고 다른 사람들에게도 책 읽기를 권한다. 장 팀장도 그런 경우다. 썩 내키지 않아 하는 직원들을 독려하며 독서경영을 지도할 수 있었던 힘은 '믿음'이었을 것이다. 자기 자신이 변화할 수 있었듯이 다른 사람들도 책을 읽으면 분명 변화할 수 있으리란 믿음이 없었다면 월드비전 본사에 독서경영이 자리 잡기 힘들었을 것이다.

본사 외의 다른 지부가 독서경영을 시작하게 된 동기도 비슷하다. 일부는 송파월드비전과 인천월드비전에서 독서경영을 경험했던 분들이 다른 지부로 발령이 나면서 전파되었다. 또 다른 일부는 독서경영을 하면서 변화하는 다른 지부의 모습을 보고 자극을 받아 시작했다. 하나가 둘이 되고, 둘이 넷이 되고, 넷이 여덟이 되는 변화. 그 기분 좋은 변화의 네트워크가 월드비전에서 구축되고 있어 행복하다.

2 × 이것이 삶을 바꾸는 책 읽기다

분명 책을 읽을 때는 큰 깨달음이 있었는데 책을 덮고 조금만 지나면 강도가 약해지고, 하룻밤 자고 나면 기억 속에서 사라질 때가 많다. '본깨적 책 읽기'는 책을 읽는 데서 그치는 것이 아니라 책에서 본 것이 무엇인지, 책을 보면서 무엇을 깨달았는지를 정리하고 일상생활이나 업무에 적용할 만한 것이 있는지 고민해보는, 살아있는 책 읽기다.

삶을 바꾸는 책 읽기는
본깨적이다

　　　　　　　　　　　　나는 책을 통해 용기를 얻고, 처음으로 간절한 꿈을 꾸고, 그 꿈을 이룬 사람이다. 한마디로 책으로 삶을 180도 바꾼 사람이다. 나뿐만 아니라 많은 사람이 책을 읽으면서 성장하고 변화한다. 변화의 폭이 다를 뿐, 책을 읽으면 누구나 긍정적인 방향으로 변할 수 있다. 하지만 대부분의 사람들은 반신반의한다. 평소 조금씩이라도 책을 읽었던 사람은 더 그렇다.

　"저는 어렸을 때부터 책을 좋아해서 즐겨 읽었어요. 지금도 시간 날 때마다 책을 읽으려고 노력하는 편이구요. 그런데 내 삶이 그렇게 바뀌는 것 같지는 않은데요?"

　항의하듯 따지는 사람들도 많다. 나 또한 똑같은 의문을 품었던 적이 있다. 지금의 책 읽기 방법을 터득하기 전에는 아무리 책을 읽어도 그때뿐이었다. 금방 잊고, 다시 찾아보려고 하면 어느 책 어디에서 읽은 것인지 기억이 나지 않았다. 책을 읽고 잠시 마음속에 희망을 품다가도 변하지 않은 현실에 시달리다 보면 또다시 의기소침해지기를 반복했다.

악순환의 고리는 '본깨적' 책 읽기를 알고 난 후 깨졌다. 본깨적 책 읽기란 저자의 핵심을 제대로 보고(본 것), 그것을 나의 언어로 확대 재생산하여 깨닫고(깨달은 것), 내 삶에 적용하는(적용할 것) 책 읽기를 의미한다. 책을 읽었는데도 삶에 아무 변화가 없었던 것은 책을 제대로 읽지 못했거나 읽었어도 읽은 것으로만 끝냈기 때문이라는 걸 그제야 비로소 깨달았다.

왜 본깨적 책 읽기인가

사람마다 책을 읽는 목적은 조금씩 다르다. 재미를 위해 읽는 사람도 있고, 필요한 정보나 지식을 습득하기 위해 읽는 사람도 있고, 위로와 용기가 필요해 책을 읽는 사람도 있고, 삶에서 직면한 어떤 문제를 해결하기 위해 책에서 답을 찾는 사람도 있다. 어떤 목적이든 책을 읽고 만족했다면 그것만으로도 책을 읽은 보람은 충분하다. 어떤 방법으로 책을 읽었는지는 그다지 중요하지 않다.

하지만 책을 읽고 적극적으로 삶을 변화시키고 싶다면 책 읽는 방법을 바꾸어야 한다. 특히 그동안 책을 읽었는데도 변화가 없어 답답했다면 이전에 어떻게 책을 읽었는지를 돌아보고 삶을 변화시킬 수 있는 살아있는 책 읽기를 시작하는 것이 좋다.

살아있는 책 읽기는 '본깨적 책 읽기'로 통한다. 본깨적 책 읽기는 나의 멘토이자 스승인 강규형 대표에 의해 많은 사람들에게 확산되었다. 본깨적 책 읽기의 효시는 이랜드다. 이랜드는 우리나라 최초로 독서경영 시스템을 도입한 회사로 유명하다. 강규형 대표는 오랫동안 이랜드에 몸담으면서 독서경영과 이랜드만의 독특한 업무 본깨적 노트를 체험하고 익혔다. 그때의 경험은 지금의 본깨적 책 읽기를 발전시키는 데 큰 도움이 되었다.

이랜드의 본깨적은 독서보다는 업무를 위한 것이었다. 이랜드에는 다른 회사에서는 볼 수 없는 독특한 노트가 있다. 바로 '본깨적 노트'인데, 이 노트는 회사에서 일을 하면서 개인적으로 본 것, 깨달은 것을 정리해 두었다가 업무에 적용하기 위한 것이다. 본깨적이라기보다는 본 것과 깨달은 것을 적는 '본깨' 혹은 본 것을 적용하는 '본적' 두 가지를 주로 했다고 한다.

이랜드의 본깨적 노트와 독서경영은 지식이 얼마나 기업을 성장시킬 수 있는지를 보여주었다. 직원들이 본 것, 깨달은 것을 현장에 적용하기 위해 노력하면서 이루어낸 성과는 일일이 헤아릴 수도 없이 많다. 대표적인 것 중 하나가 '가장 맛있는 삼겹살 두께'를 찾아내 매출을 63퍼센트나 신장한 사례다. 이랜드 킴스클럽에서 축산 파트를 담당하던 김 대리가 여러 자료를 보고 고기 두께는 6밀리미터, 고기 내부의 온도는 영하 5도에서 영하 4도일 때, 고기를 써는 작업장의 온도는 16.5도에서 18도를 유지할 때 삼겹살이 가장 맛있다는 것을 깨닫고 실무에 적용한 결과다.

이랜드에 근무하면서 본깨적 노트의 위력을 실감한 강규형 대표는 퇴사 후 3P자기경영연구소를 설립하면서 본깨적을 책 읽기에 적용했다. 책을 읽는 데서 그치는 것이 아니라 책에서 본 것이 무엇인지, 책을 보면서 무엇을 깨달았는지 정리하고, 일상생활이나 업무에 적용할 만한 것이 있는지 고민해보는 것이 '본깨적 책 읽기'의 핵심이다.

본깨적 책 읽기를 하면서 그토록 갈망하던 변화가 시작되었고, 시간이 지날수록 가속도가 붙었다. 나뿐만이 아니라 본깨적 책 읽기를 한 많은 사람이 변화를 경험한다. 변화하고 싶어 부지런히 강연이나 세미나를 쫓아 다녔는데도 꿈쩍도 하지 않았던 삶이 본깨적 책 읽기를 하면서 바뀌기 시작했다는 분들도 많다. 독서경영을 지도하면서 참가자들이 짧은 시간에 변화하는 모습도 종종 본다. 마지못해 참여하는 것처럼 인상쓰고 있던 분들이 어느 순간부터 표정이 밝아지고 적극적으로 참여하는 모습을 보는 것은 큰 보람이다. 그런 분들을 볼 때마다 본깨적 책 읽기가 얼마나 사람을 변화하게 하는지 실감하곤 한다.

저자의 관점에서 보라

본깨적 책 읽기는 제대로 보는 것부터 시작한다. 제대로 보는 것은 생각보다 쉽지 않다. 사람들은 자기가 보고 싶은 것만 보는 경향이 있다. 고정관념이 강한 사람일수록 더 심하다. 책을 볼 때도 마찬가지다. 똑같은 책을 읽고 기억나는 내용이 무엇이냐고 물으면 사람마다 제각각 다른 대답을 한다. 물론 사람마다 살아온 환경과 관심 분야가 다르고, 책을 이해할 수 있는 수준이 다르기 때문에 당연한 현상이다.

하지만 책을 제대로 보려면 내가 아닌 저자의 관점에서 보려고 노력해야 한다. 좋은 책 좀 추천해달라고 해서 고심 끝에 추천해주면 다 읽지도 않고 "다 아는 내용이다" 혹은 "별로 흥미로운 내용이 아니다"라고 말하는 분들이 있다. 거기서 끝이 아니다. "이런 내용이면 나도 쓰겠다" "내용은 많은데 핵심이 없다" 등 험악한 평가가 뒤따른다. 저자가 자신의 경험을 통해 터득한 삶의 메시지를 전달하는 자기계발서인 경우는 특히 더 그렇다. 심지어는 그런 류의 책은 저자가 잘난 척하는 데다, 사람만 다르지 내용이 다 비슷비슷하다며 평가절하한다.

책을 읽고 평가할 수 있다. 비판적 사고력을 기르기 위해서는 때론 저자의 이야기를 비판하는 것도 나쁘지 않다. 그러나 어디까지나 저자가 무슨 이야기를 하려고 했는지 제대로 읽고 핵심을 파악한 후의 일이다. 저자가 왜 그런 이야기를 했는지 의도도 파악하지 못하고 비판만 한다면 사고가 확장되기는커녕 고정관념의 뿌리만 깊어진다.

저자의 관점에서 책을 읽지 않으면 의도하지 않았어도 책 내용을 왜곡하기 쉽다. 왜곡은 애써 책을 쓴 저자를 모독하는 것은 물론 책 읽기의 효과를 반감한다. 설령 저자가 하는 이야기가 자신의 가치관이나 평소 알고 있던 내용과 다르더라도 평가의 잣대를 휘두르기 전에 왜 그런 이야기를 했는지 이해하려고 노력해야 한다. 그런 노력들이 사고를 확장하고, 새로운 지식을 습득하는 데 도움이 되기 때문이다.

깨닫고 적용해야 삶이 변한다

책을 볼 때는 저자의 관점에서 보아야 하지만 깨닫는 것은 철저하게 '나'의 관점에서 깨달아야 한다. 깨달음에는 정답이 없다. 옳고 그른 것도 없다. 그래서 '깨'는 중요하다. 스스로 느끼고 깨달은 것이면 무엇이든 삶을 변화시킬 수 있는 동력이 되기 때문이다.

깨달음은 다양한 모습으로 온다. 매너리즘에 빠져있는 자신의 문제를 돌아보게 해주는 깨달음도 있고, 몰랐던 사실을 알려주면서 삶의 방향을 제시해주는 깨달음도 있다.

깨달음은 변화의 시작이다. 생각이 바뀌면 행동이 바뀌고, 행동이 바뀌면 습관이 바뀌고, 습관이 바뀌면 인생이 바뀐다. 하지만 깨닫는 것만으로는 역시 삶이 바뀌는 데 한계가 있다. 생각은 잡아두기가 무척 어렵다. 분명 책을 읽을 때는 큰 깨달음이 있었는데 책을 덮고 조금만 지나면 강도가 약해지고, 하룻밤 자고 나면 기억 속에서 사라질 때가 많다.

깨달은 것을 현실로 만들어주는 것이 '적(용)'이다. '적'은 구체적일수록 실현 가능성이 높아진다. 예를 들어 책을 읽고 '진정한 효도란 비싼 선물을 하거나 용돈을 많이 드리는 것이 아니라 전화를 자주 드리는 것'임을 깨달았다고 가정하자. '이제부터라도 멀리 고향에 계신 부모님께 전화를 자주 하자'라고 생각했다면 그게 곧 '적'이다. 하지만 막연하다. 보다 구체화하여 '매일 하루에 한 번씩 부모님께 전화를 하자'라고 적용할 것을 정해놓으면 행동으로 옮기기가 쉽다.

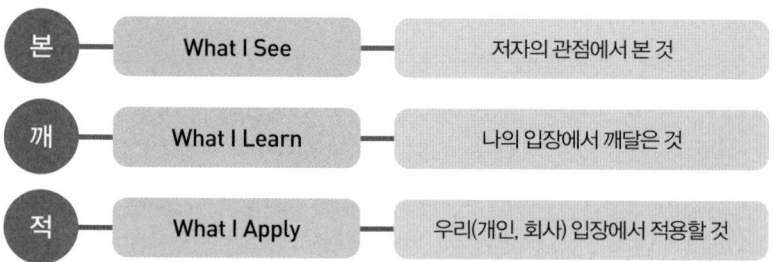

깨닫는 것의 주체가 '나'인 것에 비해 적용의 주체는 범위가 좀 더 넓다. 나뿐만 아니라 가족, 친구, 직장 동료 등 나와 함께하는 모든 사람이 주체가 될 수 있다. 좋은 변화는 다른 사람과 함께할수록 가치가 높아진다. 나 혼자 부모님께 매일 전화를 하는 것도 좋지만 내 영향으로 다른 사람들도 부모님께 자주 전화를 한다면 그것만큼 좋은 변화도 없다.

필요한 부분만 골라 읽어도 충분하다

 현대인은 모두 바쁘다는 말을 입에 달고 산다. 어른은 말할 것도 없고 어린 초등학생조차 너무 바빠 놀 시간도 없다. 그래서인지 책을 읽고 싶어도 책 읽을 시간이 없다고 말하는 사람들이 많다. 자투리 시간을 잘 활용하면 얼마든지 책을 읽을 수 있다고 조언하면 난색을 표하며 이렇게 말한다.
 "책은 처음부터 끝까지 꼼꼼하게 읽어야 하지 않나요? 그러려면 최소한 2, 3시간은 내야 하는데, 그러기가 쉽지 않아요."
 책을 읽으려면 시간을 두고 천천히 처음부터 끝까지 읽어야 하는데, 너무 바빠 책을 읽기 어렵다는 변명 아닌 변명이다. 이러한 고정관념은 확실히 책 읽기를 방해한다. 처음부터 끝까지 읽을 시간이 없어 못 읽고,

시간이 있어도 순서대로 차근차근 읽어야 한다는 생각 때문에 앞부분이 재미가 없어도 건너뛰지도 못하고, 그렇다고 더 읽지도 못하다 끝내 중도 포기하고 만다.

책을 읽고 삶을 변화시키려면 우선 '책은 처음부터 끝까지 다 읽어야 한다'라는 오해부터 풀어야 한다. 조금은 편안한 마음으로 부담 없이 책을 읽어도 된다. 처음부터 끝까지 읽어도 좋지만 흥미를 끄는 부분만 읽어도 좋고, 영 재미없으면 포기하고 다른 책을 읽어도 괜찮다. '책은 이렇게 읽어야 한다'라는 오해와 편견을 깨야 비로소 책을 읽는 참재미를 느낄 수 있고, 그렇게 신명나게 읽어야 삶이 바뀔 수 있다.

하버드대 학생들은 어떻게 1년에 100권을 읽을까?

우리나라 사람들이 다른 나라 사람들에 비해 독서량이 부족하다는 것은 어제오늘 이야기가 아니다. 가뜩이나 책을 많이 읽지 않는데, 스마트폰이 대중화되면서 책 읽는 사람들이 더 줄었다. 그나마 시간이 남을 때 책을 읽던 사람들도 이제는 스마트폰으로 다양한 디지털 콘텐츠를 즐기는 걸 더 좋아한다.

2012년 교보문고 독서경영연구소가 발표한 자료는 이런 현실을 유감없이 보여준다. 교보문고 독서경영연구소는 2009년부터 매년 직장인들의 독서량을 조사했는데, 2011년까지 소폭이나마 꾸준히 증가했던 독서량이 2012년을 기점으로 다시 감소한 것으로 나타났다. 즉, 한 해 평균 독서량이 2009년 11.8권, 2010년 15.5권, 2011년 16권이었던 것이 2012년에는 15.3권으로 집계됐다. 15.3권에는 전자책까지 포함된 것이다.

　그나마 직장인은 독서량이 많은 편이다. 범위를 성인으로 확대하면 독서량은 더 줄어든다. 2011년을 기준으로 조사한 우리나라의 연간 성인 독서량은 9.9권에 불과했다. 한 달에 한 권도 채 읽지 못하는 셈이다. 이는 미국 성인의 한 달 독서량인 6.6권, 일본의 6.1권에 한참 못 미친다.

　대학생들의 사정도 별반 다르지 않다. 우리나라 대학생들의 연간 독서량은 16권으로 직장인들과 큰 차이가 없다. 반면 하버드대 학생들의 연간 독서량은 무려 98권에 달하고 옥스퍼드대 학생들은 더 많아 연간 103권의 책을 읽는다.

　이런 통계자료만 보면 한숨이 절로 나올 것이다. 하지만 실망하기엔 이르다. 여기에는 비밀이 있다. 하버드대와 옥스퍼드대 학생들은 책을 처음부터 끝까지 다 읽어야 한다고 생각하지 않는다. 우리나라 대학생들은 처음부터 끝까지 다 읽은 책만 읽었다고 인정하는데, 하버드대와 옥스퍼드대 학생들은 필요한 부분만 골라 읽어도 다 읽은 것으로 친다. 총 400페이지 분량의 책 중 50페이지만 읽어도 읽은 책으로 당당하게 연간 독서 목록에 올라간다.

　물론 필요한 부분만 골라 읽었다는 것을 감안해도 하버드대와 옥스퍼드대 학생들은 우리나라 대학생들보다 월등히 책을 많이 읽는다. 어떤 상황에서도 우리나라 사람들이 책을 많이 읽지 않는다는 것은 부인하기 어렵다. 그렇지만 적어도 책 읽기의 중요성을 모르는 사람들은 거의 없다.

　조금만 생각을 바꾸면 좀 더 편하게 책을 읽을 수 있다. 처음부터 끝까지 읽어야 한다는 강박관념을 버리고 필요한 부분만 골라 읽으면 훨씬 다양한 책을 부담 없이 읽을 수 있다.

골라 읽기도 당당한 독서법 중 하나!

필요한 부분만 골라 읽어도 괜찮다고 해도 선뜻 동조하기 어렵다는 사람들이 많다. 어렸을 때부터 책은 바른 자세로 진지하게 처음부터 끝까지 읽어야 한다고 교육받은 사람들로서는 당연한 반응이다. 책을 다 읽지도 않고 읽었다고 말하려면 왠지 떳떳치 못하고, 책 내용 중 놓친 부분이 있을 것 같아 불안한 것도 사실이다.

이러한 책 읽기 습관은 공부하는 습관과도 어느 정도 관계가 있다. 초등학교에 입학하면서 학생들이 가장 많이 접하는 책은 교과서다. 교과서는 대부분 쉬운 내용부터 어려운 내용 순으로, 혹은 기본적인 개념을 먼저 설명하고 나서 복잡한 개념을 소개하고 응용하는 식으로 구성되어 있다. 앞의 내용을 이해하지 못하면 뒤 내용을 이해하기 어렵기 때문에 처음부터 차근차근 읽어야 한다. 초등학교 때부터 대학교 때까지 교과서를 주로 읽다 보니 자신도 모르는 사이에 교과서뿐만 아니라 책이란 책은 모두 처음부터 끝까지 순서대로 읽어야 한다는 고정관념이 생겼을 수 있다.

책 읽는 방법은 다양하다. 모든 책을 교과서처럼 읽을 필요는 없다. 책을 읽는 목적, 책 읽는 사람의 수준과 상황에 따라 얼마든지 읽는 방법을 달리해도 아무 문제가 없다. 오히려 목적과 상황에 따라 다른 방법으로 책을 읽으면 더 효과적으로 읽을 수 있다.

필요한 부분만 골라 읽는 것도 당당한 독서법 중의 하나다. 책 읽기 고수들 중에도 골라 읽는 분들이 많다. 책에 관해서는 둘째가라면 서러운 책 읽기 고수 이어령 교수도 골라 읽는다. 이어령 교수는 책을 볼 때 전체적으로 한 번 죽 훑어보고 자신에게 필요한 부분만 읽는다고 밝혔다.

칼럼을 쓸 때도 관련 책이나 자료를 모두 읽지 않고 주제를 풀기 위해 필요한 부분만 골라 읽는다고 했다.

책 읽는 방법은 여러 사람이 이야기했지만 모티머 애들러(Mortimer J. Adler)의 독서법을 빼놓을 수 없다. 그는 컬럼비아대학교를 졸업하고 모교와 시카고대학교에서 학생들을 가르쳤다. 철학을 전공했지만 대학에서는 독서법에 관한 강의를 10년 정도 했다. 대학을 졸업하고 사회에 진출하고도 의외로 많은 사람이 제대로 책을 읽을 줄 모른다는 데 충격을 받고 독서법 강의를 시작했다고 한다.

모티머 애들러는 독서 수준에 따라 3단계 독서법을 제안했다. 1단계는 개관 독서법으로, 말 그대로 책을 대충 보고 필요한 부분만 골라 읽는 것이다. 개관 독서법은 평소 책을 많이 읽지 않아 책을 읽는 데 부담을 느끼는 초보자에게 추천할 만하다. 하지만 꼭 초보자가 아니라도 개관 독서가 필요할 때가 종종 있다. 예를 들어, 이 책이 내가 읽을 만한 가치와 필요가 있는지를 알아보거나 시간이 많지 않을 때는 개관 독서법이 제격이다. 이어령 교수가 꾸준히 개관 독서를 하는 것도 다 이런 이유 때문이다.

2단계는 분석 독서법이다. 분석 독서법은 꼭꼭 씹어서 읽는 방법이라 할 수 있다. 책의 주제와 내용을 완전히 파악하고 이해해서 내 것으로 만드는 독서법이다. 책을 읽다 보면 정말 좋은 책을 만날 때가 있다. 내용도 정말 좋고 재미있어서 다른 사람에게도 추천해주고 싶은 책을 만나면 개관 독서법으로는 만족할 수가 없다. 시간이 많이 걸려도 내용을 곱씹으면서 읽고 또 읽고 싶어진다.

책에 담긴 내용을 완전히 이해했다고 끝이 아니다. 분석 독서법은 저자가 무슨 말을 하는지 이해한 다음 내 것으로 소화해 나의 언어로 말할 수 있어야 한다. 즉, 이해한 내용을 분석해 저자의 생각에 동의를 하든, 반대를 하든 자기 생각을 보태야 한다.

마지막 3단계는 종합 독서법이다. 책 읽기의 최고봉이라 할 수 있는 독서법으로, 여러 권의 책을 주제별로 종합적으로 읽는 방법이다. 종합 독서법에는 개관 독서법과 분석 독서법이 포함되어 있다. 주제를 선정해 여러 권의 책을 읽으려면 자연스럽게 이 책이 주제와 맞는지를 살펴보기 위해 개관 독서를 하게 된다. 또한 같은 주제를 다룬 책이라도 어떤 내용이 다르고, 어떤 점을 강조하는지를 파악하려면 분석 독서를 해야 한다.

이처럼 개관 독서법은 이미 여러 사람들이 인정한 훌륭한 책 읽기 방법 중 하나다. 초보자에게는 책 읽는 부담감을 줄이고 재미를 느끼게 해주고, 책을 많이 읽는 고수에게는 빨리, 효율적으로 읽을 수 있도록 돕는 독서법이다. 그러니 더 이상 죄책감 느끼지 말고, 찜찜해하지 말고 마음 편하게 골라 읽을 것을 권한다.

단계	내용
1단계 개관 독서법	전체를 꼼꼼히 다 읽지 않고, 한 번 죽 훑어보고 필요한 부분만 골라 읽는 방법.
2단계 분석 독서법	책의 주제와 구조를 파악하고 내용을 완전히 이해해 내 것으로 만드는 독서법. 개관 독서법이 대충 읽기, 골라 읽기라면 분석 독서법은 철저하고 꼼꼼하게 읽기, 내용과 의미를 꼭꼭 씹어서 소화하면서 읽기라고 할 수 있다.
3단계 종합 독서법	하나의 주제를 가지고 여러 권의 책을 비교하며 읽는 독서법. 주제별 독서법, 연역법적 독서법이라고도 한다.

▲ 모티머 애들러의 3단계 독서법

골라 읽기와 정독의 조화가 필요하다

책을 처음부터 끝까지 차근차근 읽는 것을 '정독'이라 한다. 앞에서도 이야기했지만 꼭 책을 정독할 필요는 없다. 필요한 부분, 읽고 싶은 부분만 골라 읽어도 된다. 하지만 책 읽기에 익숙지 않은 사람이라면 정독하는 연습을 하는 것이 좋다. 처음부터 끝까지 책을 읽는 힘을 기르지 않고 개관 독서만 하면 책 읽기가 늘지 않는다. 골라 읽기만 해도 괜찮은 책도 있지만 어떤 책은 제대로 정독해야 한다. 정독을 안 해본 사람은 막상 정독해야 할 책을 만나도 차분하게 처음부터 끝까지 읽기가 어렵다.

처음 정독을 연습할 때는 재미있고 쉬우면서도 얇은 책을 선정하는 것이 좋다. 어디까지나 처음부터 끝까지 다 읽는 힘을 기르는 것이 목적이기 때문에 괜히 어렵고 두꺼운 책을 읽으면서 힘들어하지 않아도 된다.

1124 재독법이 망각을 잡는다

"아무래도 저 치매인가 봐요. 책 읽은 지 일주일도 안 지났는데 내용이 가물가물해요. 어쩌면 좋죠?"

책 읽기 강의를 하다 보면 이런 고민을 호소하는 분들을 종종 만난다. 분명 읽을 때는 흠뻑 빠져 재미있게 읽고 감동도 받았는데, 기억이 안 난단다. 그러면서 기껏 바쁜 시간 쪼개 열심히 책을 읽었는데 어떤 내용을 읽었는지 제대로 기억하지 못한다면 읽으나 마나 한 것이 아니냐며 시무룩해한다.

책은 처음부터 끝까지 다 읽어야 한다는 오해 못지않게 많은 사람이 책을 읽으면 내용을 다 기억해야 한다고 믿는다. 내용을 기억하지 못하면 책을 읽어도 읽은 것이 아니라고 생각한다. 물론 책을 읽고 자신을 변화시키려면 책 내용을 기억해야 한다. 어떤 내용이 책에 담겨 있었는지도 모르는데, 깨달음을 얻고 생활에 적용하기란 불가능하다.

그렇다면 어떻게 해야 할까? 한 번 읽은 것은 절대 잊어버리지 않게 기억력을 강화하는 두뇌 훈련을 해야 할까? 아니면 머리를 똑똑하게 만들어주는 총명탕이나 영양제를 먹어야 할까? 다 정답은 아니다. 책 읽는 방법을 바꾸면 된다.

책 내용을 기억하지 못하는 것은 당연하다

책을 읽고 기억하지 못하면 대부분의 사람은 자기 탓을 한다. 기억력이 좋지 못하거나 머리가 똑똑하지 않아 책을 읽고도 금방 잊어버린다며 한탄을 한다. 예전에 비해 사람들의 기억력이 떨어지긴 했다. 디지털 때문이다. 기억력은 머리를 쓰면 쓸수록 좋아지는데, 디지털 기술이 발달하면서 애써 기억하려 하지 않아도 되는 시대가 되어버렸다. 더 이상 사람들은 전화번호를 외우지 않는다. 휴대전화에 저장된 전화번호부에서 찾기만 하면 되니, 애써 암기할 이유가 없다. 요즘 사람들은 길도 잘 모른다. 친절한 내비게이션이 하나부터 열까지 길을 안내해주니, 신경을 곤두세우며 길을 찾지 않아도 된다. 어디 그뿐인가! 궁금한 것이 있으면 똑똑한 인터넷 사이트에 질문만 하면 알아서 척척 대답을 해주는데 뭣하러 골치 아프게 머릿속에 담아두겠는가.

디지털 기술의 발달로 사람들의 기억력이 다소 떨어지긴 했지만 그건 전체적인 흐름이지 어느 특정 개인의 문제는 아니다. 책을 읽고 기억하지 못하는 게 개인 탓은 아니라는 얘기다. 원래 사람은 망각의 동물이다. 독일의 심리학자인 헤르만 에빙하우스(Hermann Ebbinghaus)는 장장 16년에 걸친 망각실험을 통해 사람이 망각의 동물임을 입증했다. 에빙하우스의 연구에 의하면 사람은 지식을 습득한 후 10분이 지나면 바로 잊기 시작한다고 한다. 망각 속도가 무척 빨라 1시간이 지나면 50퍼센트를 잊고, 하루가 지나면 약 70퍼센트를 잊고, 한 달 뒤에는 약 80퍼센트 이상을 망각한다고 한다. 사람의 뇌가 애초부터 불과 하루 만에 약 70퍼센트를 잊어버리도록 되어있으니, 어제 읽은 책을 오늘 제대로 기억하지 못한다고 자책할 필요가 없다.

망각의 법칙 앞에서는 누구나 평등하다. 서울대에 다니는 학생들도 에빙하우스의 망각곡선을 피해 갈 수 없다. 그러니 저자의 이름이 기억나지 않는다고, 책에 등장한 주요 인물이 누구였는지 생각나지 않는다고 걱정할 필요가 없다. 나만 그런 것이 아니라 모두 다 똑같으니까 말이다.

에빙하우스 망각곡선

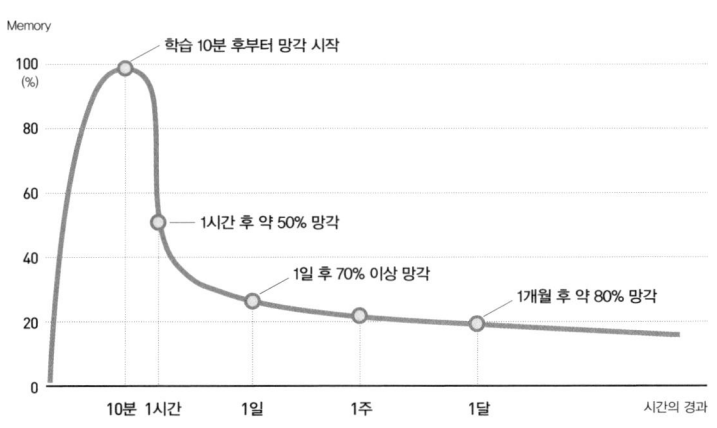

네 번은 반복해야 뇌가 기억한다

뇌에서 기억을 담당하는 부위는 '해마'다. 해마에 저장할 수 있는 기억의 양은 무한대에 가깝다. 해마에 저장하는 내용이 많으면 많을수록 해마의 크기와 기억 능력이 발달하기 때문이다. 그렇다고 한 번 저장된 내용을 영원히 기억해두지는 않는다. 굳이 저장해둘 필요가 없는 중요하지 않은 정보라고 판단하면 자동으로 기억에서 없애버린다.

중요한 정보의 기준은 기억하는 횟수다. 보통 한 달을 기준으로 몇 번 기억을 불러냈는지를 따진다. 많이 불러낸 기억일수록 중요한 기억임은 두말할 필요가 없다. 해마는 한 달에 한 번 자동 포맷되는데, 한 달이 지나도록 한 번도 찾지 않은 기억은 자동 포맷과 함께 사라진다.

물론 자주 불러내지 않아도 오랫동안 선명한 기억으로 남아있는 경우도 있다. 생명과 직결된 정보는 딱 한 번만 입력돼도 평생 지워지지 않는다. 첫사랑의 설렘이나 꿈을 이루었을 때의 벅찬 감정도 오래 기억된다. 그 외의 기억들은 찾지 않으면 예외 없이 사라진다.

도망가려는 기억을 잡을 수 있는 방법이 있다. 바로 '반복'이다. 기억이 가물가물해질 무렵 다시 읽기를 네 번 반복하면 책 내용을 오래 기억할 수 있다. 똑같이 네 번을 반복해 읽어도 어떤 주기로 반복하느냐에 따라 효과는 달라진다. 가장 좋은 방법은 에빙하우스의 망각곡선을 역이용하는 것이다. 하루가 지나면 70퍼센트를 잊어버리니 하루가 지났을 때 반복해 읽으면 기억의 상당 부분을 붙잡을 수 있다. 하루가 지나서부터는 망각 속도가 다소 둔화되므로 일주일이 지났을 때 한 번 더 읽고, 2주째에 한 번 더, 마지막으로 4주째에 한 번 더 반복해 읽는다. 이를 1124(1일, 1주, 2주, 4주) 재독법이라 한다. 한 달 동안에 네 번을 반복해서 읽으면 해마가 꼭 기억해야 할 중요한 정보라 판단하고 기억 속에 각인하는 작업을 한다.

반복해서 읽는 것은 네 번이면 충분하다. 해마가 자주 불러낼수록 깊숙이 저장한다면 많이 읽을수록 좋지 않느냐고 묻는 사람들이 있다. 그렇지 않다. 네 번 이상의 반복은 역효과가 날 수 있다. 아무리 좋은 말도 자꾸 들으면 지겹듯이 해마도 같은 정보를 네 번 이상 입력하고 또 입력하면 짜증을 낸다. 그러면 책 읽는 재미가 반감되어 책 내용이 제대로 머릿속에 들어오지도 않는다.

한 달 안에 네 번 반복해서 읽으면 내용을 보다 선명하게 기억할 수 있지만, 쉬운 일은 아니다. 한 달에 책을 여러 권 읽는 사람이라면 더더욱 1124 재독법을 실천하기 어려울 수도 있다. 하지만 조금은 빨리 삶을 변화시키고, 책을 읽은 효과를 확실하게 얻고 싶다면 1124 재독법을 꼭 적용해보기를 권한다. 생각하는 것만큼 시간이 많이 걸리지도 않는다. 3장에서 소개한 본깨적 책 읽기 방법을 활용하면 많은 시간을 투자하지 않고도 효과적으로 1124 재독법을 실천할 수 있다.

모든 책을 다 다시 읽을 필요는 없다. 책을 읽고 나면 꼭 다시 읽어야 할 책과 그렇지 않은 책을 자연스럽게 구분할 수 있다. 현재 자신의 업무에 도움이 되는 내용이 많다거나 삶을 살아가는 데 중요한 이정표 역할을 한다고 판단되는 책만 다시 읽어도 괜찮다.

333 재독법

나는 어렸을 때 재미있는 책을 읽으면 친구들에게 책 내용을 이야기하는 것을 좋아했다. 아이들이 재미있게 들어주면 신이 나서 더 열심히 책 내용을 떠올리며 미주알고주알 이야기보따리를 풀어내곤 했다. 그렇게 이 친구 저 친구에게 이야기하다 보면 책 내용이 더 잘 기억되었다.

나만 그런 것이 아니라 누구나 머릿속에 있는 내용을 입으로 말하면 더 잘 기억할 수 있다. 이러한 원리를 이용한 것이 '333 재독법'이다. 333 재독법은 책을 읽고 기억에 남는 내용을 3일 동안 3명에게 3분 동안 이야기하는 것이다. 이렇게 하면 책을 다시 읽지 않아도 재독한 것과 비슷한 효과를 얻을 수 있다. 꼭 책 전체 내용을 이야기하지 않아도 된다. 친구, 동료, 가족 등 일상생활에서 쉽게 만날 수 있는 사람들에게 책 내용을 설명해보자. 아무래도 1124 재독법보다는 효과가 떨어지겠지만 책 내용을 기억하는 데는 많은 도움이 될 것이다.

빨리 읽는 것보다
제대로 읽는 것이 중요하다

"어떻게 하면 책을 빨리 읽어요?"

책 읽기 강의를 할 때 많이 받는 질문 중 하나다. 많은 사람이 책을 빨리 읽고 싶어 한다. 이유는 여러 가지겠지만 가장 큰 이유는 여유 있게 책을 읽기에는 너무 바쁘기 때문이 아닐까 싶다. 현대인은 대부분 시간에 쫓기며 산다. 해야 할 일이 너무 많다. 대학생의 경우 리포트를 하나 쓰더라도 수많은 참고도서를 읽어야 한다. 마감 기한은 정해져 있는데, 짧은 시간에 그 많은 책들을 다 읽고 리포트를 작성하기란 결코 쉬운 일이 아니다. 직장인들의 사정도 별반 다르지 않다. 산더미처럼 쌓인 서류를 보는 것만도 벅차다. 해야 할 일은 많고, 읽어야 할 자료는 많으니 빨리 읽고 싶어 하는 것은 당연하다.

개인적으로 속독을 반대하지는 않는다. 시간은 유한하다. 책을 빨리 읽을 수 있다면 그만큼 보고 싶은 책을 더 많이 읽을 수도 있고, 필요한 정보를 빨리 습득해 업무에 활용하여 생산성을 높일 수도 있고, 책을 통해 더 많은 다양한 경험을 할 수도 있다.

하지만 단순히 책을 빨리 읽는 속독은 큰 의미가 없다. 엄청난 속도로 순식간에 책 한 권을 뚝딱 읽었다고 해도 머릿속에 남는 내용이 하나도 없다면 읽지 않은 것과 매한가지다. 아무리 인간이 망각의 동물이라도 책을 읽고 난 직후에는 꽤 많은 내용이 머릿속에 남아 있어야 한다. 그런데 그저 빨리 읽는 데만 급급해 읽는 동시에 잊어버린다면 속독을 할 이유가 없다.

얼마나 빨리 읽었는가보다는 시간이 좀 걸려도 제대로 읽는 것이 중요하다. 제대로 읽어 책 내용을 온전히 내 것으로 만들고 삶에 적용해야 인생이 바뀔 수 있다.

제대로 읽기 위한 3단계 프로세스

건강에 대한 관심이 높아지면서 규칙적으로 운동을 하려고 노력하는 사람들이 많아졌다. 그런데 운동을 하면 꼭 다치는 사람들이 있다. 왜 그럴까? 건강해지기 위해 운동을 하는 것인데, 오히려 몸을 다친다면 차라리 운동을 하지 않는 게 좋겠다는 생각이 들기도 한다.

분명 운동은 건강에 큰 도움이 된다. 다만 올바른 방법으로 제대로 운동을 했을 때에 한해서 그렇다. 어떤 운동이든 제대로 하려면 준비운동을 꼭 해야 한다. 추운 겨울 차갑게 식은 자동차를 예열하지 않고 바로 움직이면 차가 망가지기 쉽다. 우리 몸도 마찬가지다. 책상에 앉아 공부를 하거나 업무에 집중하다 보면 뼈와 근육이 굳어 뻣뻣해지는데, 이 상태에서 곧장 운동을 시작하면 다치기 쉽다. 스트레칭으로 뻣뻣하게 굳은 근육을 풀어주고, 가볍게 걸으면서 몸이 운동을 무리 없이 할 수 있도록 예열을 해주어야 탈이 없다.

운동을 끝낸 후에는 마무리 운동을 해야 한다. 마무리 운동도 준비운동 못지않게 중요하다. 운동을 하는 동안 근육은 팽팽하게 긴장되고, 뼈와 관절에도 피로가 쌓인다. 이를 풀어주지 않으면 몸이 아프고 고단해 건강이 더 나빠질 수 있다.

책 읽기도 마찬가지다. 보통 책을 읽는다고 하면 책을 읽는 그 자체만을 생각하기 쉬운데, 삶을 변화시키는 책 읽기는 단순한 책 읽기를 의미하지 않는다. 운동할 때와 같이 책을 읽을 때도 준비와 마무리 과정이 필요하고, 이 모든 과정을 거쳐야 제대로 책을 읽었다고 할 수 있다. 각각의 단계별로 어떻게 준비하고, 읽고, 마무리를 하는지는 3장에서 상세히 소개했으니 여기서는 진정한 책 읽기는 준비-읽기-마무리 3단계의 프로세스로 이루어진다는 것만 이해하고 넘어가자.

책을 읽을 때 준비와 마무리를 했느냐 안 했느냐에 따라 결과는 크게 달라진다. 책을 빨리 읽는 데만 의미를 두는 사람이라면 준비와 마무리 과정이 시간만 잡아먹는 불필요한 과정이라 생각할 수도 있다. 하지만 운동을 할 때처럼 책을 읽을 때도 준비와 마무리 과정을 거치면 책을 읽고 더 많은 것을 얻을 수 있다.

준비, 읽기, 마무리에 할애하는 시간은 상황에 따르지만 일반적으로 전체를 100으로 놓았을 때 준비 20, 읽기 70, 마무리 10 정도가 가장 적

책을 제대로 읽기 위한 3단계 프로세스

준비(Before Reading)	읽기(Reading)	마무리(After Reading)
(20%)	(70%)	(10%)

당하다. 예를 들어 전체 책 읽는 시간을 2시간으로 계획했을 때 적어도 준비에 24분, 마무리에 12분을 투자하는 것이 좋다.

제대로 읽으면 속도는 저절로 붙는다

책을 제대로 읽으려면, 즉 책 내용을 완전하게 파악하고 내 것으로 만들려면 아무래도 책 읽는 속도가 느려질 수밖에 없다. 사실 책 읽는 속도가 너무 느리면 읽는 재미가 떨어질 수 있다. 너무 오랜 시간에 걸쳐 읽다 보면 읽었던 내용이 가물거려 다음 내용이 제대로 연결이 안 되기도 하고, 그렇다고 다시 읽자니 왠지 지루한 느낌이 들기도 한다. 무조건 빨리 읽으려 드는 것도 좋지 않지만 제대로 읽겠다고 시간을 오래 끄는 것도 바람직하지 않다. 이때도 어느 정도의 속도감은 필요한데 다행히 제대로 책을 읽다 보면 속도는 저절로 붙는다.

독서경영 강사의 꿈을 꾸면서 한때 독서법에 관련된 책을 많이 읽었다. 어떻게 책을 읽어야 가장 많은 것을 얻을 수 있는지에 대한 답을 찾기 위해서였다. 10권까지는 정독을 했다. 집중해서 보는데도 처음에는 책 한 권을 읽는 데 보름 정도 걸렸다. 그래도 워낙 관심이 많았던 분야라 재미있게 읽었다. 두 번째, 세 번째 책을 읽을 때도 시간이 비슷하게 걸렸다. 주제는 같은 독서법이라도 내용이 달라 시간이 많이 걸렸다.

네 번째 책을 읽으면서부터는 속도가 붙었다. 앞서 3권을 꼭꼭 씹어서 읽다 보니 독서법에 대한 배경지식이 제법 쌓였고, 그렇게 쌓인 배경지식이 책을 빨리 읽는 데 큰 도움이 되었다. 이미 다른 책에서 읽었던 내용은 속독으로 읽어도 이해하는 데 전혀 무리가 없었다. 물론 다른 책에서 보지 못했던 새로운 내용을 읽을 때는 다시 속도가 느려졌지만 불과 일주일 만에 책 한 권을 다 읽을 수 있었다. 책 읽는 시간이 반으로 단축된 것이다. 독서법 책을 읽으면 읽을수록 속도는 점점 더 빨라졌고, 지금은 시중에 나와 있는 웬만한 독서법 책은 2시간이면 읽을 수 있다.

속독의 열쇠는 빨리 읽는 기술이 아니라 배경지식에 있다. 배경지식이 많으면 많을수록 책 읽는 속도는 빨라진다. 예를 들어 심리학에 대한 아무런 배경지식 없이 처음 심리학을 다룬 책을 보려면 시간이 많이 걸릴 수밖에 없다. 용어도 낯설고, 복잡한 인간의 심리를 분석한 내용이 어려워 머릿속에 쏙쏙 들어오지 않는다. 흥미 없는 내용이라서가 아니다. 흥미로운 주제여서 읽고 싶은 마음이 들어도 워낙 배경지식이 없으면 내용을 금방 이해하기 어렵기 때문이다. 하지만 몇 권의 책을 읽는 동안 심리학에 대한 배경지식이 쌓였다면 얘기가 달라진다. 이해의 속도가 빨라지면서 자연스럽게 책 읽는 속도도 빨라진다.

평소 책을 많이 읽는 사람들이 대부분 책을 빨리 읽을 수 있는 것도 이러한 이유 때문이다. 분야별로 다양한 책을 읽으면서 풍부한 배경지식이 쌓였고, 그러한 배경지식이 가속 엔진 역할을 하기 때문에 굳이 의도하지 않아도 저절로 속독을 하게 된다.

어떤 책부터 읽느냐가
성패를 결정한다

"어떤 책부터 읽어야 할까요?"

강의를 할 때 많이 받는 질문 중 하나다. 그냥 취미 삼아 책을 읽고 싶은 것이라면 굳이 이런 질문을 하지 않았을 것이다. 어떤 책이든 재미있어 보이는 책을 골라 읽으면 되니까. 하지만 책을 읽고 삶을 변화시키고 싶은 사람들은 절박한 마음으로 이런 질문을 한다. 평소 책을 좀 읽었던 사람이라면 더 절박하다. 그동안 책을 안 읽은 게 아닌데 변화가 없으니 책을 잘못 선정해 읽은 게 원인이라 생각하기 때문이다.

독서를 전문적으로 지도하는 사람이라면 쉽게 대답할 수 있는 질문이라 생각하겠지만 그리 간단하지 않다. 사람마다 처한 환경과 자라온 배경이 달라서 저마다 감동을 받는 책들이 다르기 때문이다. 어떤 사람에게는 인생을 바꾸는 커다란 계기가 된 책이 다른 사람에게는 별반 감동을 주지 못하는 예도 많다.

이처럼 삶의 변화를 원하는 사람들에게 좋은 책을 추천하기란 너무도 어렵다. 하지만 그동안 독서경영을 지도하면서 삶을 변화시키려면 어떤 책들부터 읽는 것이 효과적인지 경험으로 터득한 부분이 있다. 완벽한 모범답안은 아니지만 처음 책을 읽을 때 어떤 기준으로 선정하는 것이 좋은지에 대한 답은 될 수 있을 것이다.

시작하기에 좋은 책은 따로 있다

어떤 종류의 책이든 삶에 도움이 되지 않는 책은 없다. 하지만 그간 책을 많이 읽지 않았던 사람이라면 쉽고 재미있는 책부터 읽는 것이 좋다. 운동을 처음 하는 사람이 철인 3종 경기처럼 강도 높은 운동부터 할 수 없듯이 생전 책을 읽지 않던 사람이 갑자기 묵직한 주제를 다룬 어려운 책을 읽으면 중도 포기할 가능성이 크다. 처음에는 끝까지 흥미를 잃지 않고 볼 수 있는, 부담 없고 재미있는 책을 고른다. 적어도 10권까지는 흥미 위주로 골라야 책 읽는 습관을 들일 수 있고, 책 읽기가 몸에 배야 책을 읽고 삶을 변화시키려는 노력을 꾸준히 할 수 있다.

그렇다고 재미만 있는 책은 곤란하다. 재미있으면서도 분명한 메시지가 있는 책이 좋다. 메시지는 바로 삶에 적용할 수 있는 구체적인 것이면 더욱 좋다. 기업을 대상으로 독서경영을 시작할 때 약방의 감초처럼 도서목록에 넣는 책이 몇 권 있다. 그중 하나가 『청소력』이다. 일본 청소력연구회 대표인 마쓰다 미쓰히로가 쓴 책으로 총 170쪽인 데다 그림이 많아 읽기에 부담이 없다. 술술 재미있게 읽을 수 있다는 것 외에도 이 책을 독서경영 도서목록에 단골 메뉴로 넣는 이유는 또 있다. '청소'라는 주제는 일상생활과 밀접한 관련이 있기 때문에 삶에 적용하기도 쉽다. 삶을 변화시키려면 읽고 생각만 하는 것이 아니라 행동으로 옮겨야 하는데, 그런 면에서 『청소력』은 실천을 연습할 수 있는 더할 나위 없이 좋은 책이다.

보통 독서경영을 시작하면 짧게는 6개월부터 길게는 2년 이상 진행한다. 기업을 대상으로 한 독서경영의 경우 회사 방침에 의해 강제로 참여하는 사람들이 많기 때문에 처음에는 적극적으로 참여하지 않는다. 노골적으로 불만을 드러내는 사람도 많다. 이런 사람들에게 깊이 있는 사고를 요하는 책을 읽고 토론해보자고 하면 십중팔구 실패한다. 하지만 『청소력』처럼 부담 없이 읽을 수 있고, 쉽게 삶에 적용할 수 있는 책은 다르다. 책을 읽고 모처럼 책상 위를 깨끗하게 정리하는 정도로도 변화를 느낄 수 있기 때문에 책 읽기에 재미를 붙이기 시작한다. 마지못해 독서경영에 참여했던 사람들이 책이 주는 메시지를 실천해보고 변화를 경험하면서 달라지는 것이다.

지금까지의 경험상 책을 읽지 않았던 사람들도 술술 읽히면서 메시지가 분명한 책들은 대부분 끝까지 잘 읽었다. 부담 없이 읽을 수 있고 깊게 고민하지 않아도 생활 속에서 적용할 수 있는 구체적인 메시지가 있는 책이라면 어떤 책이든 좋다.

업무에 쉽게 적용하고 피드백이 빠르면 금상첨화

『청소력』처럼 쉽게 읽고 일상에 적용할 수 있는 책도 좋지만 좀 더 나아가 업무에 적용해 그 효과를 빨리 느낄 수 있는 책이라면 더더욱 좋다. 아무리 바빠도 책을 읽고 업무에 적용해 좋은 결과를 낼 수 있다면 어떻게든 짬을 내서 책을 읽기 마련이다. 평소 책을 많이 읽지 않았던 사람일수록 책을 읽었을 때의 작은 변화를 직접 체험해볼 필요가 있다. 그렇지 않으면 책 읽는 시간이 아깝게만 느껴져 꾸준히 읽기가 어렵다.

책 읽는 습관을 기르려면 피드백이 빠른 책부터 읽는 것이 좋다는 생각을 하게 해준 분이 있다. 하루 24시간이 모자랄 정도로 바쁜 분이었는데, 좋은 책을 추천해달라고 해서 나름 고심해서 몇 권을 추천했다. 일주일쯤 지나자 그분이 잔뜩 화가 난 얼굴로 나를 찾아와 항의했다. "어떻게 이런 책을 추천할 수가 있습니까? 업무에 도움이 되는 내용이 하나도 없었어요. 책 읽느라고 투자한 시간이 아깝습니다"라며 짜증을 냈다. 기껏 추천해주었더니 고맙다는 말은 못할망정 되레 원망을 하니 나도 화가 나 받아쳤다.

"그렇게 아까우면 제가 책값을 변상해드리겠습니다."

당시 책값이 15000원이었던 것으로 기억한다. 책값을 변상하겠다는 말에 그분은 더 펄쩍 뛰며 화를 냈다.

"내가 그깟 책값 15000원이 아까워서 이러는 줄 아세요? 책 읽는 데 3시간이 걸렸는데, 그 시간에 책을 읽지 않고 일을 했다면 최소한 10만 원은 벌었을 겁니다. 아무 내용도 없는 책을 읽느라 돈만 날린 셈이에요."

물론 그분의 항의를 그대로 받아들이기는 어렵다. 책을 읽고 얻을 수 있는 효과를 돈으로 환산한다는 것부터가 무리고, 한 권 읽고 바로 효과가 나타나기를 기대하는 것도 큰 욕심이다. 하지만 그분의 항의를 들으면서 앞으로 책을 처음 읽는 사람들에게 책을 추천할 때는 가능한 한 업무에 바로 적용할 수 있고 빠른 피드백을 얻을 수 있는 책을 추천하는 것이 좋겠다고 생각하게 되었다.

사람들과 대화를 할 때 피드백이 없으면 신명이 나지 않는다. 내가 한 말에 대해 어떤 형태로든 반응이 와야 대화하는 맛이 난다. 책도 그렇다. 『청소력』이 많은 사람에게 호응을 얻는 이유도 적용이 쉽고 피드백이 빠르기 때문이다. 그 피드백이 일상생활이 아닌 업무와 관련된 것이라면 효과는 배가된다.

안경원에서 일하던 시절, 책을 읽으면 바로 업무에 적용하곤 했다. 책을 읽으면서 얻은 정보와 깨달음은 고객과 상담할 때 많은 도움이 되었다. 가령, 예전에는 고객과 주로 안경에 관한 이야기를 많이 했다면 책을 읽기 시작하면서는 안경보다는 고객이 관심 있어 하는 주제와 관련된 이야기를 더 많이 했다. 한창 자녀를 키우는 부모일 경우 자녀교육과 관련한 정보를 주고받고, 재테크에 관심이 많은 고객일 경우 재테크에 대한 이야기를 나눴다. 피드백은 빨랐다. 안경에 관해서만 이야기할 때보다 고객들의 반응이 뜨거웠고, 고객들의 호응은 바로 매출로 이어졌다. 책을 읽고 업무에 적용한 결과가 바로 나타나자 책을 읽는 것이 더 재미있어졌다. 책을 사는 데 투자하는 비용이나 시간이 전혀 아깝지 않았.

이처럼 피드백이 빠른 책은 책 읽기의 즐거움을 더해준다. 책 읽기가 즐거우면 지속적으로 책을 읽을 수 있는 힘을 얻을 수 있고, 그만큼 삶이 변화할 수 있는 힘도 커지니 처음에는 가능한 한 피드백이 빠른 책부터 읽는 것이 좋다.

독서 근육이 생기면 책 선정 범위가 넓어진다

독서경영을 지도하면서 사전에 독서량을 조사해보면 1년에 한두 권 읽기도 바쁘다는 사람들이 꽤 많다. 전혀 책을 읽지 않았다는 사람도 적지 않다. 앞에서도 이야기했듯이 이런 사람들은 부담 없이 읽을 수 있는 쉽고 재미있는 책부터 읽어야 한다. 그렇게 10권쯤 읽으면 독서 근육이 생긴다.

독서 근육이 어느 정도 붙었다면 평소 관심을 갖지 않았던 새로운 분야에 도전해보는 것도 좋다. 처음 책을 읽을 때는 좋아하는 책만 편식해도 괜찮지만 계속 좋아하는 책만 읽으면 사고를 확장하고 새로운 경험을 할 기회를 얻을 수 없다.

내가 아는 분은 직장생활을 하기 전까지 회를 먹어본 적이 없었다고 한다. 생선이 귀한 내륙지방에서 살았고 부모님도 회를 좋아하지 않아 회를 구경해볼 기회조차 없었다. 그러다 서울에서 직장을 잡은 후 처음 '회'와 대면하게 되었다. 유명한 횟집에서 회식을 했는데, 생선을 날로 먹는다는 게 영 내키지 않아 손도 대지 않았다. 하지만 걸핏하면 회식을 횟집에서 하는 통에 어쩔 수 없이 회를 먹기 시작했는데, 생각보다 맛이 괜찮았다. 그때부터 회를 조금씩 먹기 시작해 지금은 회라면 자다가도 벌떡 일어나는 회 애호가로 변신했다.

새로운 음식을 먹어보지 않으면 그 외에 어떤 음식이 맛있는지 알 수 없듯이 좋아하는 책만 읽으면 다른 좋은 책을 영영 알 길이 없다. 독서 편식 습관은 어른일수록 더 고치기 어렵기 때문에 가끔 의도적으로 평소 읽지 않던 분야의 책을 읽는 것이 좋다. 내키지 않았는데도 회를 먹고 회 애호가가 될 수 있듯이 자기 취향이 아닌 책을 읽으면서 예전에는 경험하지 못했던 새로운 깨달음을 얻을 수 있다.

  좋아하는 책과 그렇지 않은 책의 비율은 7 대 3 정도가 적당하다. 일정한 기간을 정해두고, 관심 주제를 바꾸어가며 집중적으로 책을 읽는 것도 편식을 막을 수 있는 방법 중 하나다. 피터 드러커도 이 방법을 활용했다고 한다. 그는 3년마다 주제를 바꿔가며 책을 읽어 35개 분야의 전문가가 되었다. 나도 주제별 책 읽기를 하는 편인데, 3년은 너무 길어 3개월 단위로 한다. 주제별 책 읽기를 할 때도 7 대 3 법칙은 지키는 편이다. 7은 주제와 관련된 책을 읽고, 3은 그때그때 주제와 상관없이 읽고 싶은 책을 읽는다.

나를 이해하는 방법, 책 속에 있다

삶을 바꾼다는 것은 오랫동안 나를 지배해온 생각과 습관을 바꾸는 것과도 같다. 생각과 습관은 좋은 것이든, 나쁜 것이든 한 번 몸에 배면 어지간한 노력으로는 바꾸기 어렵다. 많은 사람이 변화를 갈구하고 시도하면서도 결국 원래의 익숙했던 생활로 돌아가는 것도 다 오랫동안 젖어있던 생각과 습관을 버리지 못하기 때문이다. 지금은 고인이 된 구본형 선생이 1998년 출간한 『익숙한 것과의 결별』이 당시 폭발적인 관심을 받았던 것도 이와 관련이 있다. 몸에 밴 익숙해진 것을 버리지 않으면 변화할 수 없다는 것을 알면서도 게으름 때문에, 용기가 없어서 혹은 다른 이유로 매너리즘에 빠져 살던 사람들에게 이 책은 큰 자극과 용기를 주었다.

변화하고 싶다면 나를 둘러싼 단단한 껍질부터 깨야 한다. 오랜 세월에 걸쳐 굳어진 고정관념과 습관으로 단단해진 껍질을 깨지 않으면 삶을 바꿀 수 없다. 병아리가 껍질을 깨고 세상 밖으로 나오려면 죽을힘을 다해 여린 부리로 껍질을 쪼고 또 쪼아야 한다. 그 과정은 당연히 고통스럽다. 하지만 고통이 무서워 아무런 시도도 하지 않는다면 변화는 불가능하다. 고통을 인정하고 받아들일 때 비로소 변화는 시작된다.

알을 깨려면 책과 나의 줄탁동시가 필요하다

내 삶의 변화를 가로막는 고정관념과 습관을 바로 잡는 데 책만큼 도움이 되는 것도 드물다. 책의 장점 중 하나가 나와는 다른 다양한 생각을 접하고, 수많은 일들을 간접적으로나마 경험할 수 있다는 것이다. 고정관념을 깨기 위해서는 나와는 다른 생각을 많이 접해보는 것이 중요하다. 똑같은 사물이나 사건을 보고도 나와는 전혀 다른 생각을 하는 사람들이 있다는 것을 알면 한결 사고가 유연해진다.

책을 통한 간접경험도 고정관념이나 습관을 깨는 데 도움이 된다. 사람은 대개 자신이 직접 경험한 것만을 믿는 경향이 있다. 설령 그 경험이 보편적이지 않은 특수한 것이었다고 해도 자신의 경험을 절대적으로 신봉한다. 그래서 경험을 바탕으로 형성된 고정관념은 더욱더 깨뜨리기가 어렵다. 걸핏하면 예전에 해봤는데 안 됐다는 이유로 변화하려는 시도조차 안 하는 경우가 많다. 자신의 제한된 경험에 발목 잡히지 않으려면 간접적으로나마 다양한 경험을 하는 것이 좋다. 가장 쉽고 넓게 간접경험을 할 수 있는 방법으로 책만 한 것이 없다.

하지만 책을 읽는다고 다 나를 둘러싼 단단한 껍질을 깰 수 있는 것은 아니다. 책을 읽기 전에 편견 없이 책 내용을 받아들이려는 마음의 자세가 필요하다. 알 속에 있는 병아리가 알을 깨기 위해 부리로 껍질을 쫄 때, 어미 닭은 병아리가 빨리 알을 깰 수 있도록 밖에서 껍질을 쫀다. 이를 '줄탁동시(啐啄同時)'라고 한다. 병아리가 안에서 쪼는 것을 줄(啐), 어미가 밖에서 쪼는 것을 탁(啄)이라 하는데, 이 둘이 동시에 일어나야 껍질이 깨진다는 의미다. 서로 호흡이 맞지 않아 안에서 병아리만 쪼거나 밖에서 어미 닭만 쪼면 껍질을 깨는 데 시간이 오래 걸리고, 최악의 경우 병아리가 영영 껍질을 깨지 못하고 알 속에서 죽을 수도 있다.

책을 읽고 나를 둘러싼 알을 깨는 과정도 이와 비슷하다. 병아리가 알을 깨고 세상에 나올 준비가 되어 있지도 않은 상태에선 밖에서 어미 닭이 열심히 껍질을 쪼아도 한계가 있다. 병아리 스스로 알을 깰 준비가 되어 있어야 어미 닭의 도움이 결실을 만들어낸다.

병아리가 사람이라면 책은 어미 닭과도 같다. 많은 사람이 좋은 책이 사람을 변화시킬 수 있다고 믿는다. 어느 정도 맞는 말이다. 하지만 아무리 주옥같은 내용이 담겨 있어도 책을 읽는 사람이 그 내용을 받아들일 마음의 준비가 되어 있지 않다면 책 읽기의 효과는 반감된다. 기껏 책을 통해 다른 생각을 접하고도 "그건 저자 생각이지. 내 생각은 다르네요"라고 무시하면 생각은 변할 수가 없다. 또한 우리 주변에는 자신의 경험을 바탕으로 메시지를 전달하는 자기계발서를 인정하지 않는 사람들이 많다. 책의 내용은 어디까지나 저자의 주관적인 경험이기 때문에 나와는 상관이 없다고 생각하거나 자신의 성공담을 자랑하는 정도로 여기기 때문이다.

하루아침에 고정관념과 잘못된 습관을 버리기는 어렵지만 적어도 내 생각이 전부가 아니라 인정하고, 잘못된 습관을 고치고 싶다는 의욕이 있는 상태에서 책을 읽어야 변화할 수 있다. 그렇지 않으면 어떤 책을 읽어도 자신의 방식대로 읽고 해석해 기존의 고정관념을 더 단단하게 만들 뿐이다.

마음을 열고 읽으면 삶을 변화시키는 데 도움이 되지 않는 책은 없다. 도움이 되는 내용이 많고 적음의 차이는 있을 수 있어도 열린 마음으로 책을 보면 반드시 도움이 되는 내용을 찾을 수 있다. 병아리가 알을 깰 때 어미 닭보다는 병아리의 노력이 우선되어야 하듯이 책이 나를 변화하게 하기를 기대하기 전에 스스로 변화하겠다는 의지를 다지는 것이 중요하다.

진정한 나를 이해하는 것도 알을 깨는 과정이다

'지피지기면 백전백승'이듯이 나를 알고 변화를 시도하면 성공할 확률이 높아진다. 대부분의 사람들은 '나는 내가 제일 잘 안다'라고 생각한다. 하지만 남들보다 더 자신을 모르는 것 또한 '나'다. 생각보다 자기 자신을 객관적으로 정확하게 아는 사람은 그리 많지 않다. 어느 순간부터 스스로 나는 이렇다고 규정하고는 그것만이 자신의 모습이라 믿어버린다.

지금껏 내가 알고 있던 나를 버리고 내가 미처 알지 못했던 또 다른 나의 모습을 찾는 과정은 설레기도 하지만 한편으로는 두렵고 고통스럽기도 하다. 그래도 피해 갈 수는 없다. 객관적으로 나를 제대로 알지 못하면 올바른 변화를 시도하기 어렵기 때문이다.

내가 모르는 나를 이해하는 방법은 여러 가지가 있지만 역시 책이 큰 도움이 된다. 나를 이해하는 일은 단점 못지않게 몰랐던 장점을 발견하는 것도 포함된다. 나의 경우 본격적으로 책 읽기를 시작하면서 '나는 누구인가'에 대한 해답을 얻을 수 있는 책들을 많이 읽었다. 마커스 버킹엄과 도널드 클리프턴이 함께 쓴 『위대한 나의 발견 강점 혁명』을 비롯해 30여 권을 읽었던 것 같다. 책 이외에도 MBTI(The Myers-Briggs Type Indicator)와 애니어그램처럼 성격 유형을 진단할 수 있는 테스트도 병행했다.

책을 읽고 발견한 나는 그동안 내가 생각했던 나와는 꽤 거리가 있었다. 한때 내가 소심하고 사람들과 잘 어울리지 못한다고 생각했다. 하지만 책을 통해 의외로 나에게 사람들과 소통을 잘하는 능력과 추진력이 있음을 알게 되었다. 그러면서 많은 사람과 소통해야 하는 강사라는 직업이 나에게 잘 맞겠다고 생각했다.

진정한 나를 발견하기 위해 책을 읽을 때는 반드시 부모님, 친구, 동료 등 주변 사람들에게 내가 어떤 사람인지 물어보는 것이 좋다. 때로는 나보다 주변 사람들이 나를 더 잘 아는 경우가 많다. 그들의 이야기는 책보다 더 충격적일 수도 있다. 도저히 인정할 수 없는 모습을 내 모습이라고 말하는 경우도 많은데, 어렵겠지만 다 받아들여야 한다. 내가 아는 나와 책을 통해 알게 된 나, 주변 사람들이 말하는 나, 이것이 모두 나의 모습이기 때문이다.

나를 제대로 알면 그때부터 변화에 가속도가 붙는다. 미처 몰랐던 강점을 찾아 발전시키고, 변화를 가로막는 나의 단점을 찾아 고치려고 노력하다 보면 어느 순간 몰라보게 변화한 자신을 볼 수 있다.

책을 몇 권이나 읽어야 삶을 바꿀 수 있을까

　　　　　　　　　　민들레영토의 지승룡 소장, 이랜드를 만든 박성수 회장, 꿈을 전파하는 멘토이자 베스트셀러 작가인 이지성.

　이들에겐 공통점이 있다. 인생의 큰 고비를 맞았을 때 책을 통해 삶과 세상의 이치를 깨닫고 변화를 시도해 성공했다는 점이 그것이다. 민들레 영토 지승룡 소장은 원래 목사였다. 그런데 이혼을 했다. 목사도 사람인지라 이혼할 수도 있지만 교인들은 타의 모범이 되어야 할 목사의 이혼을 받아들이지 못했고, 결국 교회에서 그를 쫓아냈다. 그는 나락으로 떨어졌다. 그를 찾는 사람도 없었고, 앞으로 무엇을 하며 살아야 할지 막막하기만 했다. 그때 그를 버티게 한 유일한 친구가 '책'이었다. 2년 동안 매일 종로에 있는 정독도서관에 가서 책을 읽었다. 2년에 걸쳐 무려

2000권에 달하는 책을 읽은 후 포장마차를 시작해 몇 달 만에 몇천만 원을 벌고, 그 돈을 종자돈으로 오늘날의 민들레영토를 만들었다.

이랜드를 만든 박성수 회장도 엄청난 독서량을 자랑하는 분이다. 그에게도 큰 아픔이 있었다. 20대 때 근육무력증이란 병에 걸려 3년 동안 병원 신세를 져야 했다. 병이 완치된다는 보장도 없이 3년씩이나 병원에 있으면서 절망할 수도 있었지만 그는 절망하고 분노하는 대신 책을 읽었다. 3년 동안 3000권을 읽은 후 문리(文理)가 트였고, 이대 앞에 조그마한 옷가게를 열었다. 그 옷가게가 성장해 오늘날의 이랜드가 되었다.

이지성 작가는 어떨까? 지금이야 베스트셀러 목록에 그의 책이 몇 권씩 올라올 정도로 자타가 공인하는 훌륭한 작가가 되었지만 그렇게 되기까지는 오랜 무명 시절을 겪어야 했다. 신인 시절, 열심히 쓴 원고를 들고 출판사를 찾아갔지만 찾아가는 족족 거절당했다고 한다. 거절의 이유는 대부분 차별성이 없다는 것이었다. 어떻게 하면 기존 책과는 다른 차별성을 만들 수 있을까? 그는 책을 읽으면서 답을 찾았고, 2000권을 읽자 뭔가 답답했던 머릿속이 뻥 뚫리는 느낌이 들면서 길이 보였다고 한다.

모두 책을 통해 삶을 바꾼 대표적인 분들이다. 한때 세 분의 사례를 보면서 삶을 바꾸려면 적어도 2000권은 읽어야 한다고 생각했던 적이 있다. 동시에 '꼭 2000권을 읽어야 할까?'라는 의문을 품기도 했다. 2000권이란 벽이 너무 높았기 때문이다. 하루에 한 권씩 부지런히 읽는다 해도 2000권을 읽으려면 5년 반 정도 걸린다. 이틀에 한 권씩 읽는다면 10년은 투자해야 2000권을 겨우 읽을 수 있다. 일주일에 한 권씩 읽는다면? 무려 40년을 읽어야 한다. 그래서 꼭 2000권을 읽지 않아도 삶을 변화시킬 수 있는 방법은 없는지 치열하게 고민했던 것 같다.

잔은 차야 넘치고, 물은 100도가 넘어야 끓는다

물을 끓이면 바로 끓지 않는다. 불을 붙이고 한참을 기다려야 어느 순간 물이 끓기 시작한다. 물이 끓는다는 것은 액체였던 물의 성질이 기체로 바뀌는 것을 의미한다. 이처럼 고유의 성질이 변하는 시점을 '임계점'이라 부른다. 물이 끓기 시작하는 온도가 100도이니 물의 임계점은 100도가 되는 셈이다.

어떤 상황이 근본적으로 변화하는 데는 모두 임계점이 있다. 다이어트를 예로 들어보자. 다이어트를 하려면 몸속에 축적된 체지방을 없애야 한다. 체지방을 가장 효과적으로 없앨 수 있는 방법은 유산소운동이다. 유산소운동으로 몸속에 지속적으로 산소를 공급해주면 산소가 체지방을 태워 없애준다. 다만 한참 열을 가해야 물이 끓기 시작하듯이 유산소운동을 하자마자 체지방이 타는 것은 아니다. 적어도 10분 이상 유산소운동을 하면서 산소를 공급해야 체지방이 충분히 뜨거워지면서 활활 탄다. 유산소운동을 시작한 지 10분이 되는 시점이 다이어트를 위한 임계점이 되는 것이다.

임계점은 변화를 위해 기다려야 하는 인내의 시간이기도 하다. 아무리 성질이 급해도 100도가 될 때까지 기다리지 못하면 물이 끓는 것을 볼 수 없다. 다이어트를 하고자 유산소운동을 할 때 10분도 참지 못하고 힘들다고 포기하면 도로아미타불이다. 요란하게 변죽만 울릴 뿐 아무것도 변하지 않는다.

책 읽기도 마찬가지다. 그냥 재미 삼아 읽는 책이라면 상관없지만 책을 통해 삶을 바꾸고 싶다면 임계점을 통과해야 한다. 그 임계점이 얼마일까? 사실 임계점은 사람마다 다르다. 어떤 사람은 10권을 읽고 눈에 띄게 변화하기도 하고, 어떤 사람은 100권을 읽고도 여전히 변화의 실마리를 찾지 못해 고민하기도 한다.

왜 이런 차이가 나는 걸까? 책 읽기의 임계점은 삶의 경험과 변화에 대한 간절함에 의해 결정된다. 삶을 송두리째 흔들어버릴 정도의 큰 사건을 경험하고 평소 그에 대해 깊이 생각했다면 몇 권을 읽고도 변화할 수 있다. 그 책이 평소 고민했던 삶의 문제를 통찰할 수 있게 해주는 책이라면 변화의 속도와 폭도 크다.

실제로 독서경영을 지도했던 대학생들 중에는 10권을 읽고도 크게 변화한 학생들이 많다. 요즘 대학생들은 꿈과 진로에 관한 고민이 많다. 자신의 꿈을 찾고, 앞으로 어떻게 살 것인지를 치열하게 고민한다. 간절하게 원해도 꿈은 점점 더 멀어지고, 그럴수록 자존감도 떨어진다. 오랫동안 이렇게 외로운 자기 자신과의 싸움을 하는 와중에 용기를 주고 삶의 방향을 제시해주는 책을 만나면 강렬한 스파크가 일어나고 빠르게 변화한다.

하지만 인생을 살면서 큰 어려움을 겪은 적도 없고, 막연히 자기 삶이 불만족스럽긴 했어도 이에 대해 깊게 생각해본 적이 없는 사람이라면 책 몇 권으로 금방 변하기 어렵다. 대부분의 사람들은 이런 유형에 속한다. 그러니 조금은 인내심을 가지고 느긋하게 책을 읽을 필요가 있다. 나름 시간을 두고 다양한 책을 열심히 읽었는데 왜 삶이 바뀌지 않느냐고 조급해할 이유도 없다. 서두르지 말고 차근차근 책을 읽다 보면 반드시 임계점을 통과하는 그날이 온다.

본깨적 책 읽기로는 300권이면 가능하다

그렇다면 평범한 사람들이 책을 읽고 변화할 수 있는 임계점은 얼마일까? 앞서도 이야기했듯이 2000권은 다소 비현실적인 분량이다. 나는 책을 읽는 것이 곧 일인 직업을 갖고 있다. 그런데도 2000권을 읽기가 쉽지 않았다. 올해로 독서경영 마스터로 일한 지 5년째에 접어드는데, 불과 얼마 전에 2000권을 독파할 수 있었다. 그 이전에도 책을 읽었지만 그것들은 뚜렷한 목표의식 없이 무작정 읽어 삶을 변화시키는 데 큰 도움이 되지 않았기 때문에 제외했다. 독서경영 마스터에 입문한 2009년에는 223권을 읽었는데, 해를 거듭할수록 책 읽는 속도가 빨라져 2010년부터는 평균 하루에 1.5권씩 읽었던 것 같다.

책과 상관없는 직업을 갖고 있는 사람이 2000권을 읽기란 불가능하다. 만약 책 읽기의 임계점이 2000권이라면 삶을 바꿀 수 있는 기회는 사실상 없는 것과 마찬가지다. 독서경영 마스터로 일하면서 보통 사람의 임계점이 얼마일지 많은 고민을 했다. '책을 몇 권이나 읽어야 삶을 바꿀 수 있는가?'는 책 읽기 강의를 듣는 사람들의 공통된 관심사였기 때문에 나름 근거가 있는 확실한 대답을 해주어야 했다. 오랜 고민과 경험을 토대로 책 읽기 임계점을 300권으로 잡았다.

임계점을 300권으로 잡은 데는 이유가 있다. 책을 읽고 깨달음을 얻고 자극을 받는 것은 한두 권의 책만으로도 가능하다. 하지만 삶이 바뀌려면 깨달음과 자극이 실천으로 이어지고 습관으로 굳어져야 하는데, 그게 쉽지가 않다. 십중팔구 작심삼일로 끝나기 쉽다. 책을 읽으면서 분명 폭풍 같은 감동을 받고 열심히 살겠다고 다짐을 했는데도 며칠 지나기도 전에 시들해진다. 당연한 일이다. 고정관념이나 습관은 본능과도 같아서 이성적으로는 버려야 한다고 생각해도 끈질기게 내 안에 숨어 있다가 자기도 모르는 사이에 불쑥불쑥 고개를 내민다. 그래서 지속적으로 자극을 주어 실천 의지를 확인하기 위해서라도 최소한 300권은 읽어야 한다. 자극이 시들해질 무렵, 새로운 책을 읽어 또 다른 자극과 깨달음을 얻고 바뀌려고 노력하기를 반복하면서 잘못된 습관과 사고방식이 바뀌는 것이다.

정말 300권만 읽으면 삶이 바뀔까? 이지성 작가는 자신의 경험상 100권 정도의 책을 읽으면 사고방식이 긍정적으로 바뀌고, 300권을 읽으면 긍정적 사고방식이 완전히 뿌리를 내리고, 700권부터 변화가 일어나기 시작해 1000권을 읽으면 완전히 바뀐다고 말했다. 이지성 작가의 기준에 의하면 300권은 삶을 바꾸는 데는 턱없이 부족할 수도 있다. 하지만 300권을 본깨적 책 읽기 방법으로 제대로 읽으면 얘기는 달라진다. 본깨적 책 읽기는 책에서 얻은 깨달음을 실생활에 쉽게 적용할 수 있도록 돕는 독서법이어서 잘못된 사고방식이나 습관을 효과적으로 교정해주는 힘을 갖고 있다.

"300권을 읽었는데도 삶이 바뀌지 않으면 어떻게 하지요?"

시작해보기도 전에 이런 의심을 하는 사람도 적지 않다. 주로 부정적인 사고 습관에 젖어있는 분들이 이런 질문을 많이 한다. 의심하지 말고 일단 300권을 목표로 일단 시작해보길 권한다. 분명 바뀔 수 있다.

씨앗독서로 변화의 임계점을 낮춘다

개인적으로 삶을 바꾸려면 최소한 300권을 읽어야 한다고 생각한다. 왜 300권인가에 대해서는 앞에서 자세히 설명했다. 하지만 책 중에는 변화의 씨앗이 되는 책들이 있다. 그런 책이라면 꼭 300권을 읽지 않아도 삶을 변화시킬 수 있다.

씨앗이 되는 책은 운명과도 같은 책이다. 삶에 큰 울림을 주고, 진지하게 삶을 성찰하고 어떻게 살 것인가에 대한 고민을 하게 만들어주는 그런 책이다. 따라서 씨앗이 되는 책은 몇 권만 제대로 읽어도 삶이 변화하는 데 큰 도움이 된다.

씨앗이 되는 책을 읽는 것을 '씨앗독서'라 한다. 그렇다면 어떤 책이 씨앗이 되는 책일까? 책을 읽다 보면 책장을 넘기는 게 아까운 책이 있다. 내용이 아주 재미있고 큰 울림을 주어 한 장 한 장 넘길 때마다 앞으로 읽을 페이지가 줄어든다는 게 아쉽다. 책을 덮었는데도 책에서 읽은 내용이 잔상처럼 오랫동안 남아있고, 한동안 다른 책이 눈에 들어오지 않는다. 무엇보다 평소 치열하게 고민했던 주제에 대한 화두를 던져주고 계속 생각을 연결해 해답을 찾게 만드는 책이라면 씨앗이 되는 책이라 할 수 있다.

처음부터 씨앗이 되는 책을 만나면 좋겠지만 아쉽게도 쉽지 않다. 내가 삶을 변화시키기 위한 책 읽기를 처음 시작할 때 책 멘토인 강규형 대표에게 씨앗이 될 만한 책 50권을 추천해달라고 부탁했다. 대부분 나의 삶에 도움이 되는 책이었지만 모두가 씨앗이 되는 책은 아니었다. 그도 그럴 것이 씨앗이 되는 책은 자기의 관심 분야, 고민거리와 연관이 깊다. 그래서 다른 사람에겐 씨앗이 되는 책도 나에겐 별 감흥을 주지 못할 수도 있다.

씨앗이 되는 책을 읽을 때는 읽는 방법도 달리해야 한다. 굳이 노력하지 않아도 워낙 좋은 내용들로 가득 찬 책이어서 한 줄 한 줄 눈을 반짝이며 읽게 되겠지만 좀 더 치열하게 읽을 필요가 있다. 술술 내용을 파악하는 수준으로 읽지 말고, 스스로 질문을 던지고 답을 찾으면서 행간에 숨은 깊은 뜻을 이해하려고 노력해야 한다. 그런 씨앗독서라면 300권이 아니라 100권, 아니 50권만 읽어도 삶을 변화시킬 수 있다.

실행을 방해하는 원인부터 제거하라

　책을 읽고 삶을 바꾸려면 적용, 즉 실행을 해야 한다. 책을 보고, 깨닫는 것도 중요하지만 실행을 하지 않으면 삶은 바뀌지 않는다. 하지만 이를 너무도 잘 알고 있음에도 많은 사람이 실행하지 못해 고민한다.

　왜 알고 있으면서 실행하지 못할까? 실행하려는 의지가 약해 그럴 수도 있지만 단지 의지력만 탓할 수는 없다. 실행을 방해하는 것은 의지력 외에도 여러 가지가 있다. 적용력, 실행력을 높이기 위해서는 이런 원인들을 알아야 한다. 막연히 실행하겠다는 의지만 불태우면 얼마 가지 않아 실행을 방해하는 원인들에 부딪혀 포기할 가능성이 크다. 삶의 변화는 지속적인 실행에 의해 일어난다. 지치지 않고 지속적으로 실행하기 위해서라도 실행을 방해하는 원인을 제대로 알고 대처하는 자세가 필요하다.

아는 것과 실행은 다르다

실행을 방해하는 가장 큰 원인 중의 하나가 '아는 것'과 '실행'을 동일시한다는 것이다. 많은 사람이 이런 우를 범한다. 안다는 것만으로 이미 변화했다고 착각한다.

요즘 커피에 관심을 갖는 사람들이 무척 많다. 천편일률적인 인스턴트커피에서 벗어나 직접 원두를 볶고 커피를 내려 맛과 향이 풍부한 커피를 만들고 싶어 한다. 커피 전문가가 되려면 이론적으로 커피를 만드는 과정을 이해하는 것도 중요하지만 그보다는 직접 커피를 만들어보는 것이 더 중요하다. 이론과 실제는 다르다. 머릿속으로 이해하는 것과 직접 실행하는 것은 차이가 크다. 이론적으로는 박사 수준이더라도 직접 커피를 만들어보지 않으면 커피 전문가라 할 수 없다. 수없이 시행착오를 되풀이하며 커피를 만들어봐야 비로소 최고의 커피를 만드는 전문가가 될 수 있다.

그런데 대부분의 사람들은 이론적으로 커피를 만드는 과정을 배운 것만으로 자신이 커피 전문가가 되었다고 착각한다. 책도 마찬가지다. 책을 읽고 지식을 습득한 자체로 삶이 달라질 것이라 기대한다. 이 모두가 아는 것을 실행한 것으로 착각하기 때문에 생기는 현상이다.

아는 것과 실행을 동일시하는 데는 나름 이유가 있다. 인식과 생각의 변화는 행동을 부르기 마련이다. 반사 기능처럼 무의식적으로 나타나는 행동이 아니라면 대부분 인식 이후에 행동이 뒤따른다. 예를 들어 짜게 먹는 식습관이 왜 건강에 나쁜지를 모를 때는 식습관을 바꿀 시도조차 하지 않는다. 하지만 짜게 먹지 말아야 할 이유를 인식하면 행동을 바꿀 필요성을 느낀다. 인식의 변화가 행동을 유발하는 동기 역할을 하는 셈이다.

문제는 인식과 생각의 변화가 있어야 행동도 변하는 것은 사실이지만 인식이 변했다고 반드시 행동을 하는 것은 아니라는 데 있다. 그런데도 변화의 필요성을 인식해 행동해야겠다는 생각을 하다 보면 어느 순간 마치 실행한 것 같은 착각에 빠진다. 아는 것과 실행은 다르다. 이 점을 확실하게 인식해야 책을 읽고도 변화하지 않는 함정에서 벗어날 수 있다.

정보 과부하가 실행을 방해한다

결혼까지 생각하며 사귀던 남자에게서 어느 날 심각한 문제를 발견한다. 의처증 증세가 나타난 것이다. 의처증 증상이 몇 번 나타나자 여자는 남자에게 그러지 말 것을 부탁했다. 남자는 여자를 너무 사랑한 나머지 자기도 모르는 사이에 의심을 하는 것이라며 용서를 구했고, 여자는 다시는 그러지 않겠다는 남자의 말을 믿었다. 하지만 괜찮아지는 듯하다가도 다시 의처증 증상이 나타났고, 이를 반복하면서 여자는 심각한 고민에 빠졌다. 남자가 의처증에서 벗어나지 못하면 결혼생활을 원만히 유지할 수 없을 것 같았다. 그럴 바에는 차라리 지금 헤어지는 것이 낫겠다고 생각하면서도 사람과 만나고 헤어지는 일에 신중해야 한다는 생각에 여러 사람의 조언을 구하기 시작했다. 조언은 많이 들을수록 좋을 것 같아 최대한 많은 사람의 의견을 들었다.

조언의 내용은 천차만별이었다. 의처증은 불치병이니 당장 헤어지는 것이 좋겠다는 의견부터 의처증이란 기본적으로 신뢰가 부족할 때 생기는 것이니 상대방이 안심할 수 있도록 믿음을 주면 된다는 의견까지 다양했다.

얼핏 생각하면 조언을 많이 들을수록 결정하기가 쉬울 것 같지만 그렇지가 않다. 이런 경우 대부분 갈팡질팡 고민만 하다 결국 어떤 행동도 취하지 못한다. 너무 많이 아는 것이 오히려 실행을 방해하는 격이다. 『춤추는 고래의 실천』에서는 이를 '정보 과부하'라는 말로 설명했다.

정보가 부족하면 올바른 판단을 하기가 어렵다. 그 결과 실행을 잘 못해 손해를 보거나 일을 그르칠 수는 있지만 아예 실행조차 하지 못하는 경우는 상대적으로 적다. 하지만 정보가 너무 많으면 생각을 정리하는 것도 어렵고, 실행을 하기는 더더욱 어렵다. 정보가 많아 과부하가 걸리면 생각을 방해하고, 더 나아가 행동을 방해하기 때문이다.

정보 과부하로 인해 실행을 하지 못하는 불상사를 막기 위해서는 많은 정보를 얻기보다는 적은 양이라도 중요한 정보를 중심으로 여러 번 반복하면서 읽고 배우는 것이 좋다. 책을 10권 읽으면 한두 권 읽었을 때보다 훨씬 더 많은 정보를 접할 수 있지만 깊이가 얕다. 10권을 여러 번 반복해서 읽으면 모르겠지만 한 번 읽어서는 일부 내용만 기억에 남기 때문이다. 얕고 넓은 정보보다는 적더라도 깊이 있는 정보가 행동하는 데 더 도움이 된다. 그러려면 일정한 간격을 두고 책을 읽고 또 읽는 것이 중요하다. 하나를 알더라도 뿌리까지 완전히 이해하면 헷갈릴 일이 없다. 생각이 확실하면 그만큼 실행하기도 쉽다.

행동을 제한하는 부정적 사고방식

실행을 방해하는 원인 중 빼놓을 수 없는 것이 '부정적 사고방식'이다. 사고방식이 부정적인 사람은 보고 싶은 것만 보고 듣고 싶은 것만 듣고, 믿고 싶은 것만 믿는 경향이 있다. 그러니 아무리 좋은 책을 읽어도 극히 일부 내용만을 보고 깨닫고, 적용하는 데도 소극적일 수밖에 없다.

무엇보다 부정적인 사고방식을 가진 사람들은 변화할 수 있다는 것을 믿지 않는다. '어차피 변하지 않는데 해봤자 무엇하나'라는 부정적인 생각이 강해 실행할 생각조차 하지 않는 경우가 많다. 독서경영을 하면서도 이런 사람들을 자주 본다. 책을 읽고 변화할 수 있다는 것을 믿지 않는다. 혹시나 하는 마음으로 책을 몇 권 읽기는 하지만 변화할 수 있다는 것을 믿지 않기 때문에 아무래도 실행력이 약하다. 적극적으로 실행하지 않으니 당연히 삶은 변하지 않고, "역시 내 생각이 맞았어"라며 자신의 부정적 사고를 더욱 강화한다.

부정적 사고방식을 고치지 않고서는 적극적으로 삶을 변화시킬 수 없다. 사고방식은 타고나는 것이 아니다. 부정적으로 사고하느냐, 긍정적으로 사고하느냐는 노력하기에 따라 달라질 수 있다. 매사에 긍정적으로 생각하는 연습을 하다 보면 사고방식도 긍정적으로 바뀐다. 긍정적인 사고방식이 습관화될 때까지는 의식적으로 틀린 부분을 찾기보다는 좋은 점, 긍정적인 부분을 찾기 위해 노력하자. '책을 읽는다고 뭐가 달라지겠어?'가 아니라 '이 책에는 분명 삶에 도움이 되는 이야기가 있을 거야. 그걸 찾아서 실천하면 삶이 달라질 거야'와 같이 생각해야 한다.

긍정적 마음가짐과 사고방식은 단순히 실행을 돕는 것을 넘어 창의력과 독창성을 향상하는 역할도 한다. 따라서 책을 읽고 깨닫고 적용할 것을 찾는 데도 창의력을 발휘해 남들은 미처 생각지도 못한 적용할 것을 찾아내기도 한다. 생각에 한계를 두지 않기 때문에 톡톡 튀는 아이디어도 많이 낼 수 있다. 그만큼 행동의 범위도 넓어져 삶이 더 큰 폭으로 발전하고 변화할 수 있음은 물론이다.

수평적, 수직적 병렬독서의 조화가 필요하다

　　　　　　　　　　삶을 변화시키는 본깨적 책 읽기는 기본적으로 병렬독서를 바탕으로 한다. 책을 한 번 읽는 것만으로는 책 내용을 온전히 기억하기 어려워 반복해서 읽는 재독을 권하기 때문이다. 재독은 최대 네 번 정도 해야 오랫동안 책 내용을 기억할 수 있다고 했다. 재독을 충실히 할 경우 새로 읽기 시작하는 책 이외에도 몇 권의 책을 함께 재독해 병렬독서를 하는 효과가 난다.

　한꺼번에 여러 권을 읽으면 혼란스러워 어느 책의 내용도 제대로 이해하지 못하는 것이 아니냐고 걱정하는 분이 있다. 걱정하지 않아도 된다. 병렬독서에는 크게 비슷한 주제를 다룬 책들을 여러 권 함께 읽는 수직적 병렬독서와 완전히 다른 주제를 다룬 책들을 읽는 수평적 병렬독서가 있다. 비슷한 주제를 다룬 책들을 동시에 읽으면 주제를 심도 깊게 이해하는 데 도움이 된다. 이에 비해 수평적 병렬독서는 책의 주제가 다 달라 골치 아플 것 같은 느낌이 들 수 있다. 하지만 뇌는 우리가 생각하는 것보다 훨씬 유연하다. 다양한 주제를 접하면 어려워하고 혼란스러워하기보다 재미있게 받아들이기 때문에 인식의 범위를 확대하고 통찰의 힘을 키우는 데 도움이 된다.

수평적 병렬독서와 수직적 병렬독서는 각각 필요한 상황과 효과가 다르다. 병렬독서를 하는 데 특별한 원칙은 없지만 어떤 상황에서 어떤 형태의 병렬독서가 효과적인지를 알아두면 좀 더 조화로운 독서를 할 수 있다.

깊은 고민과 해답이 필요할 땐 수직적 병렬독서

인생을 살면서 혼자서는 도저히 해결하기 힘든 어려운 문제에 직면할 때 책을 통해 답을 구하려는 사람들이 많다. 나도 그런 사람 중 하나이고, 살면서 책의 도움을 받아 중요한 문제를 해결했던 적이 많다. 하지만 책 한 권만 보고 답을 찾는 건 상당히 위험하다. 설령 그 한 권의 책이 씨앗이 되는 충실한 책이라고 해도 마찬가지다.

같은 주제를 다룬 책이라고 해도 책 내용은 제각각 다르다. 아주 중심이 되는 핵심적인 내용은 동일해도 세부적으로 들어가면 생각도 다르고, 주제를 풀어가는 방법도 다르다. 주제를 바라보는 관점 자체가 달라 내용이 완전히 다른 경우도 없지 않다.

인생의 중요한 문제를 즉흥적으로 결정하는 것은 바람직하지 않다.

최대한 신중하게 결정해 시행착오를 줄이려면 다양한 책들을 읽어보고 다양한 생각과 방법을 알아보는 것이 좋다. 예를 들어 직장을 옮길 때 책의 도움을 받고 싶다면 최소한 10권 정도는 읽어보고 결정해야 후회가 없다.

수직적 병렬독서는 같은 주제의 동일한 고민을 풀기 위해 답을 찾아내는 책 읽기다. 필자의 예를 들어보자. 1998년에 처음 안경사로 입사해 3년 동안 근무하던 시절, 나는 밥 먹듯이 직장을 옮기던 사람이었다. 직장이 마음에 안 들면 바로 사표를 쓰곤 했다. 안경사란 직업이 전문직이다 보니 직장을 구하기가 쉬워서 더 그랬던 것 같다. 사표를 던지고 이틀이면 새 직장에 출근할 수 있으니 직장을 옮기는 게 두렵지 않았다.

그렇다고 아무 생각 없이 직장을 옮겼던 것은 아니다. 현재보다 더 나은 삶을 살기 위해, 내 능력을 더 잘 발휘할 수 있는 직장을 찾고 싶은 마음에 이직을 했다. 하지만 몇 번 이직을 해도 불만은 여전했다. 그제야 직장에만 문제가 있는 것이 아니라 나에게도 문제가 있을지 모른다는 생각을 하기에 이르렀고, 관련 책들을 찾아 읽기 시작했다. 사장의 심리를 다룬 책부터 직장 내의 갈등을 다룬 책, 성공적인 직장생활을 위한 팁을 담은 책, 이직과 관련한 책 등을 두루 읽었다. 그렇게 10권쯤 읽자 해답이 보였다. 회사가 문제가 아니라 내 마음이 문제였다는 것을 깨달았다.

일찍이 다산 정약용 선생도 병렬독서의 중요성을 강조했다. 다산이 양계를 한다는 아들에게 보낸 편지를 보면 그가 어떤 독서를 중요시하는지 알 수 있다. 그는 양계를 하더라도 무작정 생업에 몰두하는 촌사람의 양계를 하지 말라고 당부했다. 다양한 농서를 숙독하고 그중에서 좋은 방법을 시험해보라고 했다. 색깔을 나누어 길러도 보고, 닭이 앉은 홰를 다르게도 만들어보면서 다른 집 닭보다 살찌고 알도 잘 낳을 수 있도록 길러야 한다고 썼다. 양계를 주제로 한 책을 다양하게 읽는 수직적 병렬독서를 하고, 책에서 얻은 지식을 실천할 것을 권했다. 본깨적 책 읽기와 통하는 부분이 많다. 다산의 병렬독서는 책을 읽고 실행하는 데서 끝나지 않는다. 다양한 책을 읽고 터득한 자신만의 양계 방법을 책으로 엮을 것을 권하고 있다.

같은 주제를 다룬 책을 여러 권 읽다 보면 저마다 강점이 다르다는 것을 알 수 있다. 예를 들어 직장, 이직과 관련된 주제일 경우 어떤 책은 직장인의 심리 묘사에 탁월하지만 구체적인 실천 방법은 약하고, 어떤 책은 심리적 분석은 약하지만 실천 방법이 강하다. 다산이 아들에게 조언한 것처럼 다양한 책에서 좋은 부분만 추려 모으면 내용이 가장 충실한 책이 탄생할 수 있다.

다산의 조언대로 여러 책에서 중요한 내용들을 뽑아 재구성하기는 쉽지 않다. 그렇지만 어떤 중요한 사안을 결정하거나 깊은 고민이 필요할 때는 관련 주제를 다룬 다양한 책을 함께 읽어야 한다는 점을 잊어서는 안 된다.

사고를 확대하고 유연하게 만드는 수평적 병렬독서

수평적 병렬독서는 다양한 분야의 다양한 주제를 다룬 책들을 동시에 이것저것 골라가며 읽는 독서법이다. 수평적 병렬독서를 즐기는 대표적인 인물로는 『책, 인생을 사로잡다』라는 책을 쓴 이석연 변호사다. 그는 이 책에서 병렬독서를 하는 이유 중 하나가 좋은 책을 골라내기 위해서라고 밝혔다.

좋은 책을 고르는 일은 언제나 어렵다. 본깨적 책 읽기에서는 본격적으로 책을 읽기 전에 책과 나의 연관성을 살펴보고, 예상 키워드를 뽑고, 책에서 얻으려는 것을 되짚어보면서 일차적으로 책을 평가한다. 이러한 준비 과정은 좋은 책을 구별하는 데 도움이 되지만 100퍼센트 자신할 수 없다. 애초 예상했던 것과는 달리 막상 책을 읽어보면 실망하는 경우도 종종 있다. 책을 끝까지 다 읽고 실망하는 것보다는 이석연 변호사처럼 이 책 저 책 동시에 읽으면서 내용이 부실하다 싶은 책들을 솎아내고 나머지 책들을 본격적으로 읽는 것이 효과적이다.

다산 못지않게 책을 많이 읽었던 율곡 이이는 병렬독서를 경계했다. 그는 책을 읽을 때는 한 책을 습득하여 그 뜻을 모두 알아서 완전히 통달하고 의문이 없어진 다음에야 다른 책을 읽으라고 했다. 많이 얻기를 탐내어 부산하게 이것저것 읽지 말 것을 당부했다.

율곡 외에도 책을 꼭꼭 씹어서 그 뜻을 완전히 소화할 때까지 읽어야 한다고 말하는 사람들은 많다. 씨앗이 되는 책들은 율곡이 제시한 방법대로 읽을 필요가 있지만 대부분의 책들은 그렇게 읽지 않아도 된다. 이 책 저 책 부산하게 읽어도 괜찮다. 첫 페이지부터 차곡차곡 읽을 필요도 없다. 중간 부분에 관심이 쏠리는 내용이 있다면 앞부분을 건너뛰고 중간부터 읽어도 좋다.

이 책 저 책 왔다 갔다 하며 읽으면 책 내용을 이해하는 것도 어렵고, 자칫 책에 대한 흥미가 떨어지지 않을까 걱정할 수 있는데, 그렇지 않다. 한 권만 집중해서 볼 때보다 몰입도는 떨어질 수 있어도, 다양한 주제를 동시에 섭렵하면서 사고가 유연해지고 인식의 범위도 확대된다. 창의력과 상상력을 키우는 데도 도움이 된다. 우리는 종종 주제와는 전혀 다른 분야에서 아이디어를 얻을 때가 많다.

예를 들어 옥션의 핵심 서비스인 '에스크로 서비스'는 부동산 업계에서 사용되던 공탁제도에서 아이디어를 얻어 만들었다. 옥션은 온라인 경매 쇼핑몰로 출발했다. 사이트를 오픈한 이후 폭발적인 인기를 끌며 날로 경매 낙찰률이 높아졌는데, 이상하게도 끝까지 성사되는 확률이 10퍼센트를 넘어서지 못했다. 원인을 조사해보니 결제 방법이 문제였다. 오프라인에서처럼 직접 얼굴을 보고 대금을 지불하고 물건을 받으면 아무 문제가 없겠지만 온라인에서는 그렇지가 않았다. 물건을 파는 사람도, 사는 사람도 서로를 믿지 못했다. 파는 사람은 돈을 입금해야 물건을 보낼 수 있다고 하고, 사는 사람은 돈만 받고 물건을 안 보내주면 어떻게 하느냐며 물건을 먼저 보내주면 돈을 입금하겠다고 고집을 피웠다. 그래서 처음 얼마 동안은 어쩔 수 없이 인터넷으로 낙찰을 받은 후 길거리에서 직접 만나 물건을 건네주고 돈을 지불하곤 했다.

옥션은 이 문제를 해결하기 위해 골머리를 앓았고, 결국 부동산 시장에서 사용하던 공탁제도를 보고 해결책을 찾을 수 있었다. 이 제도는 미국에서 처음 도입했는데, 부동산이나 기업체를 사고팔 때 명의가 완전히 넘어가기 전까지는 기금이나 양도 증서를 제3의 공신력 있는 기관인 에스크로 사가 안전하게 보관하고 있다가 모든 거래가 성사된 이후에 돌려주는 서비스다. 이를 응용해 옥션은 구매자의 결제대금을 보관하고 있다가 배송이 완료된 후에 판매자에게 대금을 지불하는 '에스크로 서비스'를 도입했다. 지금은 대부분의 온라인 쇼핑몰에서 사용할 정도로 일반화되었지만 당시로선 상당히 획기적인 아이디어였다.

이처럼 창의적인 아이디어는 전혀 엉뚱한 분야에서 나올 때가 많다. 사고를 유연하게 만들고, 더 폭넓은 인식을 가능하게 하고, 삶을 바라보는 통찰력을 키워줄 뿐만 아니라 상상력과 창의력까지 향상시킬 수 있으니 수평적 병렬독서를 마다할 이유가 없다.

본깨적

3

×

실전!
본깨적 책 읽기

삶을 변화시키는 책 읽기는 책 내용을 이해하는 것으로 끝나서는 안 된다. 책에서 본 내용을 토대로 깨닫고, 삶에 적용하기를 반복해야 삶이 바뀔 수 있다. 본깨적 책 읽기는 책을 읽고 삶에 적용하는 방법을 알려주는 책 읽기다.

책을 읽는 데도 준비가 필요하다

　　　　　　　　　　　　아무런 준비 없이 마음 내킬 때 훌쩍 여행을 떠나는 사람이 있는가 하면 여행지에 대한 정보부터 준비물까지 꼼꼼하게 체크한 후 여행을 떠나는 사람이 있다. 당신은 어떤 여행을 선호하는가. 여행의 방식에 정답은 없다. 특별한 목적도, 준비도 없이 떠난 여행이라도 당사자가 충분히 즐겁고 만족스럽다면 그것만으로도 여행의 의미는 충분하다.

　하지만 일반적으로 준비 없이 떠난 여행이 해피엔딩으로 끝나는 경우는 드물다. 막상 여행지에 도착해보니 기대했던 것보다 별로 볼 것도, 즐길 것도 없을 수도 있고, 잠잘 곳이 마땅치 않아 불편한 밤을 보내야 할 수도 있다. 고생도 낙이고, 추억이라고 생각하면 모를까, 준비를 하지 않아 치러야 하는 대가는 생각보다 혹독하다.

좀 더 즐겁고 만족스러운 여행을 하려면 준비를 해야 한다. 어떤 목적으로 여행을 하는지도 분명히 하고, 여행지에 대한 정보도 미리 알아보고, 일정도 꼼꼼하게 체크하면 훨씬 여행이 풍요로워진다. 특히 제한된 일정 안에 많은 것을 얻고 최대한 시행착오를 줄이려면 준비가 필수다.

책 읽기도 마찬가지다. 아무런 준비 없이 책을 읽어도 재미와 감동을 느낄 수 있지만 그보다는 책을 읽다 조난당할 가능성이 크다. 재미가 없으면 앞부분을 조금 읽다 금방 덮어버릴 수도 있고, 다 읽어도 아무것도 얻지 못할 수 있다. 삶의 변화는 더더욱 불가능하다.

책 한 권을 읽더라도 더 많은 것을 얻고, 그것을 바탕으로 삶을 바꾸려면 준비를 꼭 해야 한다. 많은 시간을 할애하지 않아도 좋다. 단 5분이라도 준비를 하면 책을 읽을 때의 느낌도 다르고, 책이 전하는 메시지도 보다 선명하게 머릿속에 들어온다. 준비를 많이 할수록 책에서 더 많은 것을 얻을 수 있음은 두말하면 잔소리다.

책을 잘 읽기 위해 꼭 해야 할 세 가지 질문

책을 읽는 데도 준비가 필요하다고 하면 난감해하는 분이 많다. 왜 준비를 해야 하는지 공감해도 어떻게 준비를 해야 하는지 잘 모르기 때문이다. 여기서 말하는 준비는 책의 내용을 효과적으로 이해하기 위해 사전 평가, 예측, 기대하는 것을 의미한다. 그 첫 작업이 다음 세 가지 질문을 스스로에게 던지고 답하는 것이다.

첫째, 이 책과 나의 연관성은?

둘째, 책의 예상 핵심 키워드는?

셋째, 이 책에서 얻고자 하는 것은?

이 세 가지 질문을 던지고 생각을 정리해보는 것만으로도 책 읽기의 결과는 크게 달라진다. 질문에 답을 할 때는 머릿속으로만 하는 것보다 손으로 써서 정리하는 것이 훨씬 더 효과적이다. 손으로 쓰는 순간 생각은 보다 명료해지고, 구체화되기 때문이다. 그래서 삶을 바꾸는 책 읽기를 하고자 하는 사람들을 위해 준비양식을 만들어보았다. 이 준비양식을 'Before Reading'이라 하는데, 이 양식지를 이용하면 보다 쉽게 세 가지 질문에 답을 할 수 있다.

책과 나의 연관성 점검하기

첫 질문인 '이 책이 나와 연관성이 있는지 없는지'를 파악하려면 대략적으로나마 책의 내용을 알아야 한다. 많은 시간을 들이지 않고 책의 핵심을 간파할 수 있는 좋은 방법이 있다. 책의 핵심이 가장 강렬하게 응축되어 있는 곳은 바로 '표지'다. 일반적으로 표지의 제목과 부제, 주요 문구는 책이 어떤 내용을 담고 있는지를 선명하게 보여준다. 간혹 호기심을 유발해 책을 들춰보게 하려는 목적으로 제목을 추상적으로 짓는 경우도 있지만 대부분의 경우 제목이 그 책의 핵심 키워드 역할을 한다. 따라서 앞표지와 뒤표지만 잘 살펴봐도 책 내용의 절반 이상은 짐작할 수 있다.

Before Reading 양식지

Before Reading

년   월   일   작성자 :

| 책 제목 | | 저자/역자 | | 출판사 | |

① 이 책과 나의 연관성은?

연관성 점검표						점 수
책의 흥미성	1	2	3	4	5	
직업 연관성	1	2	3	4	5	
생활 연관성	1	2	3	4	5	
성장성 점검표						점 수
책의 고전성	1	2	3	4	5	
작가의 전문성	1	2	3	4	5	
적용 가능성	1	2	3	4	5	
합 계						

점수표	행동지침
6점 ~ 20점	무독(無讀) - 지금 당장 급하지 않은 책
21점 ~ 24점	발췌독(拔萃讀) - 부분적으로 필요한 것만 읽는 책
25점 ~ 27점	열독(熱讀) - 꼭 필요한 책(직업과 밀접한 책)
28점 ~ 30점	심독(深讀) - 패러다임을 바꿔줄 책

② 책을 보고 예상 키워드 3개 뽑아보기

③ 이 책에서 얻고자 하는 것은 무엇인가?

표지 외에 목차와 프롤로그, 에필로그도 책 내용을 이해하는 데 도움이 된다. 목차는 전체 책 내용이 어떤 순서로 전개되는지 보여주는 내비게이션과도 같다. 프롤로그와 에필로그는 대부분 저자가 이 책을 쓰게 된 동기나 배경, 강조하고 싶은 내용 등을 담고 있으므로 저자의 생각이나 관점을 파악하기에 더없이 좋다.

표지, 목차, 프롤로그, 에필로그를 읽어보고 어느 정도 내용을 파악했다면 이 책과 나와의 연관성을 체크해보면 된다. 강의를 할 때 이 과정을 실습해보면 의외로 어떻게 연관성을 따져봐야 하는지 어려워하는 분이 많다. 그래서 Before Reading 양식지에 아예 체크해볼 항목을 정해놓았다. 연관성 외에도 성장성을 점검하는 항목도 있는데, 이는 당장 밀접한 연관성은 없어도 읽어볼 만한 가치가 충분하고, 나중에라도 적용할 부분이 있는지를 예측해보는 항목이다. 여기서 '책의 고전성'은 우리가 흔히 말하는 고전이 아니라 '앞으로 오래도록 살아남을 수 있는 책'이란 의미다. 비록 출간된 지 얼마 안 된 책이라 하더라도 잠시 잠깐 흥미를 끌고 잊히는 책이 아니라 오래도록 두고두고 읽을 만한 책이라면 고전성이 높다고 할 수 있다.

책의 핵심을 파악할 수 있는 세 가지 방법

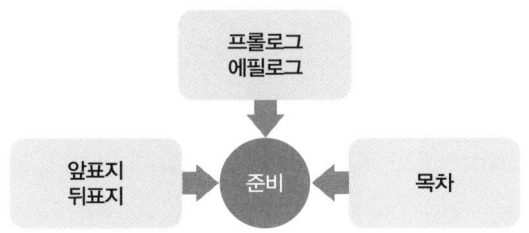

각 항목별로 1에서 5까지 점수를 매기는데, 연관성이 높을수록 높은 점수를 주면 된다. 여기서는 『하루 15분 정리의 힘』이라는 책을 예로 들어보자. 이 책은 국내 1호 정리 컨설턴트인 윤선현 씨가 쓴 책으로 단순히 주변을 깨끗하게 정리하는 내용을 넘어, 시간과 인맥 그리고 인생까지 성공적으로 정리하고 발전시킬 수 있는 방법을 알려주고 있다.

Before Reading

년　　월　　일　　작성자 :

| 책 제목 | 하루 15분 정리의 힘 | 저자/역자 | 윤선현 | 출판사 | 위즈덤하우스 |

① 이 책과 나의 연관성은?

연관성 점검표						점수
책의 흥미성	1	2	3	4	5	5
직업 연관성	1	2	3	4	5	3
생활 연관성	1	2	3	4	5	4
성장성 점검표						점수
책의 고전성	1	2	3	4	5	2
작가의 전문성	1	2	3	4	5	4
적용 가능성	1	2	3	4	5	4
합계						22

각 항목별 점수를 합하면 이 책의 최종 점수가 나오는데, 이 점수는 책을 어떻게 읽을 것인가를 결정하는 데 중요한 지표가 된다. 점수가 20점 이하면 나와 연관성이 그리 많지 않으므로 당장 읽지 않아도 괜찮다. 21~24점이 나오면 부분적으로 필요한 내용만 읽는 발췌독을 하면 된다. 점수가 25점 이상인 책은 깊게 읽어야 한다. 나와의 연관성이 높아 꼭 읽어야 하는 책이기 때문이다. 특히 28점 이상인 책은 내 인생의 패

러다임을 바꿀 수 있을 정도로 중요한 책이므로 아주 깊게, 여러 번 읽는 것이 좋다. 물론 28점 이상의 높은 점수를 받는 책은 그리 많지 않다. 내 경우에도 50권을 읽으면 그중에 한두 권 나올까 말까 할 정도다.

점수	책 읽기 방식	비고
6~20점	무독(無讀)	지금 당장 급하지 않은 책
21~24점	발췌독(拔萃讀)	부분적으로 필요한 것만 읽는 책
25~27점	열독(熱讀)	꼭 필요한 책(직업과 밀접한 책)
28~30점	심독(深讀)	패러다임을 바꿔줄 책

▲ '이 책과 나의 연관성은?' 점수에 따른 책 읽기 방식 비교

　이처럼 본격적으로 책을 읽기 전에 사전 평가를 해보면 모든 책을 다 꼼꼼히 읽어야 한다는 부담감을 한결 덜 수 있다. 다른 한편으로는 사전 평가가 능동적으로 읽을 수 있게 해주는 동기를 제공하기도 한다. 자기가 직접 책을 고른 책은 대부분 적극적으로 읽는다. 어떤 이유에서든 읽고 싶은 책을 고르기 때문이다. 하지만 책을 선물받았을 경우는 다르다. 상대방은 나에게 도움이 될 것이라 생각하고 선물했겠지만 별 관심을 두지 않았던 책이라면 당황스럽다. 선물해준 성의를 봐서라도 읽기는 읽어야 하는데, 영 내키지 않는 경우가 종종 있다. 이럴 때 '이 책과 나와의 연관성'을 점검해보는 것이 도움이 된다. 책의 흥미성, 직업 연관성, 생활 연관성 항목과 책의 고전성, 작가의 전문성, 적용 가능성을 적극적으로 예측해 높은 점수가 나오면 저절로 책을 읽고 싶은 마음이 든다.

책의 예상 핵심 키워드 뽑기

두 번째 질문은 핵심 키워드를 묻는 것이다. 이미 첫 질문인 '이 책과 나와의 연관성은?'에 답하기 위해 표지, 목차, 프롤로그, 에필로그를 읽고 어느 정도 핵심 내용은 파악했을 것이다. 이 정도로도 핵심 키워드를 뽑을 수는 있지만 좀 더 정확한 키워드를 뽑으려면 본문 전체를 빠르게 훑어보고 전체 영역에서 골고루 핵심 키워드를 뽑는 것이 좋다. 꼼꼼하게 읽을 필요는 없다. 본문 제목들을 중심으로 훌훌 넘겨가며 5~10분 정도 훑어보는 것만으로도 충분하다.

우선 앞에서 뒤까지 훑어보면서 자유롭게 핵심 키워드를 적어본다. 최소한 10개 이상 뽑는 것이 좋다. 처음 예상 키워드를 뽑을 때는 키워드가 중복되는지, 유사한 의미인지 생각하지 않아도 된다. 책을 훌훌 넘기면서 눈에 들어오는 키워드는 모두 적는다.

자유롭게 키워드를 적었다면 이중 가장 중요하다고 생각하는 키워드를 3개 고른다. 키워드가 많지만 자세히 살펴보면 비슷한 의미를 지닌 키워드들이 보일 것이다. 예를 들어 '비움' '채움' '버리기 습관'은 크게 보면 '정리력 마인드'와 연결될 수 있고, '공간 정리' '시간 정리' '인맥 정

키워드 뽑기 1단계 – 자유롭게 예상 키워드 적기

> 정리   정리 유전자   비움   채움
> 정리력 마인드   버리기 습관   5단계 정리법   공간 정리
> 시간 정리   인맥 정리   정리 효과   정리의 필요성

리' 등은 '정리'로 묶어도 큰 무리가 없다. 이처럼 비슷한 의미를 지닌 키워드들을 묶는 것을 '그룹핑'이라 하는데, 그룹핑을 하다 보면 자연스럽게 상위 개념의 중요한 키워드를 뽑을 수 있다. 그룹핑을 통해 최종적으로 걸러낸 키워드에는 동그라미 표시를 한다. 그런 다음 Before Reading 양식지 ②번 항목에 예상 키워드 3개를 적어 넣는다.

처음에는 키워드 뽑는 일이 낯설고 어려울 수 있다. 과연 자신이 뽑은 키워드가 맞는지 걱정하는 분도 많다. 하지만 부담은 갖지 않아도 된다. 예상 키워드를 뽑는 작업은 맞는지 틀리는지를 평가하는 과정이 아니다. 다만 예상 키워드를 뽑을 때는 작가의 관점에서 보려고 노력해야 한

키워드 뽑기 2단계 – 그룹핑을 통해 핵심 키워드 3개 골라 동그라미하기

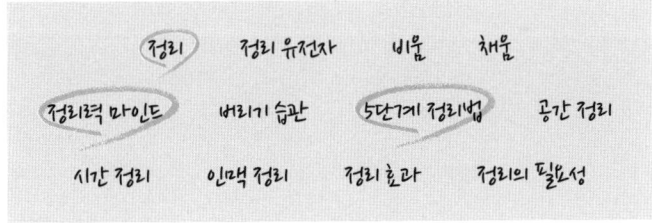

키워드 뽑기 3단계 – Before Reading 양식지에 키워드 3개 적기

다. 내가 중요하다고 생각하는 것이 아니라 저자가 강조해서 이야기하고 싶어 하는 것이 무엇인지를 이해하려는 마음이 필요하다. 그래야 책을 읽을 때 작가와 제대로 소통할 수 있다.

여러 사람이 함께 같은 책을 읽고 키워드를 3개씩 뽑아보면 대개 2개 정도는 일치한다. 나머지 1개는 다양하게 나온다. 이 정도면 비교적 저자의 관점에서 핵심 키워드를 잘 파악했다고 볼 수 있다. 만약 일치하는 키워드가 거의 없고 제각각 다른 키워드를 뽑았다면 저자의 의도를 제대로 이해하지 못했다고 봐야 한다. 저자와 소통을 한 것이 아니라 일방적으로 자기가 보고 싶은 부분만 본 것과 다름없다.

저자의 관점에서 키워드를 뽑으려고 노력하다 보면 키워드를 예측하는 능력은 자연스럽게 향상된다. 책을 읽다가 예상했던 키워드가 아닌 다른 더 중요한 키워드가 있음을 확인하는 경우가 종종 있는데, 자꾸 하다 보면 예상 키워드와 실제 키워드의 차이가 줄어든다. 그만큼 좋은 책을 고르는 안목도 높아진다.

책에서 얻고자 하는 것은 무엇인가

책을 읽는 목적을 분명히 하기 위한 질문이다. 어디로 가야 할지도 모른 채 무작정 걸으면 지치기도 쉽고 중도 포기하기 쉽다. 분명한 목적지가 있으면 다르다. 아무리 목적지가 멀고 험해도 포기하지 않고 끝까지 갈 수 있다. 그러므로 책을 읽을 때도 무엇을 얻기 위한 것인지를 분명히 해두는 것이 좋다.

물론 뚜렷한 목적 없이 막연하게 책을 읽어도 좋은 깨달음을 얻을 수 있고, 삶에 도움이 되는 중요한 정보를 얻을 수도 있다. 하지만 삶을 변화시키기 위해 책을 읽으면서 우연에 의존하기에는 시간이 너무 아깝다. 삶을 변화시키고 싶은 마음은 간절한데, 막연히 책을 읽어 운 좋게 무언가를 얻을 수 있으면 좋고, 아무것도 얻지 못해도 어쩔 수 없다고 생각한다는 것은 앞뒤가 맞지 않는다.

좀 더 적극적으로 내가 왜 이 책을 선택했는지, 이 책을 읽고 얻고자 하는 것은 무엇인지, 미리 정리하고 읽는 것이 좋다. 『하루 15분 정리의 힘』의 경우 정리가 어떻게 삶을 바꾸고 발전시킬 수 있는지를 알아보고 싶어 선택했던 책이다. 짧게라도 꼭 책에서 얻고자 하는 것, 즉 책을 읽는 목적을 정리해보도록 하자.

> ③ 이 책에서 얻고자 하는 것은 무엇인가?
>
> 내 삶을 변화시키기 위해 수많은 교육을 들었지만 제대로 실천하지 못했다. 과연 정리라는 간단한 행동을 통해 내 삶을 바꿀 수 있을까? 정리를 통해 내 삶의 질을 높이고 변화시킬 수 있는 방법을 알고 싶다.

눈으로 보고 손으로 읽으면
책 읽기 효과가 배가된다

　　　　　　　　　　재미있는 소설을 읽을 때는 공감도 잘되고, 페이지도 술술 넘어가지만 그렇지 않은 책도 많다. 집중해서 읽지 않으면 어떤 내용인지 파악하기 어렵다. 또한 읽을 때는 그럭저럭 내용을 이해했다고 생각했는데, 책을 덮자마자 기억에서 까마득하게 사라지는 경우도 비일비재하다.

　2장에서도 이야기했듯이 읽고 잊어버리는 것은 당연하다. 또한 한 번 읽고 내용을 완벽하게 이해할 수 있는 사람은 단언컨대, 없다. 어찌 보면 한 번 읽고 저자가 책에 담은 모든 내용을 이해하려고 한다는 것 자체가 욕심이다. 책은 짧게는 몇 년, 길게는 수십 년 동안 저자가 쌓은 노하우가 집적된 결정체다. 저자가 독자들이 쉽게 이해할 수 있도록 자신의 노하우를 최대한 쉬운 언어로 풀어냈다고 해도 한 번 보고 저자의 노하우를 얻으려 드는 것은 과욕이다.

최대한 빨리, 효과적으로 책을 읽고 이해할 수 있는 방법이 있다. 바로 손으로 책을 읽는 것이다. 눈으로만 보지 말고 손으로 중요한 부분에 선도 긋고, 박스도 치면서 읽으면 내용이 훨씬 머릿속에 쏙쏙 들어오고 기억에도 오래 남는다. 무엇보다 손으로 책을 읽으면 재독을 할 때 절대적으로 유리하다.

귀접기, 속독과 재독을 돕는다

책 읽을 준비를 할 때 책을 앞에서부터 뒤까지 후루룩 넘겨가며 어떤 내용이 담겨 있는지 확인했을 것이다. 여기서 한 걸음 더 나아가 한 번 더 책을 훌훌 넘기면서 관심이 가는 페이지가 나오면 책 상단 끝 귀퉁이를 접어보자. 이처럼 책 귀퉁이를 접는 것을 '귀접기'라고 부르기로 한다. 성격이 급한 사람은 빨리 읽고 싶은데, 왜 번거롭게 귀접기를 해야 하느냐고 짜증을 낼지도 모르겠다. 당장은 시간이 더 걸리는 것처럼 보여도 귀접기를 하면 책 읽는 속도도 빨라지고, 재독을 하는 데도 도움이 된다.

우선 목차를 보면서 관심이 가는 내용의 페이지를 찾아 귀접기를 한다. 책 읽을 준비를 하면서 대략 키워드를 잡아봤기 때문에 목차만 봐도 어느 정도 관심이 가는 내용을 잡아낼 수 있을 것이다.

목차를 보고 귀접기를 한 다음에는 본문을 훑으면서 관심 가는 내용이 있는 페이지를 접는다. 목차가 잘 정리되어 있는 책일 경우에는 이 작업이 필요 없을 수도 있다. 목차만 봐도 어떤 내용이 담겨 있는지 짐작할

목차 보고 귀접기

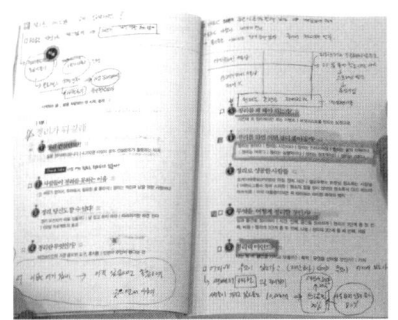
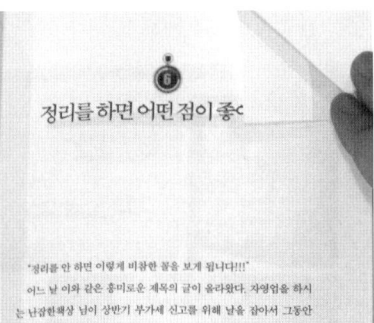

수 있는 책도 있지만 모든 책이 다 그런 것은 아니다. 본문 제목들이 핵심 내용을 반영하는 경우에는 목차가 곧 키워드의 집합소나 마찬가지기 때문에 쉽게 내용을 짐작할 수 있다. 하지만 의도적으로 독자들의 호기심을 자극하기 위해 본문 내용과는 다소 거리가 있는 추상적인 제목을 잡은 책의 경우에는 사정이 다르다. 본문을 훑어봐야 어떤 내용인지 비로소 알 수 있다.

귀접기를 다 마쳤으면 이제 본격적으로 책을 읽을 차례다. 술술 책을 읽다 귀퉁이가 접힌 페이지가 나오면 속도를 줄이고 내용을 음미하면서 제대로 읽어본다. 귀접기가 일종의 브레이크 역할을 하는 셈이다.

귀접기는 어디까지나 빠르게 훑어보며 대략 접어놓은 것이기 때문에 실제로 책을 읽다 보면 생각보다 내용이 충실하지 않은 페이지가 있을 수 있다. 반대로 귀퉁이를 접어놓지 않은 페이지에서 주옥같은 정보나 메시지가 튀어나오기도 한다. 귀접기는 한 번 접어놓으면 영원불변한 것이 아니다. 읽다가 중요한 페이지가 아니라고 판단되면 접었던 페이지를 풀면 되고, 반대의 경우에는 추가로 접어놓으면 된다. 이렇게 귀접기를 하면서 읽으면 재독을 하거나 중요한 내용을 정리할 때 무척 편하다.

> **개구리 다리처럼 귀퉁이 두 번 접기**
>
> 책을 읽다 보면 정말 좋은 페이지가 있다. 중요한 내용을 담은 페이지들 중에서도 특히 핵심이 잘 담겨 있는 경우다. 이런 내용을 만나면 귀퉁이를 개구리 다리처럼 두 번 접어놓는 것이 좋다. 그래야 나중에 그 페이지를 찾을 때 빨리 찾을 수 있다.

밑줄과 박스를 치면서 읽으면 집중력 쑥쑥!

그 옛날 책이 귀했던 시절에는 책을 깨끗이 보는 것이 미덕이었다. 형이 보던 책을 아우가 물려받아 봐야 했기 때문에 최대한 새 책처럼 물려주기 위해 밑줄을 긋거나 박스를 치거나 메모를 하는 일을 가능한 한 삼갔다. 하지만 시대가 달라졌다. 예전에야 책을 읽고 싶어도 책이 없어 읽지 못했지만 지금은 책이 넘쳐난다. 책이 너무 많아 오히려 어떤 책을 읽어야 할지 혼란스럽다. 다른 사람과 책을 돌려 읽어야 할 부담감이 대폭 줄었기 때문에 굳이 깨끗하게 보아야 할 이유가 없다. 읽다가 마음에 드는 구절이 나오면 밑줄을 쫙 긋거나 중요한 핵심 내용이라 판단되면 박스를 치거나 별표와 같이 자기만의 중요 표시를 달아두어도 괜찮다.

눈으로 책을 읽으면서 부지런히 손으로 밑줄을 긋거나 박스를 치면 내용을 보다 확실하게 기억할 수 있다. 인간의 기억은 반복할수록 머릿속에 깊이 저장되는데, 밑줄을 긋거나 박스를 치면 자연스럽게 책 내용을 한 번 더 보면서 기억할 수 있다.

밑줄을 긋거나 박스를 치거나 중요 표시를 하는 행위가 집중력을 높이고 기억을 돕는다는 것은 새로운 게 아니다. 이미 그 효과가 입증돼 공부법을 소개할 때마다 단골손님으로 등장한다. 이 방법으로 공부해 성공한 사람들도 많다.

세계적인 석학인 장하준(경제학)과 장하석(과학철학) 교수를 키워낸 장재식 전 산업자원부 장관도 그중 하나다. 장하준과 장하석은 700년 전통을 자랑하는 케임브리지대학교에서 나란히 강의를 하는 최초의 형

밑줄, 박스 치면서 읽기

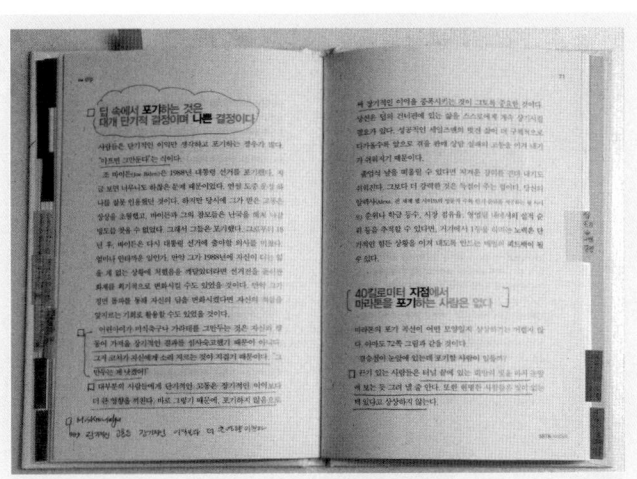

제 교수다. 형제가 세계적인 석학이 된 데에는 아버지의 영향이 컸다. 그는 책이나 신문을 볼 때 중요한 내용에는 언제나 밑줄을 그으면서 봤다고 한다. 장재식 전 장관은 행정고시를 준비할 때부터 좀 더 집중력 있게 공부하기 위해 밑줄을 긋기 시작했는데, 그것이 평생의 습관이 되었다고 한 여성지와의 인터뷰에서 밝혔다. 장하준, 장하석 형제도 어렸을 때부터 밑줄을 그으면서 책을 읽는 아버지를 보면서 자연스럽게 따라 했을 것이다.

밑줄과 박스는 책 내용을 얼마만큼 이해했는지를 보여주는 지표이기도 하다. 최소한 책을 읽으면서 어떤 내용이 중요한지를 구분할 수 있어야 밑줄을 긋고 박스를 칠 수 있다. 공부를 못하는 학생들은 대부분 중요한 부분에 밑줄을 그으라고 하면 거의 처음부터 끝까지 밑줄을 긋거나 아예 하나도 긋지 못한다. 이런 현상은 책을 제대로 이해하지 못해 중요한 내용이 무엇인지 알지 못하기 때문에 나타난다.

나의 스승이자 멘토인 강규형 대표에게 처음 책 읽기를 배울 때 그분이 본 책과 내가 본 책을 비교해보았던 적이 있다. 똑같은 책인데도 밑줄 친 부분이 나와는 많이 달랐다. 겹치는 부분도 있었지만 내가 미처 잡아내지 못한 핵심 내용도 꽤 많았다. 그때 밑줄과 박스는 책에 대한 이해도를 반영한다는 것을 절감했다.

그렇다고 밑줄을 긋고 박스를 치는 데 부담을 느낄 필요는 없다. 최선을 다해 책 내용을 파악하려고 노력하면서 밑줄을 긋고 박스를 치면 된다. 그렇게 한 권, 두 권 읽어나갈수록 핵심 내용을 파악하는 능력은 저절로 향상되니까 말이다.

집중력을 높이고 속도 조절하는 데는 노란 색연필 강추!

책을 많이 읽지 않은 사람들은 몇 페이지 읽기도 전에 집중력이 떨어져 읽는 속도가 느려지곤 한다. 이럴 때 노란 색연필을 이용해 책을 읽으면 집중력도 높이고, 속도도 올릴 수 있다. 노란 색연필로 한 줄 한 줄 밑줄을 그어가며 읽으면 책을 읽다 줄을 놓쳐 헤매지 않아도 되므로 한결 집중해서 읽을 수 있다. 노란 색연필로 밑줄을 그으면서 읽으면 눈으로만 읽을 때보다 속도가 더 느려지지만 익숙해지면 속도는 점점 빨라진다.

그런데 꼭 노란 색연필이어야 할까? 밑줄 긋기나 박스 치기 용도라면 빨간색이든, 검은색이든 상관없지만 집중력을 높이고 속도를 조절하기 위한 것이라면 노란 색연필이어야 한다. 노란 색연필은 힘을 꼭꼭 주어 칠하지 않으면 잘 칠해지지 않는다. 따라서 밑줄을 그으면서 읽어도 책에 표시가 진하게 나지 않기 때문에 부담이 없다.

책 여백 상하단에
본깨적 정리하기

관심이 가는 내용, 중요하다고 판단되는 내용에 밑줄을 긋거나 박스를 치는 것만으로도 책 내용을 이해하는 데 큰 도움이 된다. 하지만 삶을 변화시키는 책 읽기는 내용을 이해하는 것으로 끝나서는 안 된다. 책에서 본 내용을 토대로 깨닫고, 삶에 적용하기를 반복해야 삶이 바뀔 수 있다. 즉, 책을 읽고 무엇을 보고 깨닫고 적용할 것인지를 정리하는 것이 중요하다.

처음에는 별도의 노트를 마련해 본깨적 정리를 했다. 중요한 내용에 밑줄을 긋거나 박스를 치고 키워드에 동그라미를 해놓았는데도, 책을 다 읽고 본깨적 정리를 하려니 힘들었다. 분명 책을 보는 동안 울림과 함께 깨달음을 얻기도 하고, '아! 이런 것은 내 업무에 이렇게 적용해보면 좋겠다'라는 생각을 했던 것 같은데, 도통 기억이 나지 않았다. 밑줄, 박스, 동그라미 친 내용들을 보고 운 좋게 다시 생각나는 경우도 있었지만 영영 사라져버린 기억이 훨씬 많다.

어떻게 하면 본깨적을 잘할 수 있을까? 궁리 끝에 생각해낸 것이 '책 속 본깨적'이다. 책을 읽으면서 밑줄, 박스를 치고 메모를 더하는 것이다. 책 귀퉁이에 중요하다고 생각하는 내용도 적어놓고, 깨닫고 적용할 거리도 메모해놓으면 잊어버릴 걱정이 없겠다는 생각으로 책 속 본깨적을 시작했다.

본 것은 책 상단에, 깨닫고 적용할 것은 하단에

책 본문 위와 아래에는 메모할 공간이 충분하다. 위아래뿐만 아니라 여백 어느 곳에 메모를 해도 상관없지만 이왕이면 책에서 본 것은 상단에, 깨닫고 적용할 것은 하단에 적는다. 이렇게 해야 나중에 메모한 내용을 효과적으로 빨리 살펴볼 수 있다. 책의 주요 내용이 무엇인지를 살펴보고 싶을 때는 페이지 위만 훌훌 넘겨가며 보면 되고, 책을 읽으면서 무엇을 깨달았는지, 어떤 내용을 적용할지를 살펴보고 싶으면 페이지 아래만 보면 된다.

우선 본 것은 밑줄, 박스 친 내용을 키워드나 핵심 문장으로 요약해 페이지 상단에 적는다. 내용이 길어지면 적기도 힘들고 나중에 다시 볼 때도 어려우므로 가능한 한 키워드 중심으로 핵심을 요약하는 것이 좋다. 깨달은 것과 적용할 것은 책 하단에 적는다. 책을 읽으면서 떠오른 아이디어도 하단에 적으면 된다.

책 속 본깨적 프로세스

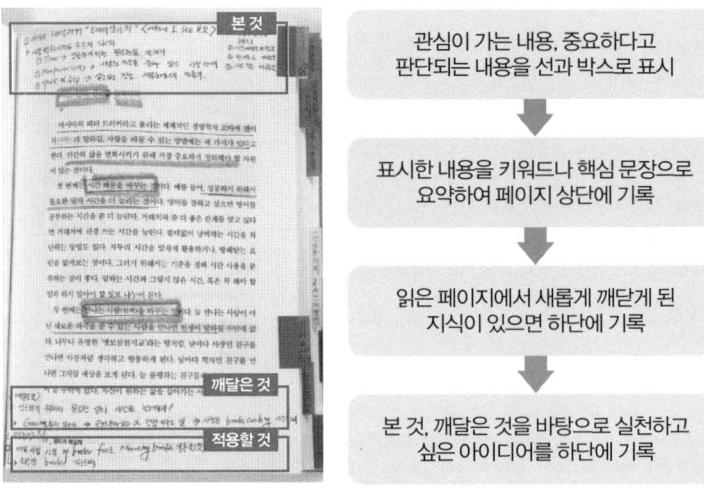

책 속 본깨적이 중요하다고 하면 매 페이지마다 본깨적을 해야 하느냐며 걱정하는 분들이 있는데, 그럴 필요는 없다. 메모할 내용이 있는 페이지에만 적으면 된다. 본 것만 있을 때는 본 것만 적어도 되고, 깨달은 것만 있으면 깨달은 것만, 적용할 것만 있으면 적용할 것만 적어도 아무 문제 없다.

페이지 상단에는 본 것만 적는 데 비해 하단에는 깨달은 것과 적용할 것, 때로는 아이디어까지 적어야 하므로 자기 나름대로 이 세 가지를 구분하는 방법을 마련하는 것이 좋다. 나는 '깨달은 것' '적용할 것' '아이디어'와 같이 어떤 내용인지를 표시해둔다. 그냥 '깨' '적' '아'처럼 첫 글자만 적고 관련 내용을 적어도 상관없다.

책 속 본깨적의 진가는 재독에서 빛난다

책 읽기 강의에는 실습이 포함되어 있다. 귀접기, 밑줄이나 박스 치면서 읽기까지는 대부분 큰 어려움 없이 재미있게 한다. 그런데 책 속 본깨적을 할 때는 부담스러워하는 분이 많다. '귀퉁이에 본깨적을 적으려니 진도가 나가지 않는다' '읽다 메모를 하니 흐름이 끊겨 내용을 파악하기가 더 어렵다' '마땅히 쓸 것도 없는데 써야 한다는 부담감에 스트레스가 쌓인다' 등 부담스러워하는 이유도 다양하다.

나도 처음에는 쉽지만은 않았다. 책 읽는 속도가 느려지면서 흥미도 떨어져 예전처럼 밑줄과 박스 정도만 치면서 읽고 싶은 충동이 일었다. 하지만 이왕 시도한 것 꾹 참고 두 달만 해보자는 마음으로 했더니 점차 속도가 붙고 책을 이해하는 능력도 향상되었다.

무엇보다 책 속 본깨적은 재독을 할 때 큰 도움이 되었다. 밑줄과 박스만 봐도 재독 속도가 빨라지지만 책 속 본깨적을 했을 때의 효과와는 비교가 되지 않았다. 책 귀퉁이에 적어놓은 핵심 키워드와 문장은 마술처럼 처음 책을 읽으면서 기억했던 내용을 불러왔다. 신기하게도 책을 덮었을 때는 기억나지 않던 내용들이 핵심 키워드와 문장을 보는 순간 기억나는 경우가 많아 재독을 하기가 수월했다. 물론 책 속 본깨적을 보고도 내용이 가물가물해 관련 페이지들을 꼼꼼하게 다시 읽어야 하는 경우도 있었지만 전체적인 속도는 무척 빨라졌다.

책 속 본깨적 중 '깨적'은 생각이나 아이디어를 떠올리는 데도 그만이다. 좋은 생각이나 아이디어는 종종 혜성처럼 나타났다 순식간에 사라지는 경우가 많다. 떠오르는 즉시 메모해두지 않으면 영원히 놓칠 수도 있지만 책 속 본깨적을 하면 이런 걱정을 하지 않아도 된다.

마무리 5분이
책을 살린다

　　　　　　집에 일찍 들어가는 날에는 아내를 대신해 설거지를 한다. 싱크대에 수북이 쌓인 그릇들을 하나씩 닦는 일은 나름 재미있다. 부지런히 수세미로 닦고 물로 헹구면 더러워진 그릇들이 새 그릇으로 변신한다. 깨끗해진 그릇들을 보면 왠지 뿌듯하다. 그런데 그렇게 열심히 설거지를 했는데도 좋은 소리를 듣지 못할 때가 있다. 마무리를 제대로 안 해 손이 두 번 가게 만든다는 것이 이유다. 아내의 요지는 이렇다.

　"그릇만 닦는 게 설거지가 아니에요. 그릇 다 닦고, 싱크대에 튄 물기도 깔끔하게 닦고, 행주도 깨끗하게 빨아놓아야 설거지를 다했다고 할 수 있는 거예요."

기껏 설거지를 했는데 칭찬은 못해줄망정 타박까지 하는 아내가 섭섭했지만 곰곰 생각해보니 틀린 말은 아니었다. 마무리를 하는 데 시간이 많이 걸리는 것도 아니다. 1분이면 충분하다. 그런 마무리를 하지 못해 몇 십 분 동안 열심히 설거지를 하고도 좋은 소리를 못 듣다니 부끄러웠다.

책을 읽는 데도 마무리가 필요하다. 설거지를 할 때 마무리를 제대로 하지 않으면 설거지한 효과가 줄어드는 것처럼 책을 읽고 마무리를 하지 않으면 열심히 책을 읽고도 놓치는 것들이 많다. 마무리를 하는 데 많은 시간이 필요하지는 않다. 5분만 투자해도 충분하다. 단 5분이라도 책을 읽은 다음 내용을 되짚어보고 책에 대해 생각해보는 시간을 갖는다면, 그만큼 책이 온전한 내 것이 되고 삶을 변화시키는 데 도움이 된다.

인덱스 붙이기

어떤 책에 나왔던 내용이 필요해 다시 읽어야 할 때가 있다. 어느 책에 나왔는지를 기억하는 것은 그런대로 가능해도 그 책 어느 부분에 나왔던 내용인지를 정확히 기억하기란 사실상 불가능하다. 대략 앞부분, 중간, 뒷부분 어디쯤 나왔는지라도 기억하면 다행이다. 그도 아니라면 처음부터 끝까지 넘겨가며 찾아봐야 한다. 밑줄, 박스, 책 속 본깨적이 도움이 되기는 하겠지만 처음부터 끝까지 훑어봐야 하는 번거로움까지 줄여주지는 못한다.

필요한 내용을 쉽게 찾을 수 있는 좋은 방법이 있다. 삼색 인덱스 작업을 하면 된다. 중요한 내용이 담겨 있는 페이지에 인덱스를 붙이고 키워드를 적어놓으면, 나중에 인덱스만 보고도 쉽게 원하는 페이지를 찾을 수 있다. 여기서 필요한 내용이란 책에서 본 내용만이 아니다. 책을 보고 깨닫고 적용할 것을 적어놓았던 페이지도 포함된다.

　책을 읽으면서 책 속 본깨적 작업을 잘해놓았다면 별로 어렵지 않게 인덱스 작업을 할 수 있을 것이다. 정리해놓은 책 속 본깨적을 살펴보면서 인덱스 작업을 하는데, 처음에는 욕심 부리지 말고 본깨적 중 가장 중요하다고 생각하는 것 3개씩만 추려 인덱스를 붙인다. 숙달되면 인덱스를 더 많이 붙일 수도 있지만 양보다는 질이 더 중요하므로 무리하지 않는 것이 좋다.

　인덱스 작업을 할 때는 본, 깨, 적에 각각 색깔이 다른 인덱스를 붙이는 것이 좋다. 어떤 색깔의 인덱스를 사용하든 자유지만 여기서는 파란색, 노란색, 빨간색 인덱스를 사용했다. 파란색은 본 것을 구분할 때, 노란색은 깨달은 것을, 빨간색은 적용할 것을 구분할 때 붙인다.

　파란색, 노란색, 빨간색 인덱스로 책 속 본깨적을 구분하게 된 데에는 이유가 있다. 어떻게 하면 책 속 본깨적을 알기 쉽게 구분할 수 있을까 고민하던 시절, 우연히 문방구에서 파란색, 노란색, 빨간색을 묶어 파는 인덱스를 발견했다. 삼색 인덱스를 보는 순간 '바로 이거다'라는 생각이 퍼뜩 들었다.

　파란색의 느낌은 희망적이다. 힘들 때 파란색을 보면 왠지 기분이 좋고 새싹이 파릇파릇 돋아나는 것처럼 희망이 넘친다. 그런 파란색이 본깨적의 '본 것'에 잘 어울린다고 생각했다. 노란색은 어둠 속에서 길을 안내하는 빛과도 같은 느낌이다. 뭔가를 깨달았을 때도 한 줄기 빛이 머릿속을 스쳐 지나는 듯하니 노란색은 '깨달은 것'을 표시할 때 사용하면 제격이라 생각했다. 마지막으로 빨간색은 '적용할 것'에 딱 맞는 색깔이었다. 머릿속으로만 생각하는 것이 아니라 적극적으로 움직이는 열정적인 모습이 연상되는 빨간색이야말로 '적용할 것'과 잘 어울렸다.

삼색 인덱스로 책 속 본깨적을 분류하고, 키워드를 적어놓으면 인덱스만 봐도 어디에 어떤 내용이 있는지 쉽게 짐작할 수 있다. 파란색, 노란색, 빨간색으로 구분해놓아 본 것만 다시 보고 싶을 때는 파란색 인덱스가 붙어있는 페이지만 집중 공략하면 되고, 적용할 것을 보고 싶으면 빨간색 인덱스가 붙은 페이지만 보면 된다.

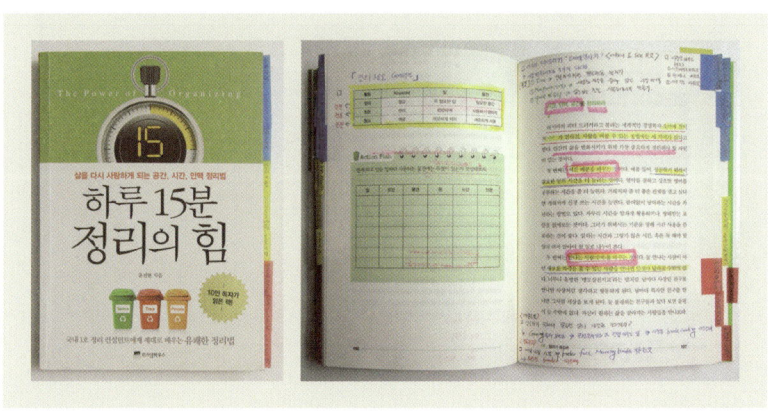

나만의 평가 작업하기

준비 작업을 위해 소개했던 Before Reading처럼 마무리 작업을 도와주는 양식지도 있다. 마무리 작업을 할 때 꼭 체크해보아야 할 내용을 정리한 것으로 After Reading이라 이름을 붙였다. After Reading은 나에게 유용한 책이었는지를 체크해보고, 책에서 얻은 것과 향후 이 책과 연관

After Reading 양식지

After Reading

년　월　일　작성자 :

| 책 제목 | | 저자/역자 | | 출판사 | |

① 나에게 유용한 책인가?

BOOK FeedBack						점수
책은 전체적으로 논리적인가?	1	2	3	4	5	
저자가 말하는 것은 실천 가능한가?	1	2	3	4	5	
자신의 흥미와 호기심이 충족되었는가?	1	2	3	4	5	
이 책에 얼마만큼 동의하는가?	1	2	3	4	5	
한 번 더 읽을 필요가 있는가?	1	2	3	4	5	
이 책을 소개하고 싶은가?	1	2	3	4	5	
합 계						

점 수	적 용
6점 ~ 20점	책 속 본깨적
21점 ~ 24점	본깨적 노트
25점 ~ 27점	컨셉화(강의안)
28점 ~ 30점	책 쓰기에 활용

② 책을 읽고 난 후 핵심 키워드 3개 뽑아보기

keyword 1　　keyword 2　　keyword 3

③ 이 책에서 얻은 것은 무엇인가? (Before Reading의 ③번 항목과 비교)

④ 책 속의 책, 또는 연관 지어 읽어볼 책이나 내용은 무엇인가?

해 읽어볼 만한 책을 정리해보는 내용으로 구성되었다.

첫째, 나에게 유용한 책인지 평가하기

우선 책이 나에게 유용한지를 평가해보는 과정이 필요하다. 각각의 질문을 읽고 점수를 매겨보면 답이 나온다.

After Reading

년 월 일 작성자:

책 제목	하루 15분 정리의 힘	저자/역자	윤선현	출판사	위즈덤하우스

① 나에게 유용한 책인가?

BOOK FeedBack						점수
책은 전체적으로 논리적인가?	1	2	3	4	5	5
저자가 말하는 것은 실천 가능한가?	1	2	3	4	5	4
자신의 흥미와 호기심이 충족되었는가?	1	2	3	4	5	4
이 책에 얼마만큼 동의하는가?	1	2	3	4	5	3
한 번 더 읽을 필요가 있는가?	1	2	3	4	5	4
이 책을 소개하고 싶은가?	1	2	3	4	5	4
합 계						24

점수가 나오면 점수에 따라 적용할 범위를 결정한다. 6~20점이 나왔다면 책 속 본깨적을 한 것으로 충분하다. 21~24점이 나오면 노트에 본깨적 정리를 별도로 한다. 본깨적 노트에 정리해두면 책을 들춰보지 않아도 그 책에 관련된 중요한 내용이나 생각을 한눈에 볼 수 있다.

점수가 25점 이상인 책은 여러모로 유용한 책이다. 25~27점을 받은 책은 당장 자신이 하는 일에 적용해도 좋을 정도로 도움이 되는 내용이 많다는 뜻이다. 강의를 하는 사람이라면 책 내용을 활용해 PPT 강의안을 만들어보고, 직장인이라면 보고서에 활용해볼 수 있을 것이다. 28~30점인 책은 두고두고 활용할 수 있을 만큼 유용한 책이다. 한 번만 읽기에는 아까운 책이니 여러 번 읽으면서 온전한 내 것으로 만들고 활용할 것을 권한다.

점수	적용
6~20점	책 속 본깨적
21~24점	본깨적 노트
25~27점	실무에 적용해보기(PPT 강의안 만들기, 보고서에 활용하기)
28~30점	열 번 읽기

▲ '나에게 유용한 책인가?' 점수에 따른 활용 방법

둘째, 이 책에서 얻은 것은 무엇인가?

책을 읽고 무엇을 얻었는지 생각해보는 항목이다. 준비 단계의 ③번 항목과도 연관이 있다. 애초에 책을 통해 얻고 싶었던 것이 무엇인지 확인해보고, 책을 읽고 난 후 과연 얻고 싶었던 것을 얻었는지 비교해보는 것이 좋다.

③ 이 책에서 얻고자 하는 것은 무엇인가? (Before Reading 의 ③번 항목과 비교)
공간, 시간, 인맥 정리를 통해 내 삶을 변화시킬 수 있는 방법을 배웠다.

셋째, 책 속의 책 또는 연관 지어 읽어볼 책이나 내용은 무엇인가?

책을 읽다 보면 자연스럽게 관심 분야가 확대된다. 알면 알수록 궁금한 것이 더 많이 생기는 것과 비슷한 원리다. 책에서 다룬 주제를 좀 더 깊이 파고 싶은 마음이 들기도 하고, 책의 주제와 직접적으로 관련이 있는 것은 아니지만 책에서 잠깐 소개한 내용에 관심이 생기기도 한다. 그런 내용들을 정리해보면 자연스럽게 향후 독서 계획과도 연결된다.

> ④ 책 속의 책, 또는 연관 지어 읽어볼 책이나 내용은 무엇인가?
> 책 마지막에 있는 추천도서들을 순서대로 읽어보겠다.

본깨적 노트 작성, 선택이 아닌 필수

"책 속 본깨적만으로는 부족한가요? 꼭 노트에 본깨적을 다시 정리해야 하나요?"

처음 본깨적 책 읽기를 하는 사람에게는 밑줄을 긋거나 메모를 하면서 책을 읽는 것 자체가 만만한 일이 아니다. 그런데 책을 다 읽고 노트에 중요한 내용이나 아이디어, 좋은 글 등을 적으라고 하면 당연히 부담스러울 수밖에 없다.

하지만 본깨적 노트를 따로 작성하는 것은 선택의 문제가 아니다. 책을 읽고 삶을 변화시키고 싶다면 번거롭더라도 꼭 작성해야 한다. 책을 읽고 쓰는 것은 동전의 양면과도 같다. 책을 많이 읽은 사람들이 대체로 글도 잘 쓰는 것은 결코 우연이 아니다.

책을 읽기만 하고 쓰지 않으면 책을 깊이 있게 이해하기 어렵다. 책 속 본깨적만으로도 최소한의 기초적인 쓰기는 했다고도 볼 수 있지만 책 내용을 좀 더 온전한 내 것으로 만들고, 활용도를 높이려면 제대로 써보는 과정이 필요하다. 책이 전하고자 하는 중요한 내용을 적어보고, 책을 읽고 깨달은 것과 적용할 것도 다시 한 번 정리해본다. 인상 깊은 구절이나 좋은 글도 발췌해 적어두면 책 내용을 더 잘 이해하고 오래 기억할 수 있을 뿐만 아니라 향후 책을 다시 보거나 참조하려고 할 때도 도움이 된다.

본깨적 노트는 바인더 형태가 좋다. 쓴 내용들을 주제에 맞게 분류하거나 내용을 추가하는 데는 일반 노트보다 바인더 형태가 더 효과적이다. 북 바인더 활용법에 대해서는 4장에 자세히 소개했다.

중요한 대목을 베껴 쓰는 것이 기본

책을 읽으면서 중요한 문장이나 단어에 밑줄을 긋고 책 속 본깨적을 했어도 책을 읽고 나서 중요한 내용을 정리하려면 막막할 것이다. 도통 엄두가 나지 않는다면 중요한 대목을 베껴 쓰는 것부터 시작해도 좋다.

책을 읽으면서 중요한 내용을 가려 뽑아 옮겨 적는 것을 '초서(抄書)' 혹은 '초록(抄錄)'이라고 한다. 초서와 초록은 아주 오래전부터 우리 선조들이 즐겨 하던 독서법이었다. 초서와 초록을 즐긴 대표적인 인물로는 다산 정약용과 정조를 꼽을 수 있다.

다산은 오랜 기간 유배지에 있는 동안에도 두 아들에게 초서의 중요성을 수차례 강조했다. 초서를 할 때는 취사선택을 잘해야 한다. 저자가 전달하고자 하는 핵심을 정확히 파악해 중요한 내용만을 적어야 한다.

그렇지 않으면 중요한 문장을 가려내지 못해 자칫 책 한 권을 모두 베껴 써야 하는 불상사가 일어날 수도 있다. 다산이 두 아들에게 강조한 초서도 이와 맥락을 같이한다.

정조는 좀 더 적극적으로 초서를 했다. 정조는 초록이 소모적이라는 신하의 말에 "나는 책 보는 취미가 있는데, 한 질을 다 읽을 때마다 초록해두었다가 한가할 때 때때로 펼쳐보는 것이 재미가 있다"라고 대답할 정도로 초서, 초록을 즐겼다.

책을 읽고 자기의 생각과 느낌을 담아 독후감을 쓰라고 하면 누구나 부담스러워하지만 책의 핵심이 담긴 중요한 문장이나 좋은 글을 베껴 쓰라고 하면 상대적으로 부담을 덜 느낀다. 베껴 쓰는 게 무슨 의미가 있느냐고 생각할 수도 있지만 중요한 문장이나 좋은 글을 베껴 쓰는 것만으로도 많은 것을 얻을 수 있다. 책의 내용을 깊이 이해할 수 있는 것은 물론이고, 많이 하다 보면 글쓰기 실력도 저절로 향상된다. 다산 정약용이 수많은 저서를 남길 수 있었던 것도 초서를 많이 했기 때문이라고 해도 과언이 아니다.

중요한 문장을 베껴 쓴 것은 그 자체가 본깨적의 '본'이 될 수 있다. 나중에 베껴 쓴 문장이 있는 페이지를 다시 보면서 앞뒤 맥락을 파악하고 싶을 때를 대비해 페이지를 함께 적어두는 것이 좋다. 좋은 글은 중요한 대목과 함께 '본 것'에 적어도 좋지만 명언집처럼 좋은 글만 따로 모아 시간 날 때마다 보려면 책 제목과 상관없이 한곳에 정리해야 더 효과적이다. 그렇게 따로 좋은 글만 모아둘 때 역시 페이지와 함께 어느 책에 실렸던 좋은 글인지 출처를 밝혀두는 것이 좋다.

본깨적 노트 작성의 예

본깨적 NOTE	날짜: 2010년 11월 2일 작성자: 박상배
책 제목	Time power (시간관리성의책) 저자 브라이언트레이시 출판사 황금부엉이
키워드	시간관리효과, 통제수제영역, 정신적장애물, 시간관리적용과 사용법 및 프로세스

본 것
책의 핵심내용

6P □ 성공전략의 가장 중요한 덕목은 미래를 예측하는 능력이다.
9P □ 시간관리 : 현재 있는 곳에서 당신이 가고싶어하는 곳으로 이동시켜줄 수단
10P □ < 벤자민 프랭클린 >
    → " 삶을 사랑하는가? 그렇다면 시간을 낭비하지마라. 삶이란
       바로 시간으로 이루어져 있기 때문이다."
18P □ Time power 학습실천하면
    ① 2시간 추가 확보가능 ② 성과와 생산성개선 ③ 자신의 관리능력 (통제력증가) ④ 가족과 많은시간
    → 매일 2h × 5일 ⇒ 10시간 × 50주 = 500시간 ≒ (1주근무 40시간)
    → 매년 3개월이나 되는 생산적 시간 추가 확보가능
20P 통제소재 [locus of Control] 영역
    → 자신의 삶을 통제할 수 있다고 느끼는것만큼 사람은 자신과 삶에 긍정적 생각
       내적통제가 되는 사人 → 행복, 외적통제중심 가지면 부정적 or 의기소침
21P 시간의 힘을 가로막는 정신적 장애물 3가지
    □ 1. 부자연스러움 과 자연스러움 감性 걱정
        → 안면하게 일처리하면 냉정, 계산적 된다고생각
          진실하게 마음열고 자신을 表現(표현) 하는 것이 부자연스러워짐
          시간관리 철저는 곧 사람을 경직되고 융통성 없는 사람 만든다고 생각
    □ 2. 부정적인 생각의 습관化
        원인 : 부모나 성장과정에 영향을 미친 사람들에 의해 만들어진 것
        변명표현 → ' 이것이 내 모습이야' '나는 늘 이래왔어'
        시간관리와 개인 효율성 기술 훈련과 반복을 통해 스스로 배우고 계발 해야하는 것임
    □ 3. 자기제한 믿음 (Self-limiting beliefs') → 부정적 자아상
        → 자신의 능가나 욕구 수준에 따라 결정된다는 사실 증명사례
           ex) 30일동안 시간관리 전략에 1등 주라고 할때 참가자 계속늘

3P자기경영연구소   www.3pbinder.com

본깨적 노트 작성의 예

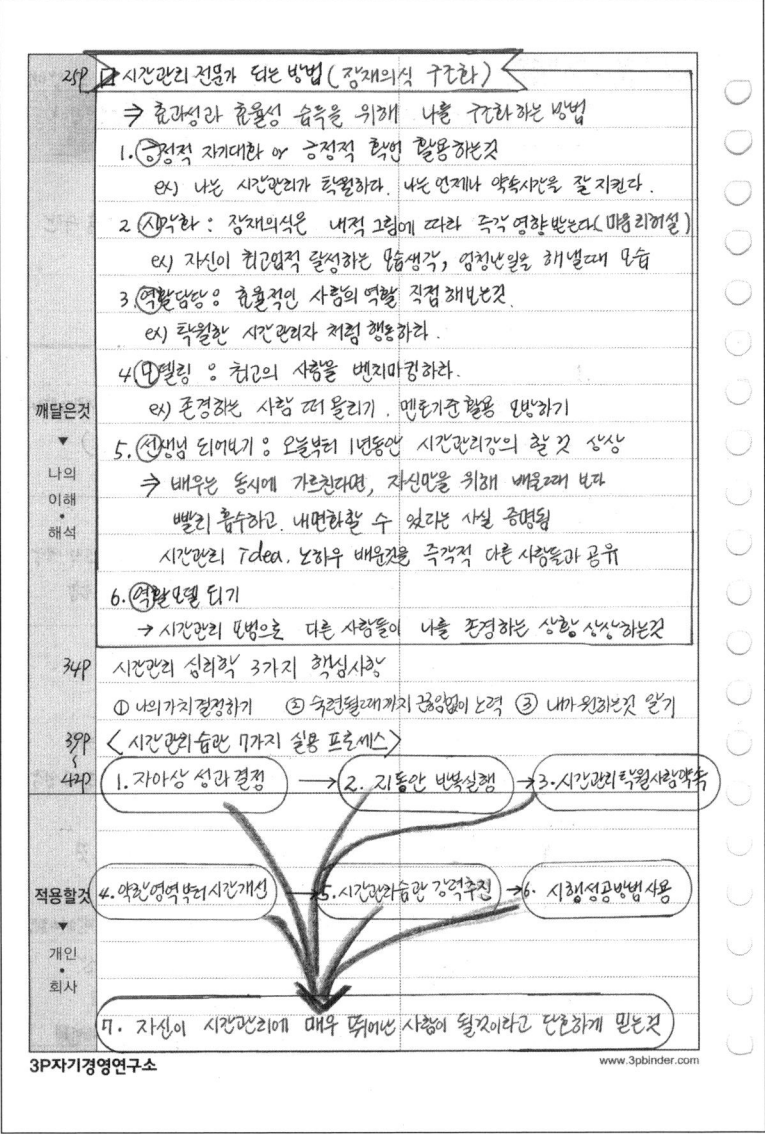

좋은 글을 베껴 쓴 예

좋은 글

출처를 적으세요

119p ☐ 꿈은 결코 성공이 아니라는 것을. 성공은 내 꿈을 만들어가는 도중에 잠깐 손에 쥐는 트로피일 뿐이다. 출처: 김미경의 드림 온 (Dream on)

→ 나는 되도록 베께하고 묵독, 큰 event 운동에 당선된껌.

66p ☐ 아프리카 사람들은 예로부터 이런 사실을 알았던 것 같습니다.
아프리카 옛 격언에 길을 잃은 것은 길을 찾는 한 방법이다
출처: 정철윤「나는 남들과 무엇이 다른가?」

57p ☐ 자신만을 위해서 일찍 일어나는 사람은 마음이 흔들리기 쉬우나
누군가를 위해 함께 일어나는 사람은 강하다 「출처: 아침독서 3행 - 따쓰아파신스케」

108p ☐ 아침독서는 사람을 유연하게 하고 하루의 컨디션을 최고로 끌어당기는 위대함 - 이침독서

☆ 57p 영국의 한 신문사에서 독자들을 대상으로 이색적인 공모를 했다. 〈출처: 독서경영/ 취침전 격언〉
"북해 끝과 영국의 섬 끝에서 런던까지 가장 빨리 가는 방법이 무엇인가? 상금으로 걸었다.
독자대답 [비행기, 기차, 자동차] → 1등 [좋은 친구다 함께]
정답 고등학교답   가는 것 7 idea 1등
→ 독서경영 마스터 되기는 이 여책보다 긴 70양쪽의 여정입니다.
제가 생각한 좋은 친구는? 3/21일까지 기도 여정은 Dip 입니다.
→ 2013. 1.18 도입식 드래지 사용
〈출처 독서명언〉

☐ 180p 독서경영에서는 말 그대로 '첫사랑의 열정보다는 '옛사랑의 한결같은 지향해야'

94p ☐ 믿음은 생각을 낳고, 생각은 느낌을 낳고, 그리고 느낌은 행동을 낳는다 [B-T-F-A] 모델
→ 인지심리학방 개척한 앨버트 앤거스 박사   출처: 독리가를 챙겨 붐여라   → 가지 책심 문제 탄생
[전기 제안조건 4가지 믿음]   ① 자신에 최후회동
① 엄청나게 리함하는 진실   ② 아팠히 그리해야 한다고 긴동하는 진술   ② 군율없은 절정 결정
③ 인간가치를 평가하는 진술   ④ 목숨걸은 (특징확 측정x 생명감상 생생)   ③ 결의의바스의 결정
〈인벌 독서기술을 붐여라〉   © 3P BINDER

핵심 요약정리로 본 것 한눈에 정리하기

중요한 문장이나 좋은 글을 베껴 쓰는 데 어느 정도 익숙해지면 키워드 중심으로 책의 핵심 내용을 정리해보는 것도 좋다. 키워드 중심의 핵심 요약정리는 중요한 문장을 베껴 쓰는 것보다 어렵다. 책의 전체적인 내용을 꿰뚫고 있어야 한두 페이지에 중요한 내용을 모두 담아낼 수 있다. 처음에는 어렵겠지만 책을 이해하고 사고하는 능력이 향상되면 시간을 많이 투자하지 않고도 쉽게 책에서 본 것을 한눈에 파악하도록 정리할 수 있을 것이다.

키워드 중심으로 본 것을 정리할 때는 단순히 텍스트를 나열하는 것에 그치는 것이 아니라 이왕이면 선과 동그라미, 별표 등을 이용해 이미지처럼 형상화하기를 권한다. 이렇게 하면 좌뇌뿐만 아니라 우뇌까지 발달할 수 있다. 보통 글자, 숫자, 텍스트는 좌뇌가 담당하고, 그림, 도형, 이미지는 우뇌가 담당한다. 따라서 책을 읽으면 좌뇌만 집중적으로 발달해 좌뇌와 우뇌의 균형이 깨지기 쉬운데, 본깨적 노트를 작성할 때 최대한 도형이나 표, 화살표 등을 이용해 이미지화하면 우뇌를 활성화할 수 있다. 빨강, 파랑, 노랑 등 몇 가지 색깔을 이용해 중요 내용에 색깔을 입히면 이미지화하는 데 도움이 된다.

다음에 소개하는 마인드맵은 함께 독서경영을 지도하고 있는 동료 손선연 마스터의 사례다. 14년간 삼성서울병원에서 일하던 그녀와 3P 코치 과정 7기에서 인연을 맺었고, 파주 홍원연수원에서 함께 돌아오면서 자연스럽게 책에 대한 많은 이야기를 주고받았다. 그 과정에서 자연스럽게 살아있는 책 읽기 독서경영 과정에 대해 소개했고, 이후 그녀는 독서경영 마스터가 되었다. 현재 그녀는 책을 읽고 핵심 키워드로 정리하

키워드 중심으로 핵심 내용을 이미지화해 정리한 예

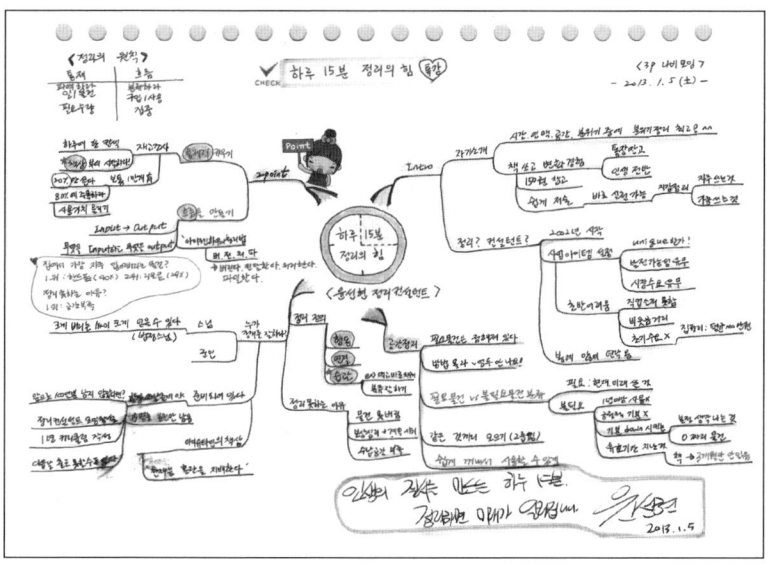

는 데 달인이 되었다.

 손선연 마스터는 핵심 키워드를 정리하는 습관으로 개인 성과를 내기도 했다. 현재 연세대학교 대학원에서 공부하고 있는데, 논문과 관련된 필수과목인 연구방법론을 수강하면서 난관에 봉착했다고 한다. 관련 배경지식이 거의 없는 상태에서 수업을 듣고 기말고사를 준비하려 하니 이만저만 어려운 것이 아니었다. 공부에만 매달려도 시간이 부족할 판에 독서경영 마스터로서의 할 일도 태산이었다. 책 한 권에 해당하는 분량을 어떻게 공부하는 것이 좋을지 고민한 끝에 그녀는 마인드맵으로 핵심 키워드를 정리하면 되겠다고 생각했다. 수업 시간에 교수님이 중요하다고 강조한 내용을 총 4장의 마인드맵으로 정리해 들고 다니면서

키워드 중심으로 정리한 대학원 시험 공부 마인드맵 중 1장

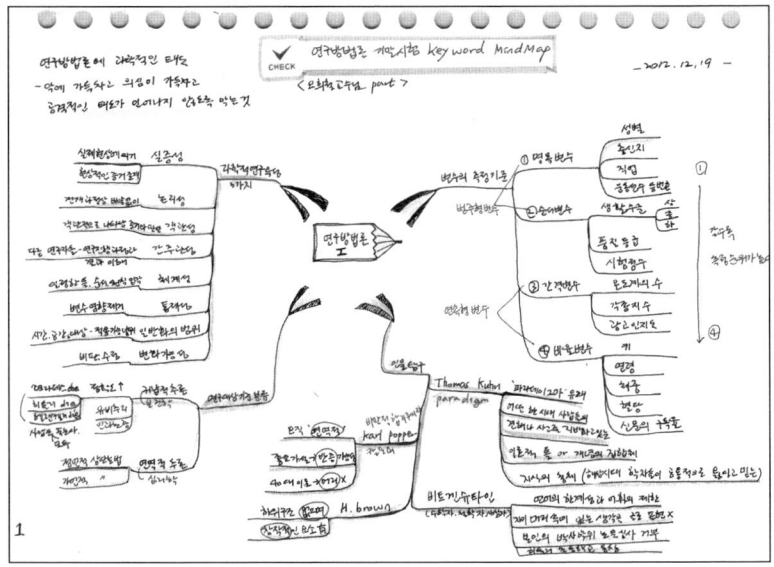

수시로 공부했다. 그 결과 그 어려운 연구방법론을 A학점으로 마무리할 수 있었고, 목표로 했던 장학금까지 무난히 받았다고 한다. 책을 읽으면서 키워드 중심으로 핵심 요약정리를 하던 습관이 공부하는 데도 큰 도움이 되었다며 웃는 그녀의 얼굴에 뿌듯함이 가득했다.

깨달은 것과 적용할 것은 사유를 바탕으로 적어야 한다

본 것을 적는 데도 기본적인 사유가 필요하다. 중요한 문장을 그대로 베껴 쓴다고 해도 아무런 생각을 하지 않아도 되는 것은 아니다. 최소한 왜 그 문장이 중요한지를 생각해야 어떤 문장을 베껴 쓸 것인지 판단할

수 있다. 단순히 중요한 문장을 옮겨 적는 수준을 넘어 본 것의 핵심 내용을 요약정리하려면 생각을 많이 해야 한다.

이처럼 본 것도 생각하지 않으면 잘 적지 못하는데 깨달은 것과 적용할 것을 적을 때는 더욱더 깊이 있는 사유가 필요하다. 책을 읽다 보면 자연스럽게 깨닫고 적용할 것이 생각나는 경우도 많지만 그것만으로는 사고를 확장하기도 어렵고, 삶을 변화시키는 데도 한계가 있다.

초등학교 저학년 학생들의 일기를 본 적이 있는가? 아직 생각하는 힘이 크지 않은 아이들의 일기는 대부분 고만고만하다.

"엄마, 아빠와 맛있는 자장면을 먹었다. 맛이 있어 기분이 참 좋았다."

"친구들과 축구를 했다. 참 재미있었다. 내일도 축구를 하고 싶다."

"동생과 싸워 엄마한테 혼이 났다. 다음부터는 동생이랑 사이좋게 지내야겠다."

재미있게 놀거나 맛있는 것을 먹어 기분이 좋았다거나 친구나 형제와 싸워 기분이 나빴다고 기록하는 수준에서 크게 벗어나지 않는다. 고학년이 되면 상황은 달라진다. 저학년 때는 단순히 사실만 나열하고 기본적인 감정이나 생각을 쓰는 데 그쳤다면 고학년 때는 좀 더 깊은 생각을 일기에 담는다. 그만큼 생각하는 힘이 커진 덕분이다. 고학년이 되어서도 여전히 저학년 때와 다름없는 일기를 쓰는 학생도 있다. 이런 학생들은 대부분 생각하기를 귀찮아한다. 생각을 발전시키려는 노력을 하지 않고 지금껏 했던 방식대로 일기를 쓰기 때문에 학년이 올라가도 발전이 없다.

본깨적 노트를 작성하는 것도 일기를 쓰는 것과 같다. 특히 깨달은 것과 적용할 것은 충분히 사유하지 않으면 책을 아무리 많이 읽어도 매번 비슷한 수준으로 쓰기에 바쁘다. 나도 그랬다. 본깨적 책 읽기를 시작한 지 반년이 채 되지 않았던 어느 날로 기억한다. 그동안 열심히 정리한 본깨적 노트를 보다 깜짝 놀랐다. 본 것은 나름 책의 핵심 내용을 잘 정리해 책마다 차이가 분명한데, 이상하게 깨달은 것과 적용할 것은 비슷비슷했다. 어떤 책을 읽고 깨닫고 적용할 것을 쓴 것인지 구분조차 되지 않았다. 충격에 휩싸여 한참을 생각한 끝에 왜 그런 현상이 벌어졌는지 어렴풋하게나마 감을 잡을 수 있었다.

본 것은 저자의 관점에서 보려고 노력하는 것이라면 깨달은 것과 적용할 것은 나의 관점에서 보는 것이다. 나의 관점은 주관을 반영할 수밖에 없다. 내가 처한 상황이나 고민 속에서 깨달은 것과 적용할 것을 찾게 된다는 얘기다. 예를 들어, 현재 직장 상사, 동료들과의 관계를 잘 풀지 못해 고통받고 있다면 어떤 책을 보아도 인간관계에 관련된 내용에 공감할 것이다. 책을 통해 현재의 문제에 대한 어떤 깨달음을 얻고, 해결할 수 있는 방법을 찾는 것은 좋은 일이다. 하지만 좀 더 깊게 생각하면 미처 보지 못했던 새로운 문제를 보고 지금까지 시도해보지 않았던 새로운 적용 방법을 찾아낼 수 있다. 다람쥐 쳇바퀴 돌듯이 매번 비슷비슷한 생각을 되풀이하는 것이 아니라 사고가 한 단계 더 발전하고 확장해 더 많이 느끼고 창의적인 적용 방법을 생각해낼 수 있다는 얘기다. 다각도로 깨닫고 적용하는 만큼 삶이 더 긍정적으로 변화할 수 있음은 말할 것도 없다.

책을 읽고 깨닫고 적용하는 것을 잘하는 사람으로 김근하 강사가 있다. 그녀는 직장생활과 가사일을 동시에 하는 워킹맘이다. 강사라는 직업의 특성상 책을 많이 읽어야 하지만 녹록지 않았다. 책 읽을 시간도 부족하고, 책을 읽고 정리할 시간은 더더욱 부족했다. 무엇보다 책을 읽어도 남는 것이 없다는 생각이 들어 괴로웠다. 강의가 아니라면 굳이 책을 읽을 필요가 있을까 회의가 들 정도였다.

하지만 본깨적 책 읽기를 통해 책을 읽고 삶에 적용하는 방법을 배우고 난 후 그녀는 달라졌다. 김근하 강사가 딸 서정이와의 소통이 어렵다며 나에게 도움이 될 만한 책을 추천해달라고 한 적이 있다. 그때 추천한 책이 『내 아이를 위한 감정코칭』이었다. 그녀는 그 책을 읽고 많은 것을 깨달을 수 있었고, 소원해지는 딸과의 관계를 회복하기 위한 구체적인 적용 방법을 생각할 수 있었다고 한다.

우선 그녀는 책을 읽고 남편과 대화를 시도했다. 자녀교육은 엄마 혼자서 할 때보다 아빠가 함께했을 때 효과가 극대화된다고 생각했기 때문이다. 『내 아이를 위한 감정코칭』은 자녀뿐만 아니라 사람들과의 관계를 풀어가는 데 큰 도움을 주는 책이다. 먼저 상대방의 감정을 읽고 공감한 다음 대화를 하면 어떤 대화든 잘 풀린다. 김근하 강사도 책을 읽은 덕분에 남편과의 대화를 잘 풀어나갈 수 있었다고 한다. 그녀는 딸과의 소통 문제를 이야기하면서 남편에게 제안을 했다.

"서정이하고 주말에 서로 소통하는 시간을 가져보는 게 좋을 것 같아요. 당신은 요리를 잘하니 '아빠는 요리사' 콘셉트로 딸과 시간을 가져보면 어떨까요?"

남편은 흔쾌히 동의했고, 일요일 저녁 한껏 실력을 발휘해 멋진 이탈리아 요리를 만들었다. 딸은 아빠가 해준 사랑의 요리를 행복하게 먹으면서 엄마, 아빠와 즐겁게 대화하는 시간을 보낼 수 있었다. 그녀는 책을 읽고 생활 속에서 적용하면서 딸, 남편과의 소통이 즐거워졌다며 고마워

한다. 이제 그녀는 나보다도 적용을 훨씬 잘하는 적용의 달인이 되었다.

김근하 강사의 예에서도 알 수 있듯이 적용은 그리 어려운 것이 아니다. 내 주변의 작은 것이라도 어제보다 0.1퍼센트라도 개선된다면 훌륭한 적용이 될 수 있다. 어렵게 생각하지 말고 아주 작은 것이라도 머릿속에 떠오르면 본깨적 노트에 적어놓았다가 실천할 것을 권한다.

본깨적 책 읽기,
함께하면 효과가 더 크다

　　　　　　　　본깨적 책 읽기는 기본적으로 혼자 해야 한다. 책을 선정하는 과정은 다른 사람들의 도움을 받을 수 있지만 책을 읽기 전에 준비를 하고, 본깨적 방법으로 책을 읽고 마무리하는 것은 누가 대신해줄 수 없다. 아무리 시간이 없어도, 힘이 들어도 스스로 해야 한다.

　하지만 책을 읽은 후에는 여러 사람이 모여 서로의 느낌과 생각을 공유하는 것이 좋다. 본깨적 책 읽기를 혼자 하고 끝냈을 때와 여러 사람이 함께 나누었을 때를 비교하면 결과가 크게 다르다. 당연히 여럿이 함께 했을 때 삶이 변화하는 속도도 빨랐고, 변화의 폭도 컸다. 좀 더 적극적으로 자신의 삶을 변화시키고 싶은 사람이라면 소규모라도 독서모임을 통해 본깨적 책 읽기를 나눌 것을 권한다.

다양한 생각을 공유해야 생각이 깊어진다

'한 사람이 10권의 책을 읽는 것보다 10명이 한 권의 책을 읽고 토론하는 것이 더 낫다'라는 말이 있다. 저자의 입장에서 책을 읽고 이해하려고 노력하면 자연스럽게 다른 생각을 접하게 된다. 하지만 한계가 있다. 아무리 애를 써도 사람마다 살아온 환경과 배경지식이 다르기 때문에 똑같은 책을 보고도 이해하는 수준이 조금씩 다르다. 그 차이는 여러 사람이 함께 모여 책을 읽고 이야기하지 않으면 알 수 없다.

책에 대한 이해와 생각의 차이는 준비 단계부터 나타난다. 책의 예상 키워드를 뽑고 공유해보면 대개 가장 핵심적인 키워드 한두 개는 일치하지만 그 이상은 제각각인 경우가 많다. 내가 뽑은 키워드가 다른 사람들이 뽑은 키워드와 일치하는지를 비교해보는 과정은 생각을 확장하는 데 여러모로 도움이 된다. 키워드가 대부분 일치한다면 저자가 말하고 싶은 핵심을 제대로 파악했다고 이해하면 되고, 차이가 있다면 저자가 아닌 나만의 잣대로 책을 보았다고 반성하면 된다.

독서경영을 지도하다 보면 간혹 키워드를 뽑고 서로 공유하는 과정이 마치 퀴즈를 풀거나 시험을 보고 답을 맞히는 것처럼 부담스럽다고 말하는 사람들이 있다. 부담을 가질 이유가 전혀 없다. 맞고 틀리고를 따지기보다는 생각의 차이를 확인하고 거리를 좁히면 되기 때문이다.

생각의 차이는 본 것, 깨달은 것, 적용할 것을 나눌 때도 드러난다. 본 것은 저자의 입장에서 이해하려고 노력하면 일치하는 경우가 많다. 그렇지만 본 것 중 3개씩만 선정해 발표하는 시간을 가져보면 제각각 다를 수 있다. 본 것이 다양할 경우 그중에서도 우선순위를 정해야 하는데, 이 기준이 제각각 다르기 때문이다.

깨달은 것과 적용할 것은 확연히 차이가 난다. 똑같은 것을 보고도 깨닫고 적용하는 것은 사람마다 다르다. 그럴 수밖에 없는 것이 깨닫고 적용하는 것은 저자가 아닌 '자신'의 입장에서 하는 터라 각자 삶의 경험과 배경지식이 크게 작용하기 때문이다.

각자의 경험과 배경지식을 바탕으로 깨달은 것과 적용할 것을 이야기하다 보면 자연스럽게 생각이 확장된다. 혼자 있을 때는 전혀 떠올리지 못했던 이야기를 다른 사람을 통해 들으면서 생각이 유연해지고 생각의 울타리는 점점 넓어진다.

사람마다 책을 읽고 보고, 느끼고 깨닫는 것이 다르기 때문에 10명이 한 권의 책을 읽고 생각을 나누면 10권을 읽은 것과 비슷한 효과를 얻을 수 있다. 그것도 단순히 책의 내용을 이해하는 개관 독서의 수준을 넘어 분석 독서와 종합 독서를 한 것과 같은 효과가 난다. 서로 다른 생각을 공유하면서 자연스럽게 책을 분석하게 되고, 생각의 차이를 좁혀가면서 종합적으로 책을 이해하고 적용하는 힘을 키울 수 있다.

'함께'라야 오래가는 본깨적

다양한 생각을 공유해 사고를 확장하는 것 외에도 함께 본깨적을 해야 할 또 다른 이유가 있다. 삶을 변화시키려면 본깨적 책 읽기를 습관처럼 꾸준히 해야 한다. 혼자서는 아무래도 꾸준히 본깨적 책 읽기를 하기가 쉽지 않다. 평소 책을 많이 읽지 않았던 사람이라면 책을 꾸준히 읽기도 힘든데, 본깨적을 하면서 읽기란 그리 쉬운 일이 아니다. 게다가 아주 특별한 경우가 아니라면 책 한두 권을 읽고는 삶의 변화를 느끼기도 어렵다. 변화가 바로바로 느껴지면 신이 나 책을 읽을 수 있을 텐데, 책을 읽어도 이렇다 할 변화를 실감하지 못하니 결국 작심삼일이 되어 책 읽기를 포기하는 경우도 많다.

여럿이 함께하면 좀 더 오래 지치지 않고 본깨적 책 읽기를 할 수 있다. 다이어트를 할 때도 혼자 하면 실패할 확률이 높다. 혼자서는 먹고 싶은 유혹을 뿌리치기도 어렵고, 외롭고 고독한 살과의 전쟁을 견뎌내기도 힘들다. 하지만 다른 사람과 함께 다이어트를 하면 혼자 할 때보다는 한결 수월하다. 다이어트에 대한 유용한 정보도 공유하고, 서로 지치고 힘들 때 옆에서 위로하고 자극을 주면 어려운 고비를 비교적 쉽게 넘길 수 있다.

여러 명이 함께 본깨적 책 읽기를 하는 게 좋다고 말하면 "저는 딱히 함께할 사람이 없는데요?"라며 난감해하는 사람들이 있다. 조금만 주위를 둘러보면 소박하게나마 함께 책을 읽고 이야기를 나눌 수 있는 사람을 얼마든지 찾을 수 있다. 평소 마음이 잘 맞는 직장 동료나 친구도 좋고, 서로 친분은 없어도 책을 좋아하는 사람들을 모아도 괜찮다. 단 한 사람이라도 함께할 사람이 있다면 충분하다.

어떤 특별한 형식에 얽매일 필요도 없다. 점심을 먹으면서 자유롭게 책에 대한 생각을 나누어도 좋고, 가볍게 차를 마시면서 이야기해도 좋다. 다만 최소한의 약속은 필요하다. 일주일에 한 번, 혹은 2주일에 한 번씩 책을 읽고 이야기를 나눌 것인지, 책은 누가 어떤 기준으로 선정할 것인지 정도는 정해야 한다. 그래야 최소한의 기분 좋은 강제력이 생겨 모임을 지속할 수 있다.

긍정적인 변화는 전염성이 강하다

독서경영을 지도하다 보면 처음에는 "설마 책을 읽는다고 삶이 바뀌겠어?"라고 부정적으로 생각하는 분이 많다. 그런 분들은 대개 모임에 참여는 하지만 한 발 뒤로 빼고 이방인처럼 겉돈다. 그랬던 그들이 한 번, 두 번 모임 횟수가 많아지면서 서서히 바뀌기 시작한다. 책도 열심히 읽어오고 모임에서 적극적으로 이야기도 한다.

꿈쩍도 안 할 것 같던 부정적인 사람들의 마음을 움직이는 힘은 무엇일까? 함께 모임에 참여하는 사람들에게 답이 있다.

"저는 다른 사람은 다 변해도 ○○씨는 워낙 아집이 강해 변하지 않을 줄 알았어요. 그런데 ○○ 씨가 책을 읽고 달라지는 모습을 보고 생각이 바뀌었습니다. ○○ 씨가 변할 수 있다면 나도 책을 읽고 달라질 수 있다는 희망을 품게 되었습니다."

사람들은 서로에게 영향을 미친다. 서로의 나쁜 모습을 보고 배우는 경우도 많지만 적어도 자기 삶을 충실히, 열심히 살려고 하는 사람이라면 다른 사람의 좋은 모습을 보고 자극을 받고 용기를 얻는다. 나와 별반 다르지 않은 평범한 친구나 동료가 달라지는 모습은 유명한 사람들의 성공 사례보다 훨씬 더 현실감 있게 다가오는 경우가 많다. 수많은 역경을 딛고 자수성가한 사람의 이야기는 큰 감동을 줄 수는 있어도 현실감은 떨어진다. 나와는 다른 특별한 능력을 가진 사람이기 때문에 스스로 삶을 바꿀 수 있었던 것이라 생각하기 쉽다. 하지만 바로 옆에 있는 친구나 동료는 다르다. 그들의 변화는 막연한 미래가 아닌 구체적인 현실이다. 나도 노력하면 친구나 동료처럼 얼마든지 내 삶을 바꿀 수 있다는 자신감을 갖게 해준다.

'악화가 양화를 구축한다'라는 말이 있지만 개인적으로는 양화가 악화를 구축하는 힘이 더 크다고 생각한다. 독서경영을 지도하면서 긍정적 변화의 힘을 더욱더 실감한다. 독서경영에 참여했던 사람 중 한 사람이라도 긍정적으로 변하기 시작하면 분위기는 순식간에 달라진다. 서로서로 좋은 변화를 주고받으면서 더 열심히 변화하려고 노력한다. 그래서 혼자서 본깨적 책 읽기를 할 때보다 여럿이 함께할 때 삶을 성공적으로 바꿀 가능성이 커진다.

열려있는 독서토론 모임, 나비

아무리 찾아도 본깨적 책 읽기를 함께할 사람을 찾지 못했다면 누구에게나 열려있는 독서모임을 활용하는 것도 좋은 방법이다. 열려있는 독서모임 중 대표적인 것 중 하나가 나비모임이다. 나비는 '나로부터 비롯한 변화'의 준말로 말 그대로 변화를 추구하는 사람들을 위한 독서모임이다. 나비모임은 전국적으로 이루어지고 있는데, 가장 쉽게 참여할 수 있는 모임이 '양재나비'이다. 양재나비에서는 매주 토요일 새벽 독서모임을 갖고 있는데, 대학생부터 직장인, 주부, CEO 등 다양한 직업과 연령대의 사람들이 자유롭게 참여하고 있다.

* 양재나비 카페 주소 : cafe.naver.com/navibookforum

333 본깨적으로
변화의 속도를 높인다

　　　　　　　　　　　본 것, 깨달은 것, 정리하는 것에 크게 부담을 느낄 필요는 없다. 책을 보면서 자연스럽게 본깨적을 하면 된다. 하지만 삶을 좀 더 적극적으로, 빨리 바꾸고 싶다면 본깨적을 깊이 있게 시도해보는 것도 좋다.

　사실 본깨적은 책을 읽는 사람의 수준에 따라 달라진다. 책을 제대로 잘 읽은 사람과 그렇지 않은 사람은 똑같은 책을 읽고도 본깨적 하는 내용이 다르다. 그 차이를 처음으로 확인하게 해준 분이 강규형 대표다.

　2009년 강규형 대표를 만나 본깨적 책 읽기를 배우기 시작했다. 첫 만남 때 브라이언 트레이시가 쓴 『TIME POWER 잠들어 있는 시간을 깨워라』라는 책을 보여주면서 본깨적을 어떻게 하는 것인지 알려주었는데, 그때 큰 충격을 받았다. 책이 온통 밑줄, 별표, 키워드로 가득 차 있었다. 일반 단행본이 아니라 고3 때 공부하던 교과서를 보는 느낌이었다.

　2주 후 두 번째 만나기로 한 날, 강규형 대표가 급한 일이 있어 잠시 서재에 혼자 있게 되었다. 마침 읽고 있던 『TIME POWER 잠들어 있는 시간을 깨워라』를 강규형 대표의 책과 비교해보고 싶다는 생각이 들었다. 책꽂이에서 책을 꺼내 한 장 한 장 비교해보았다. 밑줄 친 부분, 별표로 표시해놓은 부분도 많이 달랐고, 여백에 메모해놓은 키워드도 차이가 많이 났다. 나는 미처 보지 못했던 핵심을 꿰뚫고 있다는 느낌이 들었다. 부러웠다. 하루라도 빨리 강규형 대표만큼 본깨적을 잘하고 싶다는 마음이 굴뚝같았고, 그런 마음으로 노력해서 만들어낸 것이 '333 본깨적'이다.

　'333 본깨적'은 다양한 관점에서 본깨적을 할 수 있도록 도와주는 일종의 업그레이드된 본깨적이라 할 수 있다. 333 본깨적을 하면 그만큼 깊이 있게 본깨적 내용이 나오기 때문에 삶이 변화하는 속도도 빨라진다.

저자의 핵심을 보기 위한 세 가지, SKI

　책을 볼 때는 내가 아닌 저자의 관점에서 저자가 어떤 내용을 말하고 싶어 하는지 핵심을 파악하는 것이 중요하다. 핵심을 파악하기 위해서는 SKI에 익숙해져야 한다. SKI는 'Subject, Keyword, Impressive phrase'의 약자로 각각 주제, 키워드, 인상적인 구절을 의미한다.

　SKI는 사실 이미 초, 중, 고등학교 시절에 많이 배웠다. 국어 시간에 시나 문학 작품을 공부할 때 주제와 키워드를 파악하는 연습을 많이 해보앉을 것이다. 주제와 키워드를 제대로 뽑는 힘을 기르려면 글을 찬찬히 여러 번 읽고 생각해봐야 한다. 그런 다음 참고서를 보든지, 선생님의 설명을 듣고 주제와 키워드를 제대로 뽑았는지 맞춰봐야 하는데, 그렇게 하는 학생들은 많지 않다. 대부분은 선생님이 설명해주거나 참고서에 나온 주제와 키워드를 그대로 암기하는 데 급급했을 것이다. 힘들고 시간이 걸리더라도 국어 공부를 할 때 스스로 주제와 키워드를 생각하던 학생이라면 본깨적 책 읽기를 할 때 저자의 핵심을 보는 것이 식은 죽 먹기처럼 쉬울 텐데, 무조건 외웠다면 조금 힘들 수도 있다.

학창시절에 국어 공부를 단순 암기식으로 했다고 걱정할 필요는 없다. 조금만 노력하면 책의 주제와 키워드는 어렵지 않게 뽑을 수 있다. 준비 단계에서 이미 책 제목, 목차, 본문을 훑으면서 키워드 뽑는 연습을 했다. 모든 책이 다 그런 것은 아니지만 대부분의 책들은 제목이나 본문 중간 제목에 키워드를 포함하는 경우가 많다. 특히 책 제목은 책의 주제와 키워드를 함축적으로 담고 있는 경우가 많기 때문에 제목과 앞표지에 있는 문구들만 잘 살펴봐도 주제와 키워드가 보이기도 한다.

책 제목이 호기심을 자극하기 위해 실제 내용과 거리가 있는 경우에는 제목만으로 주제와 키워드를 뽑기가 어렵다. 이때는 목차와 머리말까지 읽어봐야 주제와 키워드를 짐작할 수 있고, 대략이라도 본문을 읽어봐야 정확하게 확인할 수 있다.

마지막으로 인상적인 문장도 저자의 핵심을 파악하는 데 결정적인 역할을 한다. 인상적인 문장은 마음에 와 닿는 좋은 문장이 아니다. 저자가 이야기하려는 핵심 내용을 담은 문장이라 이해하는 것이 정확하다. 저자의 입장에서 책을 읽다 보면 자연스럽게 핵심이 응축된 문장을 보게 된다. 이런 문장에 밑줄을 치면서 읽으면 중요한 내용을 놓치지 않고 잘 볼 수 있다.

좀 더 깊은 깨달음을 위한 세 가지, MRK

책을 읽고 깨닫는 것은 행동하기 위한 전초전이나 마찬가지다. 깨달음이 행동을 유발하는 일종의 동기 역할을 하는 것이다. 그래서인지 본 깨적의 '깨'라고 하면 '동기(Motivation)'를 제일 많이 떠올리는데, 동기만이 깨달음의 전부는 아니다. 동기 외에도 역할 모델(Role-model), 지식(Knowledge)이 깨달음의 범주에 포함된다.

책을 읽다 보면 감동을 받거나 위로와 용기를 얻을 때가 있다. 때로는 자신의 삶을 돌아보고 반성하게 만들기도 한다. 이처럼 어떤 형태로든 자극을 주고 마음을 움직이는 모든 것을 '동기'라 할 수 있다. 동기라고 하면 구체적으로 행동을 유발하는 자극만을 생각하기 쉬운데, 직접적으로 행동을 부르지 않더라도 마음이 움직였다면 다 동기라 할 수 있다. 예를 들어, 어머니를 소재로 한 소설을 읽고 돌아가신 어머니를 그리워하며 살아생전 효도를 하지 못한 것을 가슴 아파했다면 그 자체도 충분한 동기인 셈이다.

동기만으로는 부족하다면 책 속에서 역할 모델을 찾아 그 입장에서 생각해보는 것도 좀 더 깊은 깨달음을 얻는 방법이다. 역할 모델은 꼭 저자나 주인공이 아니어도 괜찮다. 아주 잠깐 등장했다 사라지는 캐릭터라도 자신과 동화될 수 있는 부분이 있으면 얼마든지 역할 모델로 삼을 수 있다.

나는 책을 읽으면서 저자와의 대화를 즐기는 편이다. 저자가 말하는 핵심을 이해하기 위해서가 아니라 내 고민에 대한 현실적인 답을 찾기 위해서이다. 강의를 좀 더 재미있게 하고 싶은데, 마음처럼 잘되지 않는다면 이와 관련된 책을 읽으면서 질문을 한다.

"당신이라면 이런 경우 어떻게 할까요?"

"당신은 강의의 핵심은 재미라고 했는데, 재미만 있으면 곤란하지 않을까요? 재미와 깊이를 함께 줄 수 있는 방법은 없을까요?"

저자를 역할 모델로 삼고 질문을 던지고 스스로 답을 고민해본다. 역할 모델인 저자는 이 상황에서 어떻게 할까를 고민하다 보면 스스로 해결책을 찾을 때가 많다. 이처럼 저자가 됐든, 책에 등장하는 엑스트라가 됐든, 역할 모델을 만들고 책을 읽으면 좀 더 깊은 깨달음을 얻을 수 있다.

동기, 역할 모델과 더불어 지식도 깨달은 것에 포함된다. 사실 지식에 대해서는 말이 많다. 강의 자리에서 지식이 깨달은 것에 포함된다고 하면 여지없이 질문이 쏟아진다. 지식은 깨달은 것이 아니라 본 것이 아니냐는 질문들이다.

지식이 무엇을 의미하는지를 이해하면 왜 본 것이 아니라 깨달은 것에 속하는지 수긍할 수 있을 것이다. 지식의 사전적 의미는 "어떤 대상에 대하여 배우거나 실천을 통해 알게 된 명확한 인식이나 이해"다. 단순히 알고 있는 수준을 넘어 자신의 입장에서 명확하게 인식하고 이해할 때 '지식'이라 할 수 있다.

현대사회는 정보가 넘쳐나는 사회다. 꼭 책이 아니더라도 인터넷이나 SNS 등을 통해 하루에도 수없이 많은 정보를 접할 수 있다. 정보를 본 것만으로는 지식을 습득했다고 할 수 없다. 정보는 구슬과도 같다. 구슬이서 말이라도 꿰어야 보배가 될 수 있듯이 책을 통해 얻은 각각의 정보를 분석하고 통합해 온전한 내 것으로 만들어야 비로소 지식이 된다.

본 것의 주체는 저자지만 깨달은 것의 주체는 나다. 저자의 입장에서 얻은 정보를 내 입장에서 분석하고 통합하는 것이 지식이라면 지식은 당연히 깨달은 것에 포함되어야 한다. 먼저 저자의 입장에서 보고 이해한 내용을 내 입장에서 재해석하며 정보를 지식으로 발전시키려 노력할수록 깨달음도 깊어질 것이다.

적용을 더 잘하기 위한 세 가지, KIA

본깨적은 결국 적용을 잘해야 완성될 수 있는 책 읽기 방법이다. 적용을 잘하기 위한 구체적인 방법도 크게 세 가지로 구분할 수 있다. KIA(Kaizen, Idea, Action plan)가 적용을 좀 더 현실화하기 위한 시스템 역할을 한다.

카이젠(Kaizen)은 개선을 의미한다. 변화에도 여러 종류가 있다. 어느 날 갑자기 익숙했던 것을 버리고 완전히 새로운 생활을 하는 혁명적인 변화만이 변화가 아니다. 시간은 더 걸리더라도 조금씩 좋은 방향으로 변하는 점진적인 변화도 있다. 상황에 따라 효과적인 방법이 달라 어떤 변화가 더 좋다고 말할 수는 없지만 아무래도 점진적인 변화가 부담감은 덜하다. 그런 의미에서 개선은 적용할 것의 범위를 넓히고 부담감을 덜어주는 좋은 도구다.

삶의 변화는 작은 변화에서 시작된다. 몇 년 후 지금과는 확 달라진 내 모습을 목표로 삼고 있다 하더라도 당장은 현실적으로 바꿀 수 있는 작은 것부터 바꾸는 것이 바람직하다. 매일 늦잠을 자서 지각을 밥 먹듯이 해왔다면 30분만 일찍 일어나도 삶이 바뀌기 시작할 것이다. 이처럼 생활 속에서 쉽게 적용할 수 있는 개선할 사항들을 찾아보는 것이 적용의 기본이다.

아이디어(Idea)도 적용할 것에 포함된다. 현대사회는 창의력을 요구한다. 아이디어가 많으면 그만큼 능력을 인정받기도 쉽고 삶도 좀 더 창의적으로 변화시킬 수 있다. 아이디어는 휘발성이기 때문에 책을 읽으면서 생각날 때마다 책 귀퉁이에 적어두고, 책을 다 읽은 후 따로 본깨적 노트의 아이디어 코너에 정리해두는 것이 좋다.

아이디어가 아무리 좋아도 현실에 적용하지 않으면 흙 속의 진주에 불과하다. 아이디어가 적용할 것에 포함되는 것도 이 때문이다. 아이디어를 내고 적는 데 그치지 말고 현실에 적용할 방법을 찾아야 한다. 아이디어가 생각난 즉시 적용할 필요는 없지만 시간 날 때마다 적어두었던 아이디어를 들여다보면서 적용할 방법을 찾아야 좋은 아이디어를 사장하지 않을 수 있다.

사실 적용(Action plan)은 개선과 아이디어를 포괄하는 개념이다. 개선할 내용을 찾아 적용하는 것, 아이디어를 적용하는 것 모두 적용의 범주에 포함된다. 깨달은 것이 그대로 적용할 것으로 연결되는 경우도 많다. 어떤 내용이든 삶에 적용해 변화를 불러올 수 있다면 충분히 적용해볼 가치가 있다. 적용이 곧 실천이나 마찬가지임을 염두에 두고 적극적으로 적용할 것을 찾기를 권한다.

나만의
독서 내비게이션

　처음 책 읽기를 시작할 때는 물론이고, 책 읽기에 어느 정도 물이 올랐을 때도 읽을 책을 정하는 일은 어렵다. 좋은 책에 대한 정보도 없고, 시간을 내 보고 싶은 책을 고를 만한 여유도 없을 때는 더더욱 난감하다.
　마땅히 읽을 만한 책을 고르지 못했을 때는 추천을 받는 것이 가장 안전하다. 맛있는 음식을 먹고 싶을 때 미식가에게 추천을 받으면 실패할 확률이 낮은 것과 마찬가지다. 주변에 책을 잘 읽는 사람이 있다면 10권 정도까지는 그 사람에게 추천을 받아도 좋다. 특히 그 사람이 나를 잘 안다면 나에게 딱 맞는 좋은 책을 골라줄 수 있기 때문에 더욱 신뢰할 만하다.
　하지만 언제까지나 추천을 받아 읽을 수는 없다. 누군가에게 책을 추천해주는 일은 생각보다 쉽지 않다. 그 사람의 상황을 알고 도움이 될 만한 책을 추천해주어야 하기 때문에 이만저만 신경 쓰이는 일이 아니다. 끊임없이 책을 추천해달라고 하면 본의 아니게 민폐를 끼칠 수도 있다.

무엇보다 다른 사람의 추천에만 의존할 경우에는 스스로 책에 대한 관심을 확대하고 깊이를 더하기가 어렵다. 추천받은 책이 나와 맞지 않을 경우 책 읽기의 재미가 줄면서 지속적으로 책을 읽지 못할 수도 있다.

꾸준히 책을 읽을 수 있는 가장 좋은 방법은 역시 스스로 독서 내비게이션을 만드는 것이다. 자기만의 독서 내비게이션을 만드는 일은 그리 어렵지 않다. 꾸준히 책을 읽다 보면 읽고 싶은 책이 저절로 보인다. 책이 또 다른 책을 추천해주는 셈이다. 그런 책들만 모아 목록을 작성해도 나만의 멋진 독서 내비게이션을 만들 수 있다.

책 속에 책이 있다

나뿐만 아니라 책을 많이 읽는 사람들은 종종 다른 사람들로부터 책을 추천해달라는 부탁을 받는다. 그때마다 성심성의껏 책을 추천해주지만 배고픈 사람에게 물고기를 주는 것보다는 물고기 잡는 법을 알려주는 것이 더 도움이 된다는 생각을 하곤 한다.

가장 좋은 방법은 책 속에서 책을 찾는 것이다. 이것은 그리 새로운 방법은 아니다. 책을 좋아하고 꾸준히 읽은 사람이라면 이미 경험으로 터득한 방법일 것이다. 『책, 인생을 사로잡다』라는 책을 쓴 이석연 변호사도 이 방법을 추천한다. 그는 중학교를 졸업한 지 6개월 만에 대입 검정고시에 합격했지만 대학 진학을 미루고 절에 들어가 1년 8개월 동안 동서양의 고전, 역사, 문학서 등 300여 권을 읽은 남다른 이력을 갖고 있다. 그가 법제처와 헌법재판소에서 14년간 공직생활을 할 때는 물론 이후 변호사로 활동할 때 권력과 협박과 회유에 굴복하지 않고 원칙과 소신을 지킬 수 있었던 것도 다 풍부한 독서 덕분이었다.

이석연 변호사는 "한 권의 책은 하나의 씨앗"이라고 말한다. 씨앗들이 나무로 자라 더 많은 열매를 만드는 것처럼 한 권의 독서가 여러 권의 독서로 이어진다는 의미다. 나 또한 이석연 변호사의 말에 전적으로 공감한다.

다른 책의 도움을 전혀 받지 않고 오로지 독창적인 자신만의 생각으로 책을 쓰는 저자는 단언컨대, 없다. 한 권의 책을 쓰기 위해서는 셀 수도 없을 만큼 많은 책을 참조해야 한다. 저자가 참조한 책들은 대부분 책 속에 녹아 있다. 본문에 자연스럽게 언급되어 있는 경우도 있고, 따로 참고문헌으로 소개한 경우도 많다. 각주도 놓쳐서는 안 된다. 많은 사람이 각주를 읽어도 그만, 안 읽어도 그만인 것으로 생각하는데, 각주 속에는 의외로 많은 정보가 들어있다. 보통 책 내용을 이해하는 데 필요하지만 본문 속에 풀어 쓰면 흐름을 방해하는 내용들을 각주로 처리한다. 따라서 각주를 잘 읽어보면 본문의 내용이 어떤 배경에서 나온 것인지 이해하기도 쉽고, 다른 책에 대한 정보도 얻을 수 있다.

어떤 책이든 책 속에 또 다른 책이 들어있지만 꾸준히 책을 읽다 보면 가끔 주옥같은 책들이 줄줄이 엮여 나오는 책을 만난다. 그럴 때마다 고구마를 하나 캤는데, 농사가 잘돼 줄줄이 고구마가 엮여 나올 때와 같은 환희에 젖는다. 김병완 씨가 쓴 『기적의 인문학 독서법』도 그중 하나다. 인문도서를 읽는 방법을 소개한 책이니만큼 이 책에는 수많은 인문도서들이 등장한다. 책 속에 언급된 책 중에는 이미 읽은 것들도 있지만 아직 읽지 않은 책도 많다. 그런 책들은 향후 읽을 도서목록에 당당히 이름을 올린다.

책 속에서 언급한 책들을 읽으라고 권하면 난색을 하는 분들이 있다. 책이 많을수록 낯빛은 더 어두워진다. 하지만 부담은 갖지 않아도 된다. 책에서 소개한 책들을 전부 읽을 필요는 없다. 그중에서 읽고 싶은 책, 삶을 변화시키는 데 꼭 필요하다고 판단되는 책만 골라 읽어도 괜찮다.

저자가 쓴 다른 책도 훌륭한 추천 도서다

책 속에 소개된 책을 읽고 싶은 마음이 든다는 것은 책을 읽는 동안 저자에 대한 신뢰가 쌓였음을 의미한다. 저자의 이야기에 십분 공감하고 삶을 살아가는 데 큰 도움이 되는 주옥같은 지식을 얻었을 때, 책과 그 책을 쓴 저자에 대한 신뢰가 쌓인다. 책에서 아무런 감흥을 받지 못하고 그다지 도움이 되는 내용도 없었는데, 그 책에 소개된 다른 책에 관심을 가지기란 어려운 일이다.

저자에 대한 신뢰가 쌓이면 자연스럽게 저자가 쓴 다른 책도 읽어보고 싶은 마음이 들기 마련이다. 관심이 가고 신뢰할 만한 저자의 다른 책을 읽는 것도 독서 내비게이션을 만드는 좋은 방법이다. 물론 같은 저자가 쓴 책이라도 늘 만족스러운 것은 아니다. 처음 본 책이 큰 울림을 주어 같은 저자의 두 번째 책을 보았는데, 기대치에 못 미쳐 실망할 수도 있다. 하지만 그런 경우는 그리 많지 않다. 대부분은 한 번 감동을 주었던 저자는 두 번째, 세 번째 책에서도 감동을 준다.

나도 마음에 드는, 신뢰할 만한 저자의 책을 모두 섭렵하는 편이다. 신뢰할 수 있는 저자가 쓴 책은 설령 주제가 내 관심 분야와 거리가 있어도 읽고 싶은 마음이 들고, 실제로 거의 다 읽었다. 지금까지 나를 사로잡은 대표적인 저자는 구본형, 세스 고딘, 앨빈 토플러, 안상헌, 김종래 씨 등이다.

구본형 씨는 굳이 설명이 필요 없을 정도로 자기계발서 분야에서는 공신력이 있는 저자다. 앞서 말했듯이 그가 쓴 『익숙한 것과의 결별』을 읽고, 단박에 구본형이란 저자에게 빠져들었다. 변화를 갈구하면서도 어떻게 변화해야 하는지 방법을 몰라 고민하던 나에게 저자의 경험담과 진솔한 생각은 해결의 실마리를 찾는 데 큰 도움이 되었다. 이후 구본형 씨가 쓴 책은 거의 다 읽었다. 내 기억으로는 그가 쓴 책 중 나에게 실망을 준 책은 한 권도 없었다. 그가 쓴 모든 책이 다 좋았지만 그중에서도 『그대, 스스로를 고용하라』는 열 번 이상 반복해서 보고 업무에 많이 적용한 책이어서 특히 기억에 남는다.

세스 고딘은 『보랏빛 소가 온다』라는 책으로 우리나라 독자들에게 깊은 인상을 준 세계적인 베스트셀러 작가다. 『보랏빛 소가 온다』는 날로 경쟁이 치열해지는 시장에서 '리마커블(Remarkable)'이라는 새로운 마케팅 개념을 통해 최후의 승자가 되는 방법을 제시한다. 기업을 대상으로 한 혁신적인 마케팅 방법을 소개한 책이지만 개인에게 적용해도 좋은 내용이어서 열심히 읽었다. 경쟁에서 승리하는 방법을 추상적인 이론이 아닌 실제 사례를 바탕으로 구체적으로 소개해서 읽고 바로 적용해보는 재미가 있었던 책이다. 이를 계기로 세스 고딘이 쓴 책이라면 무조건 신뢰하고 읽기 시작했고, 큰 도움을 받았다.

독서경영을 지도하다 보니 '독서법'을 주제로 한 책도 많이 읽는데, 독서법을 집필한 많은 저자 중 안상헌 씨의 이야기에 많이 공감한다. 그는 『어느 독서광의 생산적 책 읽기 50』을 비롯해 『이건희의 서재』 『책을 읽어야 하는 10가지 이유』 『경영학보다는 소설에서 배워라』 등 책 읽기와 관련한 책을 여러 권 저술했는데, 각각 관점과 주제를 조금씩 달리해 깊이 있게 풀어내서 도움이 많이 되었다.

김종래 씨도 내가 믿고 좋아하는 작가다. 살아가면서 우리는 알게 모르게 잘못된 지식을 얻는 경우가 종종 있다. 김종래 작가는 나의 잘못된 지식과 선입관을 바꾸는 데 많은 도움을 주었다. 그는 칭기스칸에 관한 국내 최고의 전문가로 통한다. 그가 쓴 『칭기스칸의 리더십 혁명』을 읽고 얼마나 얼굴이 후끈했는지 모른다. 그 전까지 나는 몽골인을 무식하고 야만적인 민족이라 생각했다. 특히 칭기스칸은 잔인하고 못된 사람이라는 편견이 강했다. 하지만 『칭기스칸의 리더십 혁명』을 읽으면서 그를 다시 볼 수 있었다. 칭기스칸은 잔인하고 무식하고 옹졸한 사람이 아니라 정말 백성을 사랑했던 리더십 강한 멋진 남자였다. 김종래 작가가 아니었다면 아마도 칭기스칸에 대한 편견을 영영 바로잡지 못했을지도 모른다. 그를 통해 나는 역사를 어떻게 대해야 하는지, 역사를 재인식하는 일이 얼마나 중요한지를 깨달을 수 있었다.

이처럼 좋아하고 신뢰하는 저자를 만나면 한결 수월하게 향후의 독서 내비게이션을 만들 수 있다. 무조건 이름만으로 신뢰할 수 있는 저자를 만나는 일이 쉽지만은 않다. 하지만 다양한 분야에 두루 관심을 두고 꾸준히 책을 읽다 보면 신뢰할 만한 저자를 만날 수밖에 없다. 그런 저자를 많이 만날수록 독서 내비게이션은 더 알차고 풍요로워진다.

본깨적 책 읽기는
오감을 동원할 때 극대화된다

　　　　　　　　　　　이어폰을 꽂고 조용히 음악을 듣는 것도 좋지만 공연장에 가서 가수가 노래하는 것을 직접 들으면 감동은 배가된다. 왜 그럴까? 혼자서 조용히 음악을 들을 때는 주로 귀가 중심이 된다. 음악에 집중하고 싶을수록 눈을 감고 오직 귀로 음악을 듣고 느끼고 싶어 한다. 하지만 공연장에서는 다르다. 귀뿐만 아니라 눈과 온몸의 세포를 동원해 음악을 듣는다. 음악에 깊이 빠져들면 리듬에 맞춰 몸을 흔들기도 한다. 그야말로 오감을 총동원해 음악을 듣기 때문에 집에서 혼자 들을 때보다 감동이 클 수밖에 없다.

　책을 읽을 때도 마찬가지다. 눈으로만 읽지 말고 오감을 동원해 읽으면 책에 깊이 빠져들어 더 많은 것을 얻을 수 있다. 눈으로만 읽었을 때는 책이 주는 정보와 지식을 보는 데 급급했다면 오감으로 책을 읽으면 정보와 지식뿐 아니라 감동과 교훈까지 생생하게 느낄 수 있다는 얘기다.

오감이라고 하면 원래 시각, 청각, 후각, 촉각, 미각을 의미하지만 여기에서의 오감은 좀 더 의미가 넓다. 오감뿐 아니라 온몸의 세포, 더 나아가 상상력까지 모두 포함된다. 그만큼 책과 혼연일체가 될 수 있기 때문에 눈으로만 읽을 때와는 감동도 다르고, 얻을 수 있는 정보나 지식의 깊이도 차이가 날 수밖에 없다.

손으로 읽는 것에 낭독을 더한다

기본적으로 본깨적 책 읽기는 손이 바쁜 책 읽기다. 책을 보면서 중요한 부분에 밑줄도 쳐야 하고, 별표나 동그라미를 그리기도 하고, 중간중간 메모도 해야 하기 때문이다. 앞서도 설명했듯이 눈으로만 읽을 때보다 부지런히 손을 움직이면서 책을 읽으면 더 효과적으로 책의 내용을 이해할 수 있다.

개인적으로 책을 손으로 넘길 때 손끝을 타고 전해지는 느낌을 무척 좋아한다. 종이책을 한 장 한 장 넘길 때의 촉각은 따뜻하다. 마치 살아있는 생물체처럼 온기가 느껴져 손으로 책을 넘기는 동안 더 친밀감을 느낄 수 있다.

앞으로는 종이책을 대신해 전자책이 대세를 이룰 것이라 한다. 대부분의 정보를 종이보다는 컴퓨터와 스마트폰으로 보는 시대이니만큼 전자책으로의 흐름은 불가피해 보인다. 사람들이 책을 더 좋아하고 쉽게 읽을 수 있다면 종이책이 다 없어지고 전자책으로 대체된다고 해도 불만은 없다.

하지만 전자책으로 바뀌어도 오감을 동원한 책 읽기가 가능할지에 대해서는 의문이다. 기술이 날로 발전하고 있으니 본깨적 책 읽기의 기본인 메모는 전자책도 가능하다. 하지만 종이책을 넘길 때의 촉감도 살릴 수 있을까? 지금으로서는 스마트폰 화면에 손가락을 대거나 마우스를 클릭할 때 종이책을 넘길 때와 같은 따뜻한 촉감을 느끼기 어렵다. 기계적인 차가운 촉감은 온몸의 세포를 활성화하는 데 한계가 있다. 기술적으로 전자책에서 종이책의 촉감을 재현하기만 한다면, 그래서 전자책에서도 오감을 동원한 책 읽기가 가능하다면 언제라도 전자책을 볼 준비가 되어 있다.

손으로 읽기와 함께 적극적으로 추천하고 싶은 책 읽기 방법이 '낭독'이다. 소리 내어 책을 읽으면 집중도 잘되고, 책의 내용이 머릿속에 더 쏙쏙 잘 들어온다. 소리 내 읽으면 우리 몸의 모든 감각이 활성화되기 때문이다. 눈으로 글을 보고, 성대를 울려 입으로 소리를 내고, 입에서 나온 소리를 귀로 듣고 뇌에 전달하면서 자연스럽게 책과 동화되며 책 내용을 몸으로 이해하게 된다.

사실 우리 선조들은 아주 오래전부터 낭독을 해왔다. 하늘 천, 따 지, 검을 현, 누를 황 등 한 자 한 자 목소리를 가다듬고 소리를 내어 책을 읽었다. 그렇게 온몸으로 책을 읽을 때 기억도 잘되고 책을 읽는 재미도 더 크다는 것을 알았기 때문일 것이다.

소리 내 읽던 문화가 눈으로 읽는 것으로 바뀐 지는 얼마 되지 않는다. 전 세계적으로 보면 문맹률이 감소하고 책이 보편화된 근대 이후부터 묵독이 대중화되었으니 길게 잡아도 200년 남짓에 불과하다. 수천 년에 달하는 낭독의 역사와는 비교할 수조차 없을 정도로 짧은 역사다.

낭독의 역사가 말해주듯이 온몸을 이용해 소리 내 읽었을 때의 효과는 아주 크다. 물론 오늘날 소리 내 읽기란 쉬운 일이 아니다. 지하철이나 도서관 등 사람들이 많은 곳에서는 말할 것도 없고, 집에서도 혼자 있으면 모를까, 가족들이 있는데 소리 내 책을 읽기란 어색하고 부담스러운 일이다. 하지만 책 내용이 머릿속에 잘 들어오지 않을 때는 조그맣게라도 소리 내 읽어보거나 중요한 구절만이라도 소리 내 읽어볼 것을 권한다. 훨씬 기억에 오래 남고, 책에서 전하는 메시지와 감동도 더 강렬하게 느낄 수 있을 것이다.

상상력을 키우는 오감 동원 책 읽기

본깨적 책 읽기는 보고, 깨닫고, 적용하는 책 읽기다. 그래서 더더욱 오감을 동원할 필요가 있다. 눈으로만 읽으면 책 내용을 볼 수는 있지만 깨닫는 데는 한계가 있다. 온몸의 감각을 총동원해 저자나 책에 등장하는 주인공과 나를 일체화해서 느끼고 생각해야만 마음을 울리는 깨달음을 얻을 수 있다. 책은 책, 나는 나라고 생각하면 책을 읽어도 감흥을 느끼기가 어렵고, 책에서 얻은 메시지나 지식을 실생활에 적용하기도 어렵다.

오감을 동원했을 때 더 깊은 깨달음을 얻을 수 있는 이유는 상상력을 발휘해 머리와 가슴으로 책 내용을 받아들이며 읽기 때문이다. 나는 어떤 책을 읽든 상상력을 발휘해 저자와 가상의 대화를 나누는 것을 즐긴다. 그렇게 있는 힘껏 오감을 동원해 마치 저자가 옆에 있는 것처럼 상상하며 교류하면 위안을 얻기도 하고, 풀리지 않던 골치 아픈 문제를 해결할 수 있는 실마리를 얻기도 한다.

안경원에서 일할 때 김성환 씨가 쓴 『절대긍정』을 재미있게 읽고 업무에 적용했던 적이 있다. 김성환 씨는 메트라이프 창립부터 2008년 이 책을 쓰기까지 52개월 연속 전 세계 지점 중 매출 1위를 달성한 장본인이다. 영업 첫 달부터 전국 1위, 입사 6개월 만에 대한민국 최연소 MDRT(Million Dollar Round Table)에 가입한 이력의 소유자이기도 하다.

『절대긍정』을 읽으면서 어떤 어려운 상황에서도 자신의 믿음을 포기하지 않고 해결할 수 있다는 신념을 갖고 행동하는 저자에게 많은 것을 배울 수 있었다. 특히 '11전 12기 제주도 원정기'는 당시 고객 유치에 큰 어려움을 겪었던 나에게 큰 자극이 되었다.

'11전 12기 제주도 원정기'의 내용은 다음과 같다. 제주도는 섬 특유의 배타적인 성향이 있어 육지 사람을 좋아하지 않는 편이라고 한다. 그런 제주도에서 서울에서 원정 온 김성환 씨가 경계의 대상이 된 것은 불을 보듯 뻔한 일이었다. '의사'를 타깃으로 삼겠다는 목표는 있었지만 구체적인 가망고객 DB가 없던 터라, 김성환 씨는 무작정 병원을 찾아다녔다. 동료들과 함께 요구르트를 사 들고 어느 산부인과를 찾은 첫날, 원장은 사촌이 보험회사에 다닌다는 이유로 바로 거절했다. 그때부터 그의 11전 12기는 시작된다. 수없이 거절을 당하면서도 끝까지 해보자는 생각에 병원을 또 찾고 찾았다.

여덟 번을 방문하고 거절당하자 함께 갔던 동료가 지쳐 포기하자고 했다. 힘이 들기야 그도 마찬가지였지만 포기하고 싶지 않았고, 그래서 계속 찾아갔다. 드디어 열한 번째 방문하던 날 마침내 원장이 계약서에 사인을 했다. 비록 월 3만 8000원의 작은 계약이었지만 그동안의 모든 수고를 보상하고도 남을 가치가 있는 계약이었다고 한다.

책을 읽는 내내 김성환 씨가 낯선 제주도에서 고군분투하는 모습이 생생하게 그려졌다. 열한 번을 방문해 결국 고객을 유치했다는 이야기에 흠뻑 빠져들었던 것은 나도 비슷한 경험이 있었기 때문이다. 안경원에서 일할 때 고객을 찾아다니며 고객 유치를 했던 적이 있는데, 세 번 거절당하고 녹다운이 되어 다시 시도할 엄두도 내지 못했다.

나는 세 번 거절당하고 포기했는데, 김성환 씨는 어떻게 열 번을 거절당했는데도 포기하지 않고 웃는 얼굴로 다시 갈 수 있었을까? 그 답을 찾기 위해 저자에게 끊임없이 질문하며 책을 읽고, 조언을 구했다. 오감을 동원해 저자와 소통하면 어렵지 않게 답을 찾을 수 있다. 저자가 책에 쓴 내용에 의하면 영업을 하다 보면 잡상인 취급을 받거나 험한 말을 듣고 마음을 다치는 일이 허다하다고 한다. 100명을 찾아가면 그중 반응을 보이는 사람이 고작 7명에 불과하고, 계약이 성사되는 경우는 그 7명 중의 20퍼센트, 즉 1.5명에 그친다고 한다.

"영업의 기본 자세는 거절을 당해도 당당하게 다가가는 자신감입니다. 연애를 할 때 사랑하는 사람의 마음을 얻기 위해 진심을 다해 전력투구하듯이 고객에 다가가야 고객의 마음을 얻을 수 있습니다."

질문에 친절하게 대답해주는 저자의 목소리가 들리는 듯했다. 이렇게 저자와 가상의 대화를 즐기며 책을 읽으면 깨닫고 적용하기가 한결 쉬워진다.

이제부터 여러분도 저자와 대화를 해보라고 권하고 싶다. 처음에는 어색해서 잘 안 되지만 어색함을 덜고 편하게 대화할 수 있는 좋은 방법이 있다. 인터넷에서 저자의 사진을 찾아 출력한 후 저자의 얼굴을 보면서 이야기를 하는 것이다. 좀 더 생생한 대화를 원한다면 유튜브에 있는 저자의 강연을 들어보는 것도 좋다. 강연을 하지 않는 저자라면 어쩔 수 없지만 저자의 강연을 들으면 좀 더 친밀감을 느껴 가상의 대화를 나누기가 한결 편해질 것이다.

인문학 책 읽기, 비슷하면서도 다르다

"철학책을 읽고 있는데 너무 어려워요. 몇 번 읽을 생각으로 중요한 부분만 읽고 넘어갔더니 내용을 더 모르겠어요."

"재미있는 소설책은 읽기는 쉬운데, 막상 본깨적을 하려고 하니 난감하네요. 등장인물도 가물가물하고, 아주 기본적인 줄거리 외에는 잘 생각이 안 나요. 분명 감동도 있는데, 막상 깨달은 것과 적용할 것을 정리하려면 어떻게 해야 할지 모르겠어요."

가끔 이런 이야기를 하는 분들을 만난다. 책은 크게 인문학 서적과 비인문학 서적으로 구분할 수 있다. 철학과 문학은 역사책과 더불어 대표적인 인문학 서적에 속한다. 이외 경제경영서, 자기계발서, 건강서, 자녀교육서, 실용서 등 다양한 분야의 책들은 비인문학 서적으로 분류된다.

본깨적 책 읽기는 기본적으로 분야와 상관없이 모든 책에 적용할 수 있는 독서법이다. 하지만 정보와 메시지를 명료하게 전달하는 비인문학 도서에 좀 더 최적화된 독서법인 것도 사실이다. 그래서 인간의 삶에 근본적인 질문을 던지고 성찰하는 인문학 책을 읽을 때는 본깨적 책 읽기를 적용하기가 어렵게 느껴질 수도 있다.

인문학 책을 제대로 읽으려면 기본적인 본깨적 책 읽기만으로는 부족하다. 필요한 부분만 골라 읽거나 중요한 부분을 집중적으로 읽는 방식으로는 책 내용을 이해하기가 어렵다. 그렇다고 지나치게 부담스러워 할 필요도 없다. 문학, 철학, 역사 등 분야별로 몇 가지 사항만 유념해서 읽어도 충분히 이해할 수 있기 때문이다.

문학책, 이렇게 읽으면 재미도 깨달음도 두 배

개인적으로는 인문학을 시작할 때 문학책부터 볼 것을 권한다. 철학책과 역사책에 비해 상대적으로 재미와 감동을 느끼기 쉽기 때문이다. 하지만 문학책도 읽기는 만만치 않다. 특히 현대문학이 아닌 고전문학이라면 읽기가 더 어려울 수도 있다. 시대적 배경이 달라 아무래도 등장인물들의 고민과 살아가는 방식을 이해하는 데 한계가 있기 때문이다. 한국문학이 아닌 동양문학과 서양문학의 경우에는 등장인물들의 이름조차 기억하기 어려워 진도가 안 나갈 수도 있다.

그렇다면 어떻게 해야 문학책을 제대로, 잘 읽을 수 있을까? 방법이 있다. 첫째, 저자의 생애와 업적, 둘째, 시대적 상황, 셋째, 소설의 플롯,

세 가지를 알아보고 파악하면 된다. 이 세 가지만 잘 파악하면 작가가 소설을 쓴 이유를 알게 되어 등장인물의 사건, 갈등, 해결 구조를 쉽게 이해할 수 있다. 또한 등장인물들을 통해 저자가 전달하고자 하는 메시지를 파악하기도 쉬워진다. 최근에 필자가 읽은『오만과 편견』이라는 책을 예로 들어 문학책 읽는 방법을 알아보자.

첫째, 저자의 생애 업적 알아보기

문학은 사실을 바탕으로 적당히 상상을 가미해 재구성한 것이든 완전히 작가의 상상력만으로 이야기를 엮어낸 것이든 작가가 추구하는 삶의 가치나 생각이 녹아있기 마련이다. 따라서 저자가 어떤 사람인지를 이해하면 책을 읽는 데 도움이 된다. 저자에 대한 기본적인 정보는 책을 보면 알 수 있다. 저자를 좀 더 깊이 있게 이해하려면 인터넷을 검색하거나 저자의 블로그, 서평을 올린 사이트를 둘러보는 것이 좋다.『오만과 편견』의 작가 제인 오스틴에 관해 내가 찾은 자료는 다음과 같다.

> 1775년 영국의 햄프셔 주 스티븐턴에서 목사인 조지 오스틴의 6남 2녀 중 일곱 번째 차녀로 태어났다. 어려서 아버지에게 교육을 받았고, 학교 교육은 9세 때 2년 동안 받은 것이 전부였다. 문학 애호가였던 아버지의 권유로 문학작품을 읽게 된다. 헨리 필딩, 새뮤얼 리처드슨, 패니 버니의 소설을 즐겨 읽었다. 일생을 독신으로 살았고, 42세를 일기로 병사하여 그곳 성당에 묻혔다.

둘째, 시대적 상황 파악하기

시대가 변함에 따라 삶을 살아가는 방식은 물론 중요하게 생각하는 가치가 달라지기 마련이다. 따라서 문학책의 배경이 되는 시대적 상황을 제대로 파악하지 못하면 내용을 이해하기도 어렵고, 등장인물의 생각과 감정을 공감하기도 어렵다. 단 5분이라도 좋으니 시대적 상황을 파악한 다음 책을 읽으면 한결 이해하는 데 도움이 될 것이다. 『오만과 편견』의 시대적 배경은 다음과 같다.

> 제인 오스틴이 살던 시기에 영국은 17세기 정치적 격동기를 보내고 사회의 안정을 회복하였으나 농업사회에서 산업사회로 변모해가고 있었으며 귀족사회에 반대하는 새로운 이념이 자리를 잡아가고 있었다.

셋째, 소설의 플롯 파악하기

플롯이란 다른 말로 '구성'이라고도 한다. 엄밀하게 따지면 플롯이 곧 구성이라 할 수는 없지만 어떤 인물들을 등장시켜, 어떤 이야기를, 어떻게 전개할 것인지를 구성하는 것을 플롯이라 말한다. 이것은 소설을 다 읽기 전에는 제대로 파악하기 어렵다. 하지만 플롯을 구성하는 한 요소인 인물은 책을 본격적으로 읽기 전에 미리 파악해두는 것이 좋다. 특히 우리나라 소설이 아닌 외국 소설의 경우 생소한 이름과 지명 탓에 내용이 잘 이해되지 않을 때가 많다. 이때 미리 등장인물의 구조도를 그려두면 책을 읽는 데 큰 도움이 된다. 국내 문학작품도 등장인물의 숫자와 지명이 많으면 구조도를 만들어보자. 한결 작품을 이해하기가 쉽다. 다음 그림은 『오만과 편견』 등장인물들과 갈등 구조를 그린 예다.

「오만과 편견」 등장인물과 갈등 구조도

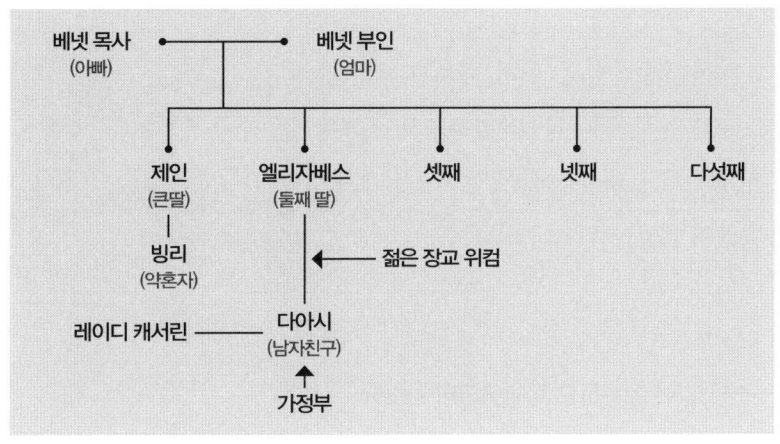

역사를 이해하면 역사고전을 읽기가 쉽다

인문학 중 빼놓을 수 없는 분야가 '역사'다. 하지만 역사는 인문학 책 중에서도 특히 손이 잘 안 가는 분야다. 사실 몇몇 소수를 제외하면 대부분 역사에 이렇다 할 관심이 없다. 그저 나와는 상관없는 과거에 일어난 일들이라 생각할 뿐이다. 어쩌다 관심을 갖고 역사책을 손에 잡아도 내용이 어렵고 딱딱해 끝까지 읽기가 쉽지 않다.

역사책은 끝까지 읽는 것도 중요하지만 제대로 읽는 것이 더 중요하다. 제대로 읽지 않으면 역사를 통해 저자가 무엇을 말하려 하는지 파악할 수가 없다. 역사고전을 잘 이해하기 위해서는 무엇보다 역사의 가치를 아는 것이 중요하다. 『두산백과사전』에서 정의한 역사는 "인간이 거쳐온 모습이나 인간의 행위로 일어난 사실 또는 그 사실에 대한 기록"이다.

그렇다면 인간은 왜 역사를 기록했을까? 그 이유를 한두 가지로 설명하기는 어렵겠지만 결국 우리는 인간의 개인적인 문제뿐 아니라 인간 본질을 알기 위해 역사를 배우고, 과거를 통해 현재를 알고 미래의 방향을 찾아간다고 할 수 있다. 역사를 아는 것이 곧 나를 아는 것이고 역사를 통해 현재의 문제를 해결하고 미래의 방향을 잡을 수 있다는 것을 알면, 역사책에 대한 관심이 절로 높아지고 그만큼 역사책을 읽는 재미도 더 많이 느낄 수 있을 것이다.

끊임없이 질문하고 재해석하며 읽는다

역사책은 수많은 시간을 압축한 결과물이나 마찬가지다. 그래서 읽기도 힘들지만 책을 쓰는 것도 결코 만만한 작업이 아니다. 위대한 역사가 중 한 사람인 아놀드 토인비(Arnold J. Toynbee, 1889~1975) 박사는 『역사의 연구』라는 책 12권을 27년 만에 마무리했다. 1934년에 1~3권을 출간한 이래 4권부터 6권이 1939년에, 7권부터 10권은 1954년에, 그리고 마지막 두 권이 1961년에 출간된 것이다. 가치 있는 제대로 된 역사책을 저술하기가 얼마나 어려운 일인지를 단적으로 보여주는 좋은 예다.

긴 역사를 책 몇 권에 압축하다 보면 어쩔 수 없이 생략되거나 설명이 충분치 않은 경우가 생길 수밖에 없다. 따라서 그냥 읽기만 하면 내용을 제대로 이해하기 어려울 수 있기 때문에 끊임없이 질문을 하며 읽어야 한다. 왜 그 시대에는 사람들이 그런 결정을 했는지 스스로 질문하고 답을 구하면서 읽어야 역사를 제대로 이해할 수 있다. 그렇게 치열하게 질문을 하면서 읽다 보면 그 시대와 그 시대를 산 사람들이 전하는 메시지를 알 수 있다.

역사는 단순한 사실의 나열이 아니다. 우리가 역사책을 읽는 중요한 이유 중의 하나는 역사를 통해 현재를 점검하고 올바른 미래를 만들 수 있기 때문이다. 따라서 역사 속에 일어난 사건들을 현재와 미래의 관점에서 재해석하며 읽을 필요가 있다. 시대와 상황은 달라도 역사는 되풀이된다. 과거에 일어났던 어떤 일들이 비슷한 형태로 현재에 나타나고, 미래에도 나타난다. 역사에 관심을 가져야 하는 이유도 이 때문이다. 과거에 일어난 일들을 다양한 관점에서 재해석하다 보면 현재의 삶을 어떻게 살아야 할 것인지가 자연스럽게 보인다. 역사책은 사실에 충실한 책이지만 읽을 때는 사실을 제대로 이해함과 동시에 어떻게 재해석해 현실에 적용할 것인지를 고민하며 읽어야 한다.

철학책, 생각을 많이 할수록 더 많은 것이 보인다

철학, 즉 필로소피(philosophy)란 원래 그리스어의 '필로소피아(philosophia)'에서 유래한 말로, 필로(philo)는 '사랑하다' '좋아하다'라는 뜻의 접두사이고 소피아(sophia)는 '지혜'라는 뜻이다. 두 단어를 합하면 필로소피아는 결국 지(知)를 사랑하는 것, 즉 '애지(愛知)의 학문'이라 말할 수 있다. 지혜를 사랑하는 학문이라는 말에서부터 쉽지 않은 분야라는 느낌이 든다. 개인적으로도 문학, 역사, 철학 중 철학이 가장 어렵다고 생각한다. 시대와 지역을 뛰어넘어 삶 전체를 관통하는 근원적인 문제를 돌아보고 삶을 살아가는 지혜를 구하는 학문이다 보니 어려운 것이 당연하다.

철학책을 제대로 읽기는 쉽지 않다. 나 또한 다른 분야에 비해 철학책을 많이 읽지 못했고, 어떻게 하면 잘 읽을 수 있는지도 잘 모른다. 큰 도움은 안 되겠지만 조금이라도 철학책을 읽는 데 도움이 되기를 바라는 마음에서 짧은 경험을 통해 터득한 몇 가지 방법을 소개한다.

꼭꼭 씹어가며 읽는다

나의 경우 철학책 이외의 책을 읽을 때는 대부분 속도가 빠르다. 처음부터 그랬던 것은 아니지만 책 읽기가 숙달되면서 웬만한 책은 몇 시간이면 다 읽는다. 하지만 철학책을 읽을 때만큼은 시간이 배로 걸린다. 내용이 머릿속에 완전히 들어올 때까지 읽고 또 읽기 때문이다. 기본적인 내용뿐만 아니라 행간의 의미까지 염두에 두고 그야말로 꼭꼭 씹어가며 읽는다.

인문학 책들은 대개 빠르게 읽거나 골라 읽어서는 내용을 제대로 이해하기 어려운데 철학책은 특히 더 그렇다. 인간의 삶에 대한 근원적인 문제를 다루는 학문인 만큼 꼭꼭 씹어서 읽지 않으면 내용을 이해할 수도 없고 잘못하면 체한다.

꼭꼭 씹어가며 읽는다는 것은 의미를 생각하며 여러 번 반복해서 읽는다는 뜻이다. 이해가 잘 안 가는 내용을 여러 번 읽고 또 읽는다고 이해가 될까 의심스러울 수도 있다. 하지만 우리 옛 선조들은 대부분 이런 방식으로 책을 읽었다. 이해가 될 때까지 의미를 생각하며 읽고 또 읽다 보면 어느 순간 머릿속이 환해지면서 의미를 통달하는 순간이 온다.

물론 이런 방법으로 읽다 보면 책 한 권을 읽는 데 몇 달이 걸릴 수도 있다. 진도가 너무 나가지 않아 중도에 지쳐 포기할 위험도 적지 않다. 하지만 그렇게 한 권을 읽으면 그다음부터는 조금은 수월해지니 철학에 대해 어느 정도 깊이가 생길 때까지는 꼭꼭 씹어가며 읽기를 고수하기 바란다.

자신의 생각을 돌아보며 읽는다

나는 주로 생각이 막힐 때, 아무리 고민해도 더 이상 다른 것이 보이지 않을 때 철학책을 찾는다. 철학책을 읽다 보면 내가 고민했던 문제들을 풀 수 있는 실마리를 잡을 수 있기 때문이다.

자신의 생각에는 한계가 있다. 자신이 직접적이든 간접적이든 경험해서 확인한 생각이 아니면 신뢰하지 않는 것도 문제고, 새로운 생각을 하고 싶어도 이미 자기도 모르는 사이에 자기 생각의 틀에 갇혀 더 이상 생각을 확장하지 못하는 것도 문제다.

철학책은 자신의 생각을 확인하기 위해 읽는 책이 아니다. 내가 고민하는 문제들을 나보다 시대를 앞선 사람들 혹은 동시대를 살아가는 사람들이 어떻게 고민하고 해결했는지를 알기 위해 본다. 실제로 철학책은 자신의 생각을 다시 돌아보고 확장할 수 있도록 도와준다. 박민영 씨가 쓴 『책 읽는 책』에 보면 철학에 대해 이렇게 소개한다.

> 철학서는 세계를 어떻게 바라볼 것인가 하는 문제, 즉 인간의 세계관을 가장 직접적으로 다루는 책이다. 세계가 어떤 과정을 통해 인간에게 해석되는지도 문제 삼는다. (…)
> 그래서 철학서를 읽은 사람은 '나는 이렇게 생각한다'는 것을 뛰어넘어

'내가 이렇게 생각하는 이유는 무엇일까?' 하고 자문하게 된다. 자신의 생각을 다시 생각하게 하는 것이 철학이다.

철학에 대한 정의는 다양하지만 이렇게 명쾌하게 정리한 것도 드물다. "자신의 생각을 다시 생각하게 하는 것이 철학"이라면 당연히 철학책을 읽을 때는 자신의 생각을 돌아보며 읽어야 한다. 지금껏 당연하게 생각했던 것도 '왜 그렇게 생각하는지' 다시 한 번 생각해보면 세상을 좀 더 깊이 있게 이해하고 자신의 철학 세계를 확장하는 데 도움이 된다.

4

×

북 바인더,
책과 삶을 하나로 묶다

'원 북, 원 메시지, 원 액션(One Book, One Message, One Action)'을 실천하기는 쉽지 않다. 과한 욕심은 오히려 실천을 방해하므로 책 한 권에서 하나씩만 꾸준히, 확실하게 실천하는 것만으로도 삶은 충분히 변한다.

북 바인더가
독서 습관을 만든다

나에게 본깨적 책 읽기를 가르쳐준 강규형 대표가 쓴 『성공을 바인딩하라』라는 책을 처음 보았을 때의 충격이 지금까지 생생하다. 분명 책은 책인데 보통 책과는 달랐다. 책이라기보다는 스프링 노트와 비슷한 모습이었다. 스프링 노트처럼 가로로 구멍이 20개 나 있고, 그 구멍으로 열고 닫을 수 있는 스프링이 연결되어 있었다.

바인더처럼 구성된 책 모양도 흥미로웠지만 저자의 이력에 더 관심이 갔다. 저자는 지방대를 졸업하고 이랜드에 취직했다. 입사 성적은 좋지 않았다. 총 352명 중 꼴지나 다름없는 성적으로 간신히 입사했다. 하지만 들어가서는 달랐다. 352명 중 서른다섯에 본부장이 된 사람은 단 두

명이었는데, 그중 한 명이 강규형 대표였다.

이랜드에서 정점을 찍고 퇴사해 강규형 대표는 보험 영업을 시작했다. 열심히 최선을 다했는데도 첫 월급은 고작 120만 원이었다. 변화가 필요했다. 그는 이랜드에서 배웠던 바인더 시스템을 회사가 아닌 자신에게 적용했고, 10개월 만에 지점에서 일등이 되었다. 월급도 120만 원에서 5000만 원으로 훌쩍 뛰었다.

어떻게 콤플렉스 투성이었던 지방대 출신이 최하위 성적으로 입사한 회사에서 서른다섯에 본부장이 될 수 있었을까? 어떻게 보험 영업을 시작한 지 10개월 만에 지점 최고의 보험인으로 성장할 수 있었을까? 강 대표는 그 비밀이 '바인더'에 있다고 밝혔다.

바인더는 단순히 일정을 기록해두는 다이어리가 아니다. 분명한 목표를 세우고 그에 따라 어떻게 시간을 쓸 것인가를 계획하고 실행할 수 있도록 도와주는 적극적인 시간 관리 시스템이다. 시간 관리뿐만 아니라 꿈을 이루거나 업무를 수행하는 데 필요한 지식을 체계적이고 효율적으로 관리해주는 역할도 한다. 바인더를 알면 알수록 바인더와 함께라면 이루지 못할 것이 없겠다는 생각이 들었다.

북 바인더는 원래의 바인더를 본깨적 책 읽기에 맞게 특화한 것이다. 바인더의 장점을 그대로 살리면서도 본깨적 책 읽기의 효과를 극대화할 수 있도록 구성되어 있다. 무엇보다 북 바인더의 가장 큰 기능 중 하나는 독서 습관을 만들어준다는 것이다. 본깨적 책 읽기가 아무리 삶을 변화시키는 힘을 갖고 있더라도 책을 꾸준히 읽지 않으면 무용지물이다. 이미 독서 습관이 몸에 밴 사람들은 특별히 계획을 세우지 않아도 매일 꾸준히 책을 읽을 수 있지만 작정하고 모처럼 책을 읽기 시작하는 사람들에겐 도움이 필요하다. 독서 습관을 만드는 데 북 바인더가 훌륭한 도우미 역할을 할 것이다.

북 바인더 = 독서 습관 + 지식 자서전

북 바인더는 크게 두 영역으로 구성되어 있다. 하나는 책 읽는 습관이 몸에 밸 수 있도록 도와주는 역할을 하고, 다른 하나는 지식 자서전 역할을 한다. 두 가지 모두 중요한 역할이다. 특히 본깨적 책 읽기는 책 읽기가 습관화되어 책을 많이 읽는 것 못지않게, 책을 읽으면서 내용도 충실히 파악하고 책에서 깨달은 내용을 적용하는 것도 중요하다. 기본적으로 책의 핵심 내용을 정리하고, 두고두고 읽고 싶은 좋은 글과 일상에 적용할 아이디어를 적어놓으면 이 모든 것이 훌륭한 나만의 지식 자서전이 될 수 있다.

아래 사진은 필자가 5년에 걸쳐 만들어온 북 바인더들이다. 한 권 한 권 쌓여갈 때마다 인생의 흔적들이 쌓이는 기쁨을 느끼고, 삶이 조금씩 변화해간다는 것을 실감한다.

목표를 적으면 현실이 된다

　　　　　　　　　　　습관적으로 책을 읽으려면 목표가 분명해야 한다. 나쁜 습관은 특별한 목표 없이도 이상하게 잘 만들어지지만 안타깝게도 변화에 도움이 되는 좋은 습관은 그렇지 않은 경우가 많다. 의식적으로 목표를 떠올리며 수없이 반복해야 습관이 된다. 그러려면 일단 목표부터 바인더에 적어야 한다. 머릿속으로만 목표를 생각할 때와 종이에 적었을 때의 결과가 크게 다르기 때문이다. 종이에 적었을 때 목표를 이룰 확률이 훨씬 높다. 이를 입증하는 연구 결과가 있다.
　　1979년 하버드경영대학원에서는 졸업생들을 대상으로 "명확한 장래 목표를 설정하고 기록한 다음 그것을 성취하기 위한 계획을 세웠는가?"라는 질문을 했다. 목표와 계획을 세우고 종이에 기록한 졸업생은 전체의 3퍼센트에 불과했다. 13퍼센트는 목표는 있었지만 종이에 기록하지는 않았고, 나머지 84퍼센트는 학교를 졸업하고 여름을 즐기겠다는 것 외에 구체적인 목표가 없었다.

10년 후 연구자들은 1979년에 인터뷰를 했던 졸업생들을 대상으로 또다시 인터뷰를 했다. 목표를 세웠는가에 따라 사회적으로 성공한 정도가 달랐고, 목표를 세웠더라도 종이에 기록했느냐 아니면 머릿속에만 담아두었느냐에 따라 결과는 크게 차이가 났다. 목표는 있었지만 종이에 기록하지 않은 졸업생은 아예 구체적인 목표가 없었던 84퍼센트에 비해 수입이 2배 많았다. 종이에 목표를 기록했던 졸업생들은 더욱 놀라운 결과를 보여주었다. 3퍼센트에 불과했던 그들은 나머지 97퍼센트에 비해 10배 이상의 수입을 올리고 있었다.

목표를 종이에 기록했느냐 안 했느냐의 차이는 이렇게 크다. 물론 종이에 기록했다는 것 자체가 성공을 불러오지는 않았을 것이다. 하지만 종이에 기록해두면 아무래도 자꾸 보게 되고, 그때마다 목표를 생각하고 목표를 이루려는 노력을 하게 된다. 그렇게 하루 이틀 꾸준히 노력하다 보면 노력이 습관이 되고, 그 습관이 쌓여 목표를 이루게 만들었을 것이다.

습관을 만들기 위한 목표는 거창할 필요는 없다. '책을 읽고 삶을 바꾸겠다' '독서경영을 통해 성공하겠다'와 같이 거창한 목표는 오히려 습관을 만드는 데 부담으로 작용할 수도 있다. '일주일에 책 한 권 읽기' '한 달 동안 업무와 관련한 책 5권 읽기'처럼 현실적이고 결과가 금방 나타날 수 있는 목표를 세우는 것이 좋다.

평생 책 읽기 플랜(Life Plan for Book Reading)

작성일: 2013년 3월 2일   작성자: 박상배

정량적 목표	20,000권	독서 좌우명	책이 주는 바다에 빠지다면 세상에 나아가는 큰 배에 승선하는 것이다.				
정성적 목표	세상 사람들에게 책을 통해 희망을 주는 봉사자가 되자						
	20대	30대	40대	50대	60대	70대	80대 이후
					역할 모델	로버트 허쉬스 총장	
10년 단위 목표 - 분야의 전문가 - 분야의 책 출간 - 회사 설립 - 활동		독서 강사 되기 독서법 500권 정리 기업독서경영 론칭	독서경영 강사 과정 개설 독서 강사 300명 양성 독서 분야 5권 집필 자기경영 전문가 되기	전국 나비 10만개 전국민 독서 12권	하루 8시간 강의하는 체력 후진양성 1000명 대학생 부멘토	1주일 3일 강의 1주일 4일 NGO 활동	분야별 책 정리 3년 단위 책 집필
목표 달성을 위한 연간 독서량 목표	주당 권 연간 권 10년간 권	주당 4권 연간 200권 10년간 2000권	주당 6권 연간 300권 10년간 3000권	주당 6권 연간 300권 10년간 3000권	주당 6권 연간 300권 10년간 3000권	주당 6권 연간 300권 10년간 3000권	주당 6권 연간 300권 10년간 3000권
내가 키워야 할 능력		독서 습득 능력 독서 정리 능력 독서 코칭 능력	팀 코칭 능력 책 집필 능력 자기경영 전문가 되기 하루 3분 운동 건강 식습관 구축	독서 협동조합 리더십 능력 하루 1시간 운동	하루 1시간 운동 세대별 소통 능력 안정적 자금 마련	하루 1시간 운동 독자와 함께 느끼마마 순종	사도바울 앙 존스토르 제자도
독서 전략 및 행동 계획 (겨울을 사재로, 시간 배분, 자녀교육 등)		새벽 2시간 독서 본계적 정리 론셋트화하기	새벽 2시간 독서 매일 1시간 집필 코칭 매일 1시간 가정을 서재로	새벽 2시간 독서 대학생 멘토 나비 육성하기	새벽 2시간 독서 기도 1시간 자녀교육	새벽 2시간 독서 자생적으로 돌아가는 독서 시스템 구축	나의 공부와 다른 사람을 돕기 위한 플랜 세우기

독서 계획을 구체적으로 세울수록 습관을 들이기 쉽다

생각만으로는 습관이 형성되지 않는다. 생각대로 행동하는 실천이 뒤따라야 한다. 생각을 행동으로 옮기는 일은 쉽지 않다. 특히 생각이 막연하면 더더욱 실천하기가 어렵다. '이제부터 틈나는 대로 열심히 책을 읽어야지'라고 막연하게 생각하면 며칠 못 가 흐지부지될 가능성이 크다.

실천 가능성을 높이려면 계획이 필요하다. 막연하게 '책을 읽겠다'가 아닌 '어떤 책을 언제까지 읽겠다'는 구체적인 계획이 필요하다. 계획이 구체적일수록 실행 가능성은 더 커진다. 북 바인더의 계획은 상당히 장기적이면서도 구체적이다. 평생 독서 계획표를 작성하고, 이어서 월간, 주간 계획표를 작성하도록 돕는다. 뿐만 아니라 이 모든 것이 가능하도록 체크리스트를 활용해 구체적으로 독서 계획을 세우도록 돕고 있다.

첫째, 평생 독서 계획표 작성하기

독서 계획을 잡을 때는 큰 그림부터 그리는 것이 순서다. 우선 평생 독서 계획표부터 작성하자. 옆 페이지 표는 필자의 평생 독서 계획표다. 평생 독서 계획표를 보면 정량적 목표와 정성적 목표를 적는 난이 있다. 정량적 목표에는 평생 몇 권을 읽을지 총합을 적으면 되고, 정성적 목표에는 책을 읽는 목적을 적으면 된다. 책을 평생 읽기 위해 필요한 독서 좌우명과 역할 모델을 잘 생각해보고 적어 넣는다.

그다음에는 10년을 주기로 현재 나이에서 80대 이후까지 독서 계획을 세운다. 필자의 경우 독서경영을 지도하는 업무 특성상 독서 목표가 다른 사람보다 높다. 평균적으로 한 주에 6권 정도를 읽고 있으니 한 달을 5주로 계산하면 한 달에 30권을 읽는 셈이다. 따라서 1년이면 $30 \times$

12=360권을 읽을 수 있지만 12개월 중 약 2개월은 업무가 너무 바빠 책을 읽지 못할 수도 있다. 여유 있게 1년에 10개월만 매달 30권씩 읽는 것으로 계산하면 300권이라는 숫자가 나온다. 이를 기준으로 하면 10년마다 3000권을 읽을 수 있다는 계산이 나온다.

10년을 주기로 독서 목표량을 정하는 것도 중요하지만 10년 단위로 어떤 분야의 전문가가 될 것인지 자신의 방향을 적고 그에 따른 업무 관련 도서를 정해서 읽는 것도 중요하다. 특히 자신이 그 분야의 전문가가 되기 위해 어떤 능력을 키워야 하는지도 고민해서 적어두도록 한다. 마지막으로 독서 전략과 행동 계획도 정리해본다. 상세할 필요는 없지만 언제 어떻게 시간을 내서 책을 읽을지를 정해두는 것이다. 아무리 꿈이 높고 크더라도 실행할 수 있는 계획이 없다면 사상누각에 불과하다.

평생 독서 계획표를 처음 세울 때는 이 모든 과정이 조금 어려울 수도 있다. 하지만 조금만 생각하면 누구나 충분히 할 수 있으니 주말이나 평일 한가한 저녁 시간에 계획표를 작성해볼 것을 권한다.

둘째, 월간 독서 계획 세우기

평생 독서 계획표를 작성하고 나면 이제 큰 목표를 작은 목표로 나누어야 한다. 필자는 1년에 300권 읽는 것을 목표로 잡았지만 이는 어디까지나 업무 특성상 책을 많이 읽을 수밖에 없기 때문에 가능한 목표다. 필자가 현장에서 늘 권하는 1년 목표 권수는 50권이다. 한 달에 4권을 읽는 셈인데, 이 정도만 돼도 책 읽기가 충분히 습관이 되고 삶이 변할 수 있다.

이제 본격적으로 월간 독서 계획을 잡아보자. 월간 계획도 어떤 책을 몇 권 읽을지 구체적으로 적는 것이 좋다. 하지만 현실적으로 월초에 한 달 동안 읽을 책을 다 정해 제목까지 적기는 어렵다. '대화법에 관련된 책 4권 읽기'와 같이 어떤 주제의 책을 읽을 것인지 혹은 '책 4권 읽기'처럼 몇 권 읽을지만 정해도 괜찮다.

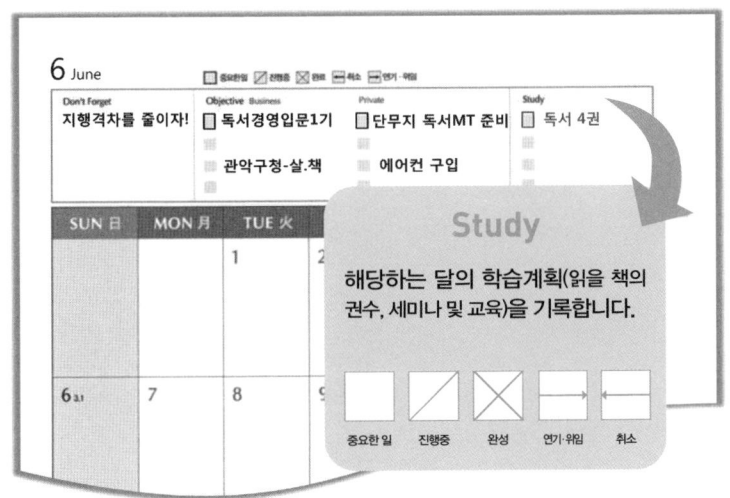

셋째, 주간 계획 세우기

월간 계획을 세웠으면 주간 계획을 잡을 차례다. 주간 계획을 잡을 때는 책을 미리 정해놓는 것이 좋다. 그렇지 않으면 일주일 중 하루 이틀은 책을 고르느라 책을 읽지 못하고 지나갈 수 있다. 책을 고르는 데 그치지 말고 얼마만큼의 분량을 읽을지 구체적으로 계획을 세우면 지키기가 쉽다.

책을 어느 정도의 기간에 다 읽을지를 정하면 하루에 대략 몇 페이지를 읽어야 하는지는 저절로 나온다. 예를 들어, 240페이지 분량의 책을 일주일 동안 읽을 계획이라면 하루에 240페이지 ÷ 7일, 즉 약 35페이지씩 읽으면 된다.

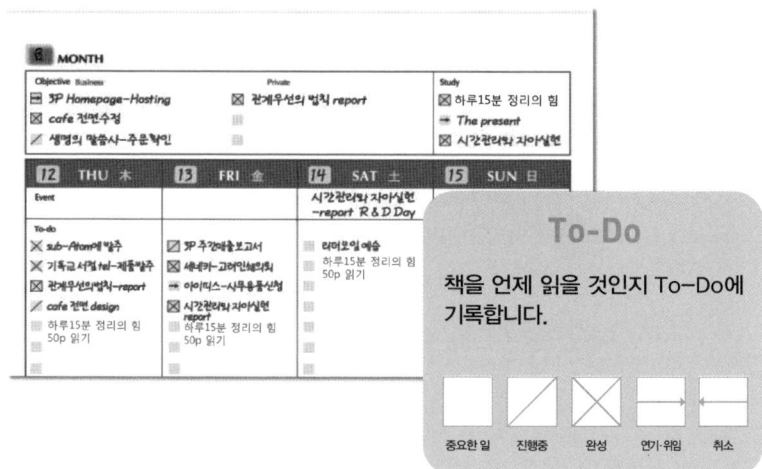

넷째, 일간 계획 세우기

일간 계획을 세울 때는 얼마만큼의 분량을 읽을 것인지뿐만 아니라 언제, 어느 정도의 시간을 투자해 읽을지까지 정하도록 한다. '하루에 30분씩 책을 읽겠다' 혹은 '퇴근 후 1시간씩 시간을 내서 책을 읽겠다' 정도로는 충분하지 않다. '저녁 9~10시' 혹은 '오후 12~1시'와 같이 구체적으로 정해야 한다. 막연하게 하루 30분, 1시간 정도로 정해놓으면 미루기도 쉽고, 바쁘다는 핑계로 건너뛰기도 쉽다. 미리 책 읽을 시간을 구체적으로 정해놓아야 실행하기도 좋고, 습관을 들이기도 좋다. 다음 표에서처럼 '점심시간인 오후 12~1시까지 1시간' 혹은 '퇴근 후 저녁 9~10시까지 1시간'과 같이 책 읽을 시간을 구체적으로 정해놓는 것이 좋다.

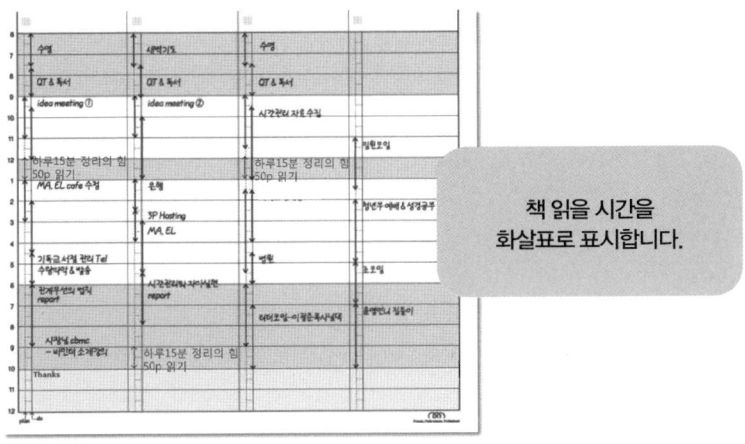

책을 읽고 체크가 필요하다

북 바인더에는 책을 읽고 본깨적 책 읽기 단계에 맞춰 제대로 읽었는지, 또 계획한 대로 책을 읽었는지를 점검할 수 있는 '체크리스트'가 준비되어 있다. 꼭 체크리스트를 작성할 필요는 없지만 적어도 본깨적 책 읽기가 습관이 들 때까지는 체크리스트를 작성하는 것이 좋다. 올바른 습관을 들이기 위해서는 그때그때 제대로 하고 있는지 체크해야 한다. 독서를 방해하는 잘못된 습관이 몸에 배어 있으면 더욱더 엄격히 체크하는 것이 필요하다. 자기도 모르는 사이에 잘못된 방향으로 움직여 의도와는 달리 잘못된 습관이 만들어질 수도 있기 때문이다.

북 바인더 체크리스트의 내용은 간단하다. 책을 읽기 전에 준비 과정을 거쳤는지, 책을 읽으면서 책 속 본깨적은 작성했는지, 계획했던 기간 동안 계획했던 분량을 다 읽었는지, 책 속 본깨적을 분류하고 마무리 양식지는 작성했는지 점검만 하면 된다. 체크리스트 중 One Message, One

Action을 적는 난도 있는데, 이는 책을 읽고 삶에 적용할 내용을 적는 곳이다. 실천한 내용을 적고 실천 여부를 체크하도록 되어 있는데, 이에 대한 자세한 이야기는 뒤에서 설명할 것이다.

이처럼 체크리스트는 점검을 통해 올바른 독서 습관을 만들 수 있도록 도와준다. 본깨적 책 읽기가 몸에 배면 굳이 이 작업을 하지 않고도 책 읽기를 제대로 할 수 있다. 그때까지만 번거롭더라도 책을 읽고 체크리스트를 작성할 것을 권한다.

체크리스트

도서명: 하루 15분 정리의 힘
저 자: 윤선현
출판사: 위즈덤하우스　　　　**기간:** 6.24 ~ 6.30

단계	Check						
Before Reading	☑ 귀접기(목차)　　☑ 귀접기(본문)　　☑ 양식지 작성 ☑ 책 속 본깨적 작성						
Reading	전체 페이지 (263) ÷ 7일 = 하루에 (38)페이지						
	월	화	수	목	금	토	일
	30 page	20 page	20 page	30 page	50 page	60 page	50 page
	○△×	○△×	○△×	○△×	○△×	○△×	○△×
After Reading	☑ 책 속 본깨적 분류　　☑ 양식지 작성						

One Msg.	One Action	21 days
정리를 통해 내 인생의 주인공이 되자!	매일 아침 15분 내 방을 청소 하자!	① ② ③ ④ ✗ ⑥ ⑦　　⑧ ⑨ ⑩ ✗ ⑫ ⑬ ⑭　　⑮ ⑯ ⑰ ⑱ ⑲ ✗ ㉑

피드백

매일 아침을 방청소로 시작하니 하루의 질서가 잡히는 느낌이다.
공간 정리가 습관이 완전히 잡히면 시간 정리를 시작해야겠다.

북 바인더로
나만의 지식 자서전을 만든다

책을 읽고 아무리 주옥같은 정보와 지식을 얻었더라도 제대로 활용하지 못하면 그 가치가 퇴색된다. 물론 책을 통해 얻은 모든 정보나 지식을 항상 활용할 수 있는 것은 아니다. 일상생활에서 매일 쓸 수 있는 것도 있지만 대부분은 가끔씩 혹은 어쩌다 한번 필요한 경우가 많다.

책 내용을 전부 머릿속에 기억해두었다 필요할 때 꺼내 쓰기란 불가능하다. 그래서 메모가 필요하다. 일찍이 아인슈타인은 "기억하기 위해서가 아니라 잊기 위해 메모를 한다"라고 말했다. 그 말을 처음 들었을 때 뒤통수를 맞은 느낌이었다. 그때까지만 해도 잊어버리지 않기 위해 메모를 한다고 생각했는데, 곧 아인슈타인의 말에 공감했다. 메모하고도 여전히 애써 얻은 정보나 지식을 잊을까 봐 전전긍긍한다면 메모하는 의미가 없다는 생각이 들었다. 평소에는 까맣게 잊고 있다 필요할 때 메모해두었다는 것을 기억하고 꺼내볼 수 있으면 충분하다.

메모해둔 내용을 필요할 때 꺼내 잘 활용하려면 메모만 잘해서는 안 된다. 관리를 잘해야 한다. 메모를 종류별로 잘 분류하고 관리해야 필요할 때 빨리 찾아 활용할 수 있다.

북 바인더는 분류와 정리의 달인

강규형 대표를 만나 바인더를 알기 전에도 책을 읽고 메모를 하기는 했다. 중요한 내용이나 인상 깊은 구절을 그때그때 적당한 곳에 메모해두었다. 메모지에 할 때도 있었고, 서류 빈칸이나 이면지 등 그때그때 눈에 띄는 종이를 찾아 메모하곤 했다.

그렇게 마구잡이로 한 메모는 아무런 도움이 되지 못했다. 어디에 메모했는지조차 기억하지 못하는 경우가 허다했다. 분명 버리지는 않았는데, 어디에 두었는지 몰라 필요할 때 찾지 못하다가 훗날 우연히 구석에 처박혀 있는 메모지를 보는 일이 한두 번이 아니었다.

좀 더 효율적으로 메모를 해야겠다는 생각에 다이어리에 메모를 하기도 했다. 다이어리에 메모를 하면서 메모지 자체를 잃어버려 낭패를 보는 일은 없어졌다. 하지만 메모한 내용이 많아지면서 점점 필요한 내용을 어디에 메모했는지 찾기가 어려워졌다. 다이어리를 첫 장부터 끝까지 뒤져야 겨우 찾고, 몇 번씩 뒤져도 결국 찾지 못하는 경우도 많았다.

메모한 내용을 찾느라 헤매는 일은 북 바인더를 만나면서 끝이 났다.

본깨적 책 읽기를 하면 메모할 내용이 많다. 본 것, 깨달은 것, 적용할 것은 기본이고, 책을 읽으면서 얻은 아이디어나 인상 깊었던 좋은 구절도 적어야 한다. 어떤 책을 읽었는지 목록도 작성해야 한다. 북 바인더는 본깨적 노트, 아이디어 노트, 좋은 글 등을 구분해 적을 수 있게 구성되어 있고 분류 카테고리는 필요에 따라 얼마든지 추가하고 통합하는 것이 가능하다.

이미 기본 카테고리가 구분되어 있어 분류가 쉬운데, 기록해둔 내용을 자유롭게 뺏다 원하는 부분에 다시 끼워 넣을 수 있어 더욱더 분류와 정리가 쉽다. 예를 들어 『청소력』과 『하루 15분 정리의 힘』은 주제가 비슷해 별도로 '청소'라는 카테고리를 마련해 분류할 수 있다. 『청소력』을 먼저 보고 다른 책을 10권쯤 읽다 『하루 15분 정리의 힘』을 읽었다면 『청소력』과 『하루 15분 정리의 힘』 사이에 10권의 책에 대한 본깨적 정리와 아이디어를 적은 내용이 있을 것이다. 바인더가 아닌 일반 노트나 다이어리에 적어놓았다면 『청소력』과 『하루 15분 정리의 힘』 내용을 옮겨 붙이기가 어렵다. 별도의 '청소'를 주제로 한 노트를 마련해 다시 옮겨 적는 방법밖에 없다.

또한 기존 내용에 새로운 내용을 추가하기도 쉽다. 본깨적 책 읽기는 재독을 기본으로 한다. 처음 책을 읽고 본깨적 노트를 작성했다 하더라도 다시 읽다 보면 미처 보지 못했던 중요한 내용을 발견해 추가하고 싶을 수 있다. 바인더가 아니라면 추가할 공간이 부족해 애를 먹겠지만 바인더를 활용하면 새로운 페이지에 정리해 해당 페이지가 있는 부분에 끼워 넣으면 간단하다.

정보나 지식을 잘 분류하고 정리해놓으면 재활용하기가 쉽다. 본깨적

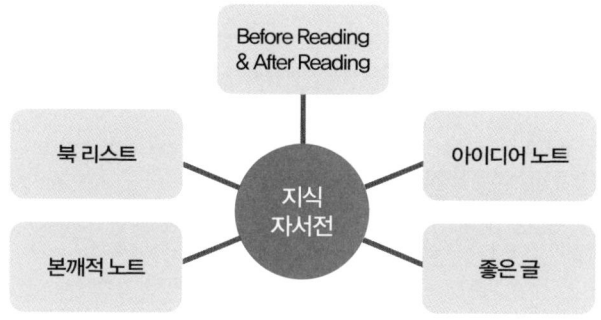

내용을 정리하는 데서 그치지 않고 주제별로 재분류해놓으면 재활용하기가 더 수월하다. 지금껏 북 바인더만큼 분류와 정리가 수월한 도구를 보지 못했다. 북 바인더가 지식 자서전 역할을 톡톡히 할 수 있는 것은 분류와 정리 기능이 뛰어나기 때문이란 생각이 든다.

한 번 메모하면 평생 활용할 수 있는 북 바인더

정보나 지식은 제각각 중요도와 활용도가 다르다. 정보나 지식을 주제별로 구분하는 것도 중요하지만 중요도와 활용도에 따라 구분해야 할 때도 있다.

북 바인더를 사용하기 전에는 다이어리를 많이 썼다. 보통 다이어리는 1년을 기준으로 하기 때문에 해가 바뀌면 다이어리도 바꾸어야 한다. 매년 다이어리를 바꿀 때마다 통과의례처럼 꼭 해야 하는 일이 있었다. 그중 하나가 주소록을 베껴 쓰는 일이다. 지금은 나도 시대의 흐름에 편승해 휴대전화로 주소록을 관리하지만 워낙 태생이 아날로그적이라 디

북 리스트

추천도서 리스트

추천도서 LIST

☐ 중요 ☒ 구입

날짜		도서명	저자/출판사	추천인
09. 6.04	X	Time Power	브라이언트레이시 /	강규형
	X	우리가 모르지 못할 산은 없다.	강영우 /	강규형
	X	토티라 무한성장의 비밀		강규형
	X	새로운 미래가 온다	다니엘 핑크	강규형
	☒	만계우선의 법칙	뽄비숌	강규형
	X	하버드스타일	강인선 / 웅진	강규형
	X	불씨 1. 2권		강규형
	X	꿈을 이루어주는 천천의수첩		강규형
6.4	X	젊음의 탄생	이어령	강규형
6.4	X	삼색성공		강규형
6.4	X	하버드 성공원리		강규형
	X	7일간의 동행		강규형
	X	디테일의 힘		강규형
	X	완벽에의 충동	정진홍	강규형
	X	일본전산 이야기		강규형
	X	실패에서 성공으로	드러크베르거	강규형
6.4	X	정상에서 만납시다	지그지글러	강규형
	X	성공한 사람들의 7가지 습관	스티븐코비	강규형
	X	상자안에있는人, 상자밖에있는人		강규형
	X	절대변하지 않는 8가지 성공원칙	브라이언트레이시 / 다반출판	강규형
	X	변화리더의 조건	피터드러커	강규형
	X	프로페셔널의 조건	피터드러커	강규형
	X	굿즈 Green		강규형
	X	엔드루피		강규형
	X	원점에 서다.		강규형
	X	실행에 집중하라	래리보시시 /	강규형
	X	목표달성 목표관리		강규형

< Book Mento 강규형 대표님을 통해 만난 축복의 책 List >

© 3P BINDER

아이디어 노트

IDEA NOTE < 3P 자기경영 >

Date / Origin | **Subject :** [시간특강, 시간 WS] 진행

☑ 2010.12.5일 ☑ 파워유저 SLE 축속 6회 2시간 짜리 program 개발
- 1인당 1회비용 (총 20만원 받기)
- → 식사제공, 음료제공 < 생활속 binder 강좌이음 있는데서 진행>
- ex) 명함정리, 독서정리 • 재정가계부
- 기록콘서스 & • 100일 project, 기존 know-how
- ⇒ 전주 SLE 1기 진행하면서 만들자.
- 천 20만원 (서브파인더전 만들기)

☑ 2010.12.5일 ☑ T.O.C < 제약이론 >
- ↳ 생각지 많은 모든것에는 체인존재 or 제한요인 존재
- 그것은 목표하는 곳으로 얼마나 빨리 갈수 있는지 결정
- < 이 병목 (bottle neck) 얼마나 빨리 풀려 할수 있는가? >
- ex) 내적계약 (80% 자신안에), 외적계약 20%)
- ↳ 3p check 항목이용 병목 T.O.C 5이내에 찾기시도
- ☑ 집중타임 < binder weekly 1night >
- ☑ 제약 11:00~11:30 ; 성경묵상 새벽 5:00 ~ 7:00 : 독서 업무적용
  - a. 고객전화, 피드백 time 정하기 (영업활용 극대화시간)
  - b. 명함정리및 가망고객 정리시간
  - c. 독서경영 준비 시간
  - d. 강의 사전 준비 시간

☒ 2013.2.10 ☒ Cleanup project < 내분경의 힘> ⇒ 독서경영 적용
- ☐ Blue : 상위 15%
- ☐ Green : 상위 60%
- ☐ Amber : 20%] 요구점 채우다
- ☐ Red. : 5%   ↳ 여유 Review
- ☐ (대상) 교체신입생
- ☐ 정신영장 교회
- ☐ 앱을 가지고 바인더 표현하기
  (App)
- ☐ 3p binder 판매 → [안드로이드출시]

지털 주소록보다는 손으로 직접 쓴 주소록을 더 좋아했다. 하지만 손으로 메모하는 것을 좋아해도 별로 바뀐 내용도 없는 주소록을 매번 베껴쓰는 일은 번거롭기만 했다. 머리를 써서 주소록을 오려 새 다이어리에 붙여보기도 했지만 모양과 크기가 달라 보기가 좋지 않았다.

북 바인더를 활용하면서 이런 문제는 말끔히 해결되었다. 북 바인더도 기본적인 일정 관리, 시간 관리 기능을 포함하기 때문에 다이어리처럼 1년에 한 번은 바꾸어야 한다. 하지만 새 바인더로 교체해도 계속 보고 싶은 중요한 내용은 기존 바인더에서 빼서 새 바인더에 끼워 넣기만 하면 된다. 바인더는 기본적인 모양이나 크기가 표준화되어 있기 때문에 얼마든지 호환이 가능하다.

지금 내 바인더에는 몇 년씩 당당하게 자리를 차지하고 있는 내용이 몇 개 있다. 삶을 변화시키는 데 큰 전환점을 마련해준 책을 정리한 내용과 힘들 때 위로와 용기를 주는 좋은 글들이 그 주인공이다. 한 번 메모해둔 지식을 필요할 때까지 두고두고 재활용할 수 있다는 게 새삼 고맙다.

북 바인더도 디지로그 시대

바인더의 가장 큰 장점은 주제별로 메모한 내용을 쉽게 분류할 수 있다는 것이다. 그렇다면 꼭 손으로 적어야 하는 바인더가 아니라 컴퓨터로 메모를 해놓으면 분류하기도 더 쉽고 찾기도 쉽지 않느냐고 묻는 분들이 있다. 컴퓨터의 발달로 요즈음은 필기도구를 이용해 손으로 적는 일이 거의 없다. 컴퓨터로 문서작업을 하는 데 익숙해지다 보니 손으로 쓰려면 어색하고 불편한 것도 사실이다. 바인더 작업 또한 컴퓨터를 이용하고 싶어 하는 분이 많은 것은 당연하다. 문서작업을 하기도 편하고, 추가와 삭제를 비롯한 수정도 편하고, 주제별로 폴더를 따로 만들어 정리하면 검색하기도 쉽다. 컴퓨터는 키워드 검색까지 가능해 어떤 면에서는 색인으로 구분해놓은 바인더보다 검색 기능이 월등히 뛰어나다고도 할 수 있다.

하지만 디지털 폴더 자료는 한계가 있다. 북 바인더는 늘 가까이에 두고 필요할 때마다 바로바로 볼 수 있어야 하는데, 컴퓨터 안에 있는 폴더 자료는 잊어버리기 쉽다. 우리 뇌는 눈에 보이지 않으면 찾지 않는 경향이 있기 때문이다. 언젠가 컴퓨터 안에 정리해놓은 자료를 살펴본 적이 있는데, 정리해놓고 한 번도 열어보지 않은 자료가 80퍼센트나 되었다. 눈에 보이지 않으니 꼭 필요할 때가 아니면 열어볼 일이 없었던 것이다.

컴퓨터로 작업할 때의 장점과 바인더의 원래 기능을 다 살릴 수 있는 방법이 있다. 컴퓨터로 정리한 내용을 출력해 바인더에 끼우는 것이다. 바인더의 크기가 A5 사이즈라면 A5 용지에 출력해 구멍을 뚫어 끼우면 된다. 제본이 가능한 문구점에 가면 규격에 맞게 구멍을 뚫어주므로 미리 바인더 사이즈에 맞는 종이에 구멍을 뚫고 인쇄를 하면 편하다.

디지털이 보편화된 시대에 일부러 디지털을 멀리할 필요는 없다. 북 바인더가 아날로그에 바탕을 두고 있더라도 디지털의 장점을 살릴 수 있다면 최대한 활용하는 것이 좋다. 일찍이 이어령 교수는 디지털과 아날로그를 결합한 '디지로그'라는 용어를 만들었다. 그때가 2006년이었는데, 당시만 해도 디지로그는 생소한 신조어에 불과했지만 지금은 어디서나 통용될 정도로 일반화되었다. 북 바인더도 굳이 아날로그만을 고집하지 말고 필요에 따라 디지털을 결합하면 더 효과적으로 만들 수 있을 것이다.

One Book, One Message, One Action

　　　　　　　　　　2013년 3월 2일 새벽 6시 20분 양재
나비 독서모임에 평소보다 많은 사람들이 참석했다. 총각네 야채가게
이영석 대표의 특강 때문이었던 것 같다. 이날 특강은 3P자기경영연구
소 강규형 대표와 이영석 대표가 서로 주거니 받거니 하는 방식으로 진
행하는 릴레이 강연이었다. 두 분 모두 보이지 않은 곳에서 젊은이들을
격려하는 훌륭한 인생의 멘토 역할을 하는 분들이다. 이영석 대표가 함
께하는 모임에 강 대표가 무료로 강연을 한 후 답례 형태로 진행된 특강
이었다.

　『인생에 변명하지 마라』를 집필한 이영석 대표의 강연은 시작과 동시
에 후끈 달아올랐다. 나 또한 그의 강연을 들으면서 마치 뒤통수를 한 방

맞은 것 같았다.

"책을 많이 읽는 것은 좋은 습관입니다. 그런데 세상에는 책을 읽어도 변하지 않는 사람이 많아요. 우리 직원 중에도 책을 엄청 많이 읽는 친구가 있습니다. 어느 날 제게 와서 '대표님, 혹시 이 책 읽어보셨어요?'라고 묻더군요. 약간 빈정거리는 느낌이었습니다. 아직 읽지 않았다는 대답에 그 직원은 냉소를 보이더군요. 그런 직원에게 제가 물었죠. 넌 그렇게 책을 많이 읽었는데 왜 삶은 변하지 않니?"

그러면서 이영석 대표는 자신의 책 읽기 방법을 이야기했다. 그는 『일본 전산 이야기』를 벌써 열 번은 읽었고, 앞으로 수십 번은 더 읽을 것이라고 했다. 그 책에 있는 주옥같은 아이디어 중 실행하지 않은 것이 너무 많기 때문이란다.

이영석 대표의 강연을 들으면서 내가 놓치고 있던 2퍼센트를 발견할 수 있었다. 책을 많이 읽는 것보다 더 중요한 것은 실천이다. 책을 읽고 많은 것을 깨닫고 적용할 것을 기록하는 것도 좋지만, 많이 적고 머리를

One Msg.	One Action	21 days						
정리를 통해 내 인생의 주인공이 되자!	매일 아침 15분 내 방을 청소 하자!	①	②	③	④	⑤	⑥	⑦
		⑧	⑨	⑩	⑪	⑫	⑬	⑭
		⑮	⑯	⑰	⑱	⑲	⑳	㉑

— 피드백
매일 아침 방청소로 시작하니 하루의 질서가 잡히는 느낌이다.
공간 정리가 습관이 완전히 잡히면 시간 정리를 시작해야겠다.

가득 채우는 것만으로는 의미가 없음을 새삼 실감했다. 한 가지라도 확실하게 실천하는 것이 중요하다는 깨달음을 얻고 '원 북, 원 메시지, 원 액션(One Book, One Message, One Action)' 원칙을 세울 수 있었다. 앞 페이지 자료는 이영석 대표의 특강에서 영감을 얻은 것으로 현장 독서지도를 할 때 큰 도움을 받고 있다.

과함은 모자람만 못하다

책을 읽다 보면 삶에 적용할 수 있는 내용이 많은 책이 있고, 그렇지 않은 책이 있다. 적용할 내용이 많지 않으면 차라리 마음 편하다. 적용할 만한 내용이 너무 많을 때가 문제다. 의욕적인 사람일수록 책에서 얻은 교훈이나 지식을 다 삶에 적용해보려 들지만 과욕은 금물이다. 북 바인더는 기본적으로 '원 북, 원 메시지, 원 액션'을 원칙으로 한다. 아무리 좋은 내용이 많아도 한 책에서 하나의 메시지를 선정해 그것만 실행하는 것이다.

목표는 높게 잡는 것이 좋다고 말하는 사람들이 있다. 그들은 100을 이루고 싶다면 조금 무리다 싶어도 120을 목표로 잡고 열심히 노력해야 100을 이룰 수 있다고 말한다. 처음부터 현실적으로 100을 목표로 하면 70~80밖에 이루지 못한다고 믿는다. 반면 현실적인 목표를 세우는 사람들도 있다. 실현 불가능한 목표를 세우기보다 실현 가능한 목표를 세우고 꼭 달성하는 것을 중요시하는 사람들이다.

어느 쪽이 더 좋을까? 정답은 없다. 두 가지 모두 저마다의 장점과 특징이 있어서 상황에 따라 좋은 방법이 달라질 수 있기 때문이다. 하지만 본깨적 책 읽기에서만큼은 현실적인 목표가 중요하다. 한번에 잘못된 습관을 바로 잡기는 불가능하다. 삶을 변화시키려면 '지속성'이 중요하다. 하루 이틀 반짝 열심히 사는 것보다 하루에 한 가지씩이라도 변화하기 위한 노력을 꾸준히 할 때 삶은 변한다. 목표가 과하면 빨리 지친다. 과한 욕심 부리지 말고 한 책에서 하나의 메시지를 얻고 실행하는 '원 북, 원 메시지, 원 액션'을 기준으로 목표를 조정하는 것이 바람직하다.

의욕적인 사람이라면 한 책에서 한 가지만 실행하는 것이 성에 차지 않을 수도 있다. 하지만 한 달에 4권을 읽는다면 꾸준히 실행해야 할 내용도 4개가 된다. 권수가 많아질수록 그만큼 실천해야 할 내용도 많아지므로 '원 북, 원 메시지, 원 액션'을 실천하기도 그리 쉽지만은 않다. 과한 욕심은 오히려 실천을 방해하므로 한 책에서 하나씩만 꾸준히, 확실하게 실천하는 것만으로도 삶은 충분히 변한다.

21일의 법칙

본깨적 책 읽기가 '원 북, 원 메시지, 원 액션'을 원칙으로 하는 이유는 앞에서도 이야기했듯이 '지속성'이 중요하기 때문이다. 습관은 한두 번의 시도로는 고쳐지지 않는다. 일정한 기간을 두고 수없이 반복해야 습관으로 굳어질 수 있다.

그렇다면 잘못된 습관을 버리고 좋은 습관을 만들려면 시간이 어느 정도 걸릴까? 사실 습관이 달라지기 시작하는 데는 그리 많은 시간이 걸리지 않는다. 단 며칠 만에 변화가 시작될 수도 있다. 예를 들어, 올빼미형이라 늘 새벽에 잠드는 습관을 지닌 사람이 밤 12시 전에 잠을 청한다고 가정해보자. 처음에는 자리에 누워도 도통 잠이 안 와 엎치락뒤치락하며 고생한다. 하지만 며칠 동안 똑같은 시간에 잠을 청하면 어느 순간부터는 잠이 오기 시작했다. 개인마다 조금씩 차이가 있겠지만 보통 변화가 시작되는 데는 일주일이 채 걸리지 않는다.

변화가 시작되었다고 방심해서는 안 된다. 새로운 습관이 몸에 밸 때까지는 언제든지 예전의 나쁜 습관이 다시 고개를 들 여지가 많기 때문이다. 새로운 행동이 완전히 습관으로 굳어지는 데 필요한 최소한의 시간은 약 3주다. 아주 고질적인 나쁜 습관이라면 좀 더 시간이 걸릴 수도 있겠지만 대부분은 21일 정도면 충분히 습관으로 자리 잡는다.

북 바인더를 잘 쓰면
책 읽을 시간이 저절로 생긴다

"책을 읽고 싶어도 너무 바빠서 책 읽을 시간이 없어요."

정말 그럴까? 많은 사람이 바빠서 책을 읽지 못한다고 변명하지만 정말 시간이 없어 책을 읽지 못하는 사람은 손에 꼽을 정도다. 대부분의 사람들은 시간을 효율적으로 쓰지 못해 책 읽을 시간을 확보하지 못할 뿐이다.

시간은 누구에게나 평등하다. 누구에게나 똑같이 하루 24시간이 주어진다. 하지만 어떤 사람은 24시간을 48시간처럼 알차게 쓰고, 어떤 사람은 8시간밖에 활용하지 못한다. 그 차이는 시간을 얼마나 계획적으로 잘 쓰느냐에 있다. 시간을 미리 잘 계획해 쓰는 사람은 낭비하는 시간 없이 알차게 활용할 수 있고, 되는 대로 대충 사는 사람은 어디에 어떻게 시간을 썼는지도 모르고 시간을 흘려보내기 일쑤다.

북 바인더는 지식 창고 역할도 하지만 기본적으로 시간을 관리해주는 역할도 한다. 월간, 주간, 일간 계획을 세우고 계획대로 시간을 쓰도록 돕기 때문에 북 바인더를 쓰다 보면 자연스럽게 낭비하는 시간을 찾아내 책 읽을 시간을 확보할 수 있다.

일주일만 기록해보면 새는 시간이 보인다

시간을 잘 관리하려면 먼저 나에게 주어진 24시간을 어떻게 쓰고 있는지를 객관적으로 파악해야 한다. 그러려면 번거롭더라도 하루 일정을 시간대별로 적어볼 필요가 있다. 매일매일 시간을 조금씩 달리 사용할 수 있기 때문에 한 달 정도 일정을 기록하고 평균치를 내는 것이 정확하겠지만 한 달 동안 시간을 기록하기가 쉽지 않다. 그러므로 딱 일주일만 기록해볼 것을 권한다. 일주일 정도만 기록해도 자신의 시간 사용 패턴을 충분히 파악할 수 있다.

일주일 동안 시간을 기록한 다음에는 유형별로 시간을 분류한다. 잠자는 시간, 근무 시간, 미팅 시간 등 가능한 한 세부적으로 나누는 것이 좋다. 여기서는 11개 항목으로 시간을 구분했다. 각 항목별로 일주일 동안 얼마만큼의 시간을 사용했는지를 계산해보자.

막연히 생각했을 때와 꼼꼼히 시간을 기록하고 보았을 때의 차이는 생각보다 크다. 나도 처음 일주일 동안의 시간을 기록해보고 깜짝 놀랐다. 일어나는 시간과 밥 먹는 시간이 들쭉날쭉한 것은 둘째 치고 예상보

구분	내용	시간
1	잠자는 시간	
2	근무 시간	
3	미팅 시간	
4	자기계발 시간	
5	친구들과 어울리는 시간	
6	스마트폰 사용하는 시간	
7	TV 보는 시간	
8	가족들과 보내는 시간	
9	신앙생활하는 시간	
10	인터넷하는 시간	
11	기타	

▲ 일주일 동안의 시간 사용 분석

다 TV를 시청하거나 스마트폰을 사용하거나 특별한 목적 없이 잡담하면서 보내는 시간이 많았다.

세부적으로 들어가면 더 실망스러웠다. 근무 시간은 하루 평균 9시간이었지만 9시간을 밀도 있게 일에 집중한 날이 드물었다. 컨디션이 안 좋다고 오늘 할 일을 내일로 미룬 경우도 있었고, 점심식사 후 나른한 오후에는 동료들과 잡담을 하면서 시간을 보낼 때도 많았다.

일주일만 시간을 기록해보아도 언제, 어떻게 시간이 낭비되는지 한눈에 알 수 있다. 아마 시간이 없어 책을 읽지 못한다는 변명은 할 수 없을 것이다.

자투리 시간만 잘 활용해도 책 읽을 시간은 충분하다

하루 30분만이라도 편안하게 책을 읽을 수 있는 시간을 확보할 수 있으면 좋겠지만 그마저도 여의치 않다고 말하는 사람들이 있다. 꼼꼼하게 시간을 기록해보면 하루 30분도 시간을 내지 못할 사람은 거의 없다. 설령 너무 바빠 30분의 여유도 없다 해도 얼마든지 책을 읽을 수 있는 방법은 있다. 자투리 시간을 활용하면 된다.

송나라 유학자 구양수(歐陽修)는 일찌감치 '삼상지학(三上之學)'이라는 말로 자투리 시간을 활용하는 방법을 제시했다. 그는 책을 읽기 좋은 시간으로 마상(말 위에 있을 때), 침상(침대 위에 있을 때), 측상(화장실에 있을 때)을 꼽았다. 구양수의 자투리 시간 활용법은 지금도 그대로 적용할 수 있다.

우선 말을 타고 이동하는 시간은 생각을 정리하거나 책을 보는 데 더할 나위 없이 좋다. 나폴레옹도 전쟁 중에 말에서 책을 보다가 떨어졌다는 말이 나올 정도로 마상(馬上)은 책을 읽기에 좋은 장소다.

오늘날 마상은 지하철이나 버스, 열차, 비행기 등이 될 것이다. 버스는 흔들림이 심해 책을 읽기에 그리 좋은 장소는 아니지만 지하철이나 기차, 비행기 등을 탈 때는 얼마든지 책을 읽을 수 있다. 나는 지방에서 강의할 일이 많아 KTX를 많이 이용하는 편이다. KTX를 타는 시간이야말로 나에게는 아무에게도 방해받지 않고 책 읽기에 몰두할 수 있는 소중한 시간이다. 보통 KTX로 이동하는 데 3시간 정도 걸리는데, 웬만한 책은 목적지에 도착하기 전에 다 읽는다.

측상(廁上)은 화장실에 있을 때를 의미한다. 화장실도 책을 읽기에 좋은 장소지만 화장실에 오래 앉아있으면 변비나 치질이 생길 수 있으므로 주의해야 한다. 책을 읽으려면 가볍고 얇은 책을 잠깐 보는 정도가 좋다. 잠깐잠깐 떠오르는 아이디어를 메모하는 데도 그만이다. 아이디어라는 것이 묘해서 열심히 생각할 때는 잘 떠오르지 않다가 화장실에서처럼 아무 생각 없이 본능에 충실하거나 샤워를 하면서 휴식을 취할 때 퍼뜩 떠오르는 경우가 많다. 나도 책을 읽은 후 별 생각 없이 화장실에 앉아 있다가 좋은 아이디어가 떠올랐던 적이 한두 번이 아니다. 그래서 우리 집 화장실에는 언제든 아이디어를 적을 수 있는 메모장이 준비되어 있다.

마지막 침상(枕上)도 책을 읽는 데 좋은 장소다. 잠자리만큼 편안한 장소도 드물다. 포근한 이불 속에 몸을 누이고 짧게는 10분, 길게는 30분 정도 책을 읽으면 아주 좋다. 책을 읽고 곧바로 잠이 들면 다 잊어버릴 것 같지만 그렇지가 않다. 뇌 과학자들의 연구에 의하면 우리 뇌는 잠을 자고 있는 동안에도 깨어있기 때문에 잠자기 전에 읽은 내용을 기억해낸다고 한다. 실제로 자고 일어난 직후에는 다 잊어버린 것 같아도 다시 책을 펼쳐보면 새록새록 기억이 나는 경우가 많다.

이 밖에도 책을 읽는 데 활용할 만한 자투리 시간은 얼마든지 있다. 약속 장소에서 상대방을 기다리는 5분, 10분도 책을 읽기에 좋은 자투리 시간이다. 그냥 기다리면 지루하고 혹시라도 상대방이 약속에 늦으면 짜증이 날 수 있는데, 책을 읽으면 시간이 잘 가 여유 있게 상대방을 기다릴 수 있다.

티끌 모아 태산이 되듯이 5분, 10분 자투리 시간이 모이면 놀라운 일이 벌어진다. 예를 들어, 지하철 타는 시간 10분, 잠자기 전 10분, 화장실에서 10분을 매일 책 읽기에 투자했다고 가정해보자. 하루 30분씩 책을 읽는 셈이니 10일이면 300분(5시간), 100일이면 3000분(50시간), 300일이면 9000분(150시간)을 책을 읽을 수 있다. 책 한 권을 읽는 데 5시간 정도 걸린다면 300일, 즉 1년 동안 30권을 읽을 수 있다는 계산이 나온다. 이처럼 자투리 시간은 어떻게 사용하느냐에 따라 아무 의미 없는 죽은 시간이 되기도 하고, 책을 읽고 생각하고 아이디어를 내는 소중한 시간이 될 수도 있다.

디지털 미디어 사용 시간을
반만 줄여도 인생이 달라진다

언제부터인가 지하철에서 책이나 신문을 읽는 사람들이 거짓말처럼 사라져버렸다. 불과 몇 년 전만 해도 책까지는 아니더라도 무가지나 신문을 읽는 사람들이 제법 많았다. 최소한 이동할 때만이라도 텍스트를 읽는 사람들이 있었다는 얘기다.

하지만 더 이상 사람들은 텍스트를 읽지 않는다. 대신 하나같이 약속이라도 한 듯이 스마트폰을 들여다보고 있다. 손에 잡히는 작은 컴퓨터나 마찬가지인 스마트폰은 이렇게 지하철의 문화를 완전히 바꾸어버렸다. 채팅도 할 수 있고, 영화를 보거나 음악을 들을 수도 있고, 재미있는 게임을 할 수도 있고, 뉴스나 책도 볼 수 있게 해주는 스마트폰의 매력에 사람들은 완전히 빠져버렸다.

스마트폰은 사람들의 일상을 지배하는 강력한 디지털 미디어로 부상했다. 스마트폰이 대중화되기 이전에도 컴퓨터, 인터넷, 텔레비전, 비디오게임 등 다양한 디지털 미디어가 일상 깊숙이 파고든 상태였다. 그래도 대부분 들고 다닐 수는 없는 것들이어서 이동할 때만이라도 책을 읽는 사람들이 있었는데, 스마트폰이 대중화되면서 더 이상 책을 읽을 이유가 없어졌다. 스마트폰만 있으면 지루한 이동 시간을 얼마든지 달랠 수 있으니까 말이다.

스마트폰을 비롯한 디지털 미디어를 멀리하기는 어렵다. 하지만 디지털 미디어를 사용하는 시간이 너무 많이 늘어나는 것이 걱정스럽기는 하다. 때와 장소를 가리지 않고 스마트폰에 시선을 고정하고 있는 사람들을 보면 안타까운 마음이 드는 것도 사실이다. 디지털 미디어를 사용하는 시간을 조금만 줄이고 대신 책을 읽으면 인생이 훨씬 달라질 것이기 때문이다.

디지털 미디어 사용 시간이 곧 블루타임이다

앞서 최소한 일주일만이라도 시간을 기록해보면 시간을 어떻게 사용하고 있는지를 파악해 불필요하게 낭비하는 시간을 줄일 수 있다고 했다. 디지털 미디어를 사용하는 시간이 꼭 낭비되는 시간이라고 보기는 어렵다. 컴퓨터의 경우 게임을 하기 위해서만이 아니라 일이나 공부를 하기 위해 사용하는 경우도 많기 때문이다. 하지만 꼭 필요해서 디지털 미디어를 사용하기보다는 게임을 하거나 무료한 시간을 달래기 위해 사용하는 경우가 훨씬 많음은 부인하기 어려운 사실이다.

과연 얼마나 많은 시간을 디지털 미디어를 사용하며 보낼까? 만프레드 슈피처가 쓴 『디지털 치매』라는 책에는 미국과 독일 청소년이 디지털 미디어를 사용하는 시간을 분석한 자료가 소개되어 있다. 2009년을 기준으로 했을 때 미국 청소년들은 하루에 평균 약 7시간 38분을 디지털 미디어를 사용하는 데 소비했다. 이는 8세에서 18세 사이의 어린이와 청소년 2000명을 대상으로 조사한 결과로, 미국 아이들은 잠자는 시간보다 더 많은 시간을 디지털 미디어를 사용하는 것으로 나타났다.

독일의 경우도 비슷했다. 역시 2009년을 기준으로 4만 3500명에 이르는 9학년 학생을 대상으로 설문조사한 결과 하루 평균 디지털 미디어 사용 시간이 7시간 14분에 달하는 것으로 집계되었다. 이는 휴대전화와 MP3를 제외한 것이어서 이를 포함할 경우 사용 시간은 훨씬 더 많다. 한국 관련 자료는 없지만 한국의 청소년은 물론 어른도 디지털 미디어를 사용하는 시간이 결코 미국과 독일 청소년에 비해 적지는 않을 것이다.

하루 24시간 중 3분의 1에 가까운 시간을 디지털 미디어를 사용하는 데 보낸다는 것을 쉽게 인정하기는 힘들 것이다. 물론 이중 업무를 처리하기 위해 혹은 필요한 자료를 찾기 위해 사용한 시간을 빼면 특별한 목적 없이 디지털 미디어를 사용한 시간은 대폭 줄지도 모른다. 우리가 관심을 가져야 할 것은 바로 후자의 시간이다. 굳이 디지털 미디어를 사용하지 않아도 되는 시간이 얼마나 되는지를 파악하는 것이 중요하다. 새는 시간을 파악할 때처럼 일주일가량 특별한 목적 없이 디지털 미디어를 사용한 시간을 기록해보면 어렵지 않게 알 수 있다.

디지털 미디어 사용 시간을 파악했다면 그중 30~50퍼센트 정도를 책을 읽는 데 투자해볼 것을 권한다. 생각보다 꽤 많은 시간을 확보할 수 있을 것이다. 이 시간은 디지털 미디어를 사용하면서 보냈다면 레드타임에 불과한 시간일 뿐이다. 하지만 책을 읽는 시간으로 바꾼다면 자신의 미래를 바꿀 수 있는 소중한 블루타임으로 변신한다.

책은 디지털 미디어보다 강하다

디지털 미디어가 꼭 나쁜 것은 아니다. 우리에게 도움을 주는 순기능도 많다. 그런데 왜 굳이 디지털 미디어를 사용하는 시간을 줄여 책을 읽어야 하는 걸까?

분명한 이유가 있다. 디지털 미디어는 뇌를 발달시키는 데 큰 도움이 되지 못한다. 책을 볼 때와 영상을 볼 때 뇌의 반응은 확연히 다르다. 일본 도호쿠대 의학부 가와시마 류타 교수는 학생들을 책을 읽는 그룹과 영상을 보는 그룹으로 나누어 각각 MRI로 뇌를 촬영해 비교하는 실험을 했다. 그 결과 영상을 보는 학생들의 뇌는 처음에는 뇌의 특정 부분이 활성화되는 듯했지만 5분이 지나면서 거의 움직이지 않았다. 반면 책을 읽은 학생들의 뇌는 시간이 지날수록 점점 더 활성화되는 면적이 늘어났다. 영상이 뇌를 자극하기는 하지만 실제로 뇌를 활성화하는 데 큰 도움이 안 되는 반면 책은 눈으로 읽고 생각하고 정보를 종합하면서 크게 활성화된다는 결론이다.

비슷한 연구 결과는 또 있다. 『디지털 치매』라는 책에 나온 내용은 더욱 충격적이다. 이 책에서는 디지털 미디어가 뇌를 활성화하는 데 도움이 안 되는 것을 넘어 뇌를 바보로 만든다고 주장하고 있다. 디지털 미디어를 많이 사용할수록 뇌가 정보를 기억하고 학습하는 능력이 떨어진다고 경고한다. 막연한 추론이 아니다.『디지털 치매』는 다양한 실험 결과를 바탕으로 디지털 미디어가 뇌를 바보로 만든다는 것을 입증하고 있다. 그중 하나가 런던의 택시기사 예다. 런던에서 택시기사 면허증을 따려면 약 2만 5000개에 달하는 도로와 수천 개의 광장 그리고 여러 장소를 반드시 알아야 한다. 이 모든 지식을 익히는 데는 무려 3, 4년이 걸린다. 그뿐만이 아니다. 그러고 나서도 몇 번의 까다로운 시험을 모두 통과해야 겨우 면허증을 딸 수 있다.

    요즘처럼 내비게이션이 발달한 세상에 런던의 면허 시스템은 잘 이해가 가지 않을 것이다. 길을 몰라도 내비게이션이 안내하는 대로 따라가기만 하면 되는 세상이기 때문이다. 예전처럼 각종 도로 정보를 익히느라 뇌를 혹사할 이유가 없어졌다. 하지만 뇌는 사용하지 않으면 발달하지 않는다. 런던의 택시기사 뇌를 찍어보면 정보를 저장하는 '해마'의 크기가 다른 나라 택시기사에 비해 훨씬 크다고 한다. 해마의 크기가 크다는 것은 그만큼 기억하는 능력이 크다는 것을 의미한다. 반대로 내비게이션과 같은 디지털 미디어에 의존하면 뇌가 학습할 기회가 줄어들면서 해마도 발달하지 못하고 기억력도 떨어진다.

    이쯤 되면 디지털 미디어를 사용하는 시간을 줄여야 하는 이유가 분명해진다. 디지털 미디어는 뇌를 자극해 쉽게 지치게 만들고 생각을 방해함으로써 사고력을 확장하고 정보를 습득하고 기억하는 능력을 떨어뜨린다. 디지털 미디어는 우리에게 편리함을 제공하지만 많이 사용하면 할수록 디지털 치매에 걸린 바보로 만들 위험이 크다. 지금 디지털 미디어를 사용하는 시간을 반으로 줄여 책을 읽는다면 뇌도 똑똑해지고, 그만큼 삶도 똑똑하게 살아갈 수 있을 것이다.

| 에필로그 |

책과 함께라면
건너지 못할 웅덩이가 없다

　직장인의 하루는 짧다. 콩나물시루 같은 지하철과 버스에 몸을 싣고 시간에 맞춰 출근하기도 버겁다. 퇴근 시간 '땡하기' 전까지는 회사에 얽매인 몸이다. 잠깐 쉬는 시간에 책을 보는 것은 어찌 보면 사치라는 생각이 들 수도 있다. 직장인뿐만 아니라 현대인은 모두 바쁘다. 그렇지만 바쁜 시간을 쪼개서라도 책을 읽어야 하는 이유는 분명하다. 책이 삶을 더 풍요롭게 만들고 좋은 방향으로 발전시킬 수 있기 때문이다.

　무엇보다 책은 어려운 순간에 괴력을 발휘한다. 때론 어려움과 맞설 수 있는 용기를 주고, 때론 어려움을 해결할 수 있는 실제적인 방법을 제시하고, 때론 그 누구보다도 따뜻한 위로를 건네 지친 몸과 마음을 달래주기도 한다.

　물론 삶의 큰 웅덩이를 만나 질척일 때 책에서 금방 해답을 얻지 못할 수도 있다. 책은 모래사막에 있는 낙타와 같다. 낙타는 뜨거운 태양을 막아주지 못한다. 하지만 내가 걸어가는 길에 함께해주고, 목적지까지 갈 수 있게 도와준다. 마찬가지로 책은 역경을 직접 해결해주지 못한다. 힘든 길에서 방향을 잃지 않게 우직한 낙타처럼 함께해준다.

『맹자』에 이런 우직함이 잘 드러나는 내용이 있다. "불영과불행(不盈科不行)", '물이 흐르다 웅덩이를 만나면 그 웅덩이를 다 채운 다음에야 비로소 앞으로 나아간다'라는 뜻이다. 우리는 시련이라는 웅덩이를 스스로 채우고 넘어가야 한다. 남이 대신해서 그 웅덩이를 채울 수 없다. 당신이 웅덩이에 빠졌다면 그 웅덩이에 책을 넣어보라. 삶의 웅덩이가 너무 크게 패여 아픈가? 먼저 가슴 아팠던 저자들에게 손을 내밀어보자. 필자가 삶의 웅덩이에 빠졌을 때 큰 디딤돌이 된 책이 있다. 바로 생태학자 김용규 씨가 쓴『숲에게 길을 묻다』라는 책이다.

그 책에는「울지 마라」라는 시가 소개되어 있는데, 그 시의 "내 꽃이 아직 피지 않았다 해도 울 일 아니다"라는 대목에서 참 많은 위로를 받았다. 이 시를 읽었던 서른다섯에는 손에 쥔 것은 없고 빚만 가득했다. 주변을 둘러보아도 한 줄기 빛도 들어오지 않을 때 이 시가 작은 반딧불이 되어주었다.

이 책을 읽는 분 중에서도 사는 게 힘든 분들이 많을 것이라 생각한다. 역경이라는 말을 바꾸면 경력이 된다. TV나 영화에서 명검을 본 적이 있을 것이다. 주인공이 칼을 폼 나게 빼면서 탁자 위에 칼집을 놓는다. 명검은 멋진 칼집과 함께 있을 때 가치가 있다. 역경을 칼이라고 한다면 경력은 칼집이다. 역경이라는 칼에 우리는 상처를 입는다. 하지만 책과 함께라면 역경이라는 칼을 경력으로 멋지게 포장할 수 있다. 책과 함께라면 어떤 깊은 웅덩이를 만나고, 어떤 강력한 역경을 만나도 넘어갈 수 있다는 말을 꼭 전하고 싶다. 내가 그랬던 것처럼 말이다.

| 감사의 말 |

모든 생명이 누군가에게 빚을 내어 사는 것과 같이 이 책 또한 많은 빚을 지고 있습니다. 아내와 딸 애빈이는 세상의 거친 파도에서 길을 잃지 않도록 도와주는 등대였습니다. 부모님과 형제들에게도 걱정을 끼쳤습니다. 부모님은 이 책을 보시고 막둥이가 힘든 생활을 했다는 것을 처음 알게 될 것이기에 조심스럽습니다. 앞으로 살아가면서 부모님께 두고두고 감사의 마음을 전하겠습니다.

  3P자기경영연구소의 강규형 대표님은 혼돈의 길에서 방황할 때 제게 손을 내밀어주었습니다. 외로움과 두려움에 떨 때마다 스스로 먼저 갔던 길을 함께 걸어주었습니다. 아무것도 할 수 없었던 저에게 가능성만을 보고 기회를 주었습니다. 강 대표님이 아니었다면 본깨적 책 읽기 방법을 알지도 못했고, 지금처럼 책을 통해 인생을 변화시키지도 못했을 것입니다. 류경희 이사님은 어머니와 같이 늘 포근하게 저를 안아주었습니다. 실수를 하더라도 잘하는 것이 있다며 늘 다독여주었기에 어둠

의 터널에서 빠져나올 수 있었습니다.

　독서경영을 하면서 오늘의 나를 있게 해준 분이 참 많습니다. 제가 무슨 말을 하면 대부분 현실이 되게 해주는 재주가 있는 친구가 있습니다. 제갈강이라는 별명으로 부르는 강성찬 연구원, 감성적으로 전달하기보다 이성적으로 접근하는 강의를 하는 저를 스토리텔링과 부드러운 미소로 지원해주는 김근하 강사님, 회의나 브레인스토밍할 때 제 부족한 부분을 메워주는 손선연 강사님, 독서경영 일이라면 열 일 젖히고 도와주는, 열정이라는 단어가 떠오르는 남명숙 마스터, 늘 독서경영을 모든 사람에게 전파해주시는 김영희 마스터, 창원에 독서의 씨앗을 심고 있는 윤길라 관장님과 김동준 부관장님, 이분들이 없었다면 좋은 책을 보여드리지 못했을 것입니다.

　처음 3P자기경영연구소에 왔을 때 제 마음속에 큰 빚을 남긴 분이 있습니다. 전국을 다니며 강의를 하려면 가방이 필요했습니다. 하지만 워낙 빚이 많아 수중에 돈 한 푼 없었던 제게 가방은 그림의 떡이었습니다. 그런 저에게 가방을 선물해준 분이 있습니다. 자신이 준 것이 아니라 하나님이 주신 선물이라면서 다른 사람에게는 이야기하지 말 것을 부탁했습니다. 그 가방을 받고 난 후 저는 광야동굴에서 광야터널로 나오게 되었습니다. 그 고마운 사람은 홍혜숙 실장님입니다.

　제 컴퓨터가 고장 나면 가장 먼저 달려와 도와주는 이상경 과장님, 코치와 마스터를 준비하면서 고전할 때마다 도와주던 핑크팬더 용현중 실장님, 문서작업에 도움이 필요하다고 하면 늘 웃으면서 도와주는 원섭 코치, 예리한 분석력으로 프로젝트를 새롭게 재탄생시키는 탁월한 재주를 지닌 장주영 팀장, 회사의 모든 식사와 살림을 도맡아 힘든 일을 하면서도 늘 웃으시는 강나윤 실장님, 여든의 연세에도 삶의 모델이 되어주시는 강경환 어르신, 전국을 내 집처럼 다니며 3P 철학을 전하는 데 열심인 김학면 본부장님, 회사에서 가장 잘 웃고 분위기 메이커가 되어주는 신지혜 사원, 그리고 자신의 꿈을 이루기 위해 늘 헌신하고 최선을 다하는 황진영 사원과 인턴이지만 직원보다 더 열심히 하는 임태원 씨. 이처럼 소중한 분들을 만나지 못했다면 제가 일어나는 데 시간이 더 많이 걸렸을 것입니다. 교육과정을 통해서 알게 된 3P 코치, 3P 마스터 분들의 이름을 모두 거론할 수는 없지만 그분들 덕분에 많은 것을 배울 수 있었습니다.

저와 같은 부족한 사람에게 양재나비는 어머니의 품과 같은 역할을 하였습니다. 매주 토요일에 하는 독서모임이 이제 200회가 되었습니다. 일주일에 한 번씩 진행된 독서모임을 통해 저는 큰 선물을 받았습니다. 그 열매 덕분에 전국에 독서모임이 비공식적으로 100개가 되었습니다. 특히 조선대나비, 고신대나비, 인천대나비, 숭실대나비 학생들을 통해 점점 큰 보람을 느낄 수 있었습니다.

독서경영이 지금처럼 뿌리 내릴 수 있게 도와주신 한국발명진흥회 최종엽 전 부회장님, 일진커뮤테이터 김동균 회장님, 나이스솔루션 박재근 사장님, 조은시스템 김승남 회장님, 유디아이 안용식 회장님과 한상선 이사님, 송파월드비전 신희경 관장님, 인천월드비전 김민숙 관장님과 윤영주 님, 성남월드비전 권영숙 관장님, 월드비전 본사 장민권 팀장님, ㈜로앤파트너스 김종욱 대표, 스패뉴 강근영 사장님, 공군전투비행단 한병학 신부님, 주민신협 이윤배 전무님, 엔터스코리아 양원곤 대표님, 고운세상 안건영 대표님, ㈜가르텐 한윤교 대표님, 화순이양중고 김

옥남 전 교장선생님, 장성중학교 노양섭 교장선생님, 나산중고 서인규 교장선생님, 목포한빛초등학교 나순옥 교장선생님, 함평학다리중앙초등학교 안향자 교감선생님, 서울 봉원중학교 배인식 교장선생님, 서울 등촌고등학교 오관석 교장선생님, 나주교육청 신기평 교육장님, 함평교육청 김승호 교육장님, 장흥교육청 박인숙 교육장님, 뷰티플휴먼 김경민 센터장님, 관악구 권영출 평생학습마을축제 추진위원장님, KMA(한국능률협회) 커리어사업부 임상철 본부장님 외 많은 분들에게 큰 신세를 졌습니다. 일일이 고맙다는 말씀을 드리지 못함을 양해 부탁드립니다.

추천사를 써주신 총각네 야채가게 이영석 대표님과 『마지막 1% 정성』의 저자 송수용 대표님께도 고맙다는 말씀을 드리고 싶습니다. 사진을 촬영해주신 권대흥 사진작가님께도 고마움을 전합니다. 이 책을 집필하는 데 지도와 조언을 해주신 유혜규 선배님께도 감사하다는 말을 꼭 전하고 싶습니다. 너무 힘들어 포기하고 싶을 때마다 내 손을 놓지 않은 분이 있습니다. 지치고 힘들 때 내 손을 잡아주신 하나님께 감사드립니다.

끝으로, 아픈 아이를 가슴으로 품고, 내가 죽음의 사선에서 다시 돌아오게 해준 애빈 엄마에게 사랑한다는 말과 함께 이 책을 바칩니다.

| 책 속 책 |

인생 변화를 준비하는 사람들을 위한 추천도서 15

    책을 즐겨 읽는 사람들에게도 좋은 책을 골라 읽는다는 것은 언제나 어렵다. 하물며 그동안 책을 안 읽던 사람들에게는 더 어려운 일이다. 그래서 강의를 하다 보면 책을 추천해달라고 하는 분이 많다. 그럴 때마다 조금은 난감하다. 사람마다 처한 상황이 다르기 때문에 도움이 되는 책들이 제각각 달라 선뜻 추천해주기가 쉽지 않다. 무엇보다 책을 잘못 추천해주었을 경우 흥미를 잃고 책 읽는 것을 포기할 수도 있어 더욱 조심스러운 것이 사실이다.

    하지만 용기를 냈다. 사람의 개별적인 특성과 상관없이 보편적으로 도움이 되는 책들을 선정하기가 쉽지는 않았지만 책을 통해 변화하고 싶어 하는 사람에게 조금이라도 도움이 되고 싶다는 마음으로 오랜 시간 숙고해 추천도서 15권을 선정했다. 15권을 모두 읽으면 더할 나위 없이 좋겠지만 이중 당장 필요하다고 생각하는 책부터 몇 권만이라도 본깨적 책 읽기 방식으로 읽는다면 삶의 변화가 시작될 수 있을 것이다.

독서를 처음 시작하는 사람에게 추천하는 3권

1. 『어느 독서광의 생산적 책 읽기 50』
안상헌 지음 / 북포스 / 2005

'책을 읽으면 도대체 무슨 도움이 될까?'라는 의문을 갖고 있는 독자라면 이 책을 읽어보기를 권한다. 1부 '책 읽기 이렇게 하라'에서는 자신만의 밑줄을 그어라, 돈으로 책을 사지 말고 마음으로 사라, 내가 왜 이 책을 읽어야 하는지 이유를 확실히 하라와 같이 책을 읽는 자세를 말하고 있다. 2부 '책 읽기 이렇게 하면 안 된다'에서는 저자의 촌철살인과 같은 경험을 나누어준다. 예를 들면, 보통 책을 읽을 때 저자 프로필부터 읽는 경우가 많은데, 이 책에서는 책을 다 읽고 난 후 저자의 프로필을 보는 것도 좋다고 조언한다. 자칫 책을 다 읽기도 전에 저자에 대한 편견과 질투가 생길 수 있음을 경계해야 한다는 메시지다.

3부는 '지름길 독서, 입장을 바꿔보면 책 읽기 쉬워진다'로 책을 좀 더 쉽게, 그러면서도 제대로 읽을 수 있는 방법을 소개했다. 4부는 '책 읽기, 그 속에 길이 있다'로 개인적으로 '미래를 위한 나만의 책 세 권을 골라보라'라는 대목에서 느낀 바가 많았다.

저자는 "책 읽기에도 공짜는 없다. 정성 들여 불을 밝혀가며 인내를 가지고 집중하고 노력하지 않으면 아무것도 얻을 수 없다"라고 강조했다. 이 책을 읽고 저자의 오랜 독서 내공을 10퍼센트라도 흡수한다면 여러분의 책 읽기는 더욱 탄력을 받을 것이다.

2. 『핵심만 골라 읽는 실용독서의 기술』
공병호 지음 / 21세기북스 / 2004

이 책은 책을 빨리 읽고 핵심 내용을 파악한 다음, 그것을 멋지게 이용하는 방법을 다루고 있다. '왜 책을 읽지 않느냐?'라는 질문을 했을 때 가장 많이 듣는 대답이 '시간이 없고 바빠서'라는 말이다. 책을 읽고 싶은데 도저히 시간이 나지 않는다면 공병호 식 실용 독서법을 배우면 큰 도움이 될 것이다. 공병호의 독서 8계명은 물론 일본의 대표적인 독서광 다치바나 다카시의 14가지 독서법을 소개하고 있다. 특히 의욕적인 독자가 되는 노하우는 상당히 유용할 것이다. 저자는 에필로그에서 "평범한 인생을 살고 있는가? 그렇다면 책을 통해 '명품' 인생으로 거듭나라"라고 말한다. 정말 명품 인생으로 거듭나고 싶은 독자에게 권하고 싶은 책이다.

3. 『부자나라 임금님의 성공 독서전략』
사이토 에이지 지음 · 김욱 옮김 / 북포스 / 2006

빨간색 띠지에 "중요한 20%를 읽고 80%를 획득하는 스피드 독서법"이라는 말로 시선을 잡는 책이다. 저자는 책은 임금이 아니고 신하라고 말한다. 처음에는 이 말이 상당히 거슬렸지만 책을 다 읽은 후 의미를 알게 되었다.

시중에는 수많은 속독법 책이 나와 있다. 속독을 시도했다가 큰 효과를 보지 못했던 분이라면 이 책이 대안이 될 수 있다. 책을 빨리 읽고 싶은 분에게 아주 유용한 팁을 제공하기 때문이다. 속독은 어느 정도 숙달이 되어도 소홀히 하면 잘되지 않는 경우가 있다. 하지만 사이토 에이지가 소개한 방식으로 읽으면 안구를 빨리 움직이지 않아도 책을 읽는 속도가 빨라진다.

책에 흥미가 생긴 이들에게 추천하는 3권

4. 『일 – 나는 지금 무엇을 위해 일하는가』
기타오 요시타카 지음 · 이정환 옮김 / 중앙books / 2007

최근 50대 전후 은퇴하는 분들에게 "은퇴할 때 받고 싶은 최고의 선물은 어떤 것일까요?"라는 질문을 한 적이 있다. 대답은 내 예상을 빗나갔다. 그분들이 원하는 최고의 은퇴 선물은 바로 '평생 지속할 수 있는 일'이었다. 평생 지속할 수 있는 일이란 곧 '천직'이다. 이 '일'에 대해서 남다르게 정의하는 사람이 있다. 노무라 증권을 거쳐 일본 최고의 부자이자 소프트뱅크의 창업자인 재일 한국인 손정의에게 발탁되어 핵심참모로 일한 기타오 요시타카다. 그가 쓴 『일 – 나는 지금 무엇을 위해 일하는가』라는 책을 읽으면 일의 진정한 의미를 느낄 수 있다.

왜 독서에 흥미가 생긴 후 바로 추천하는 책이 일에 대한 책일까? 천직을 찾기 위해서는 자신이 어떤 사람인지를 먼저 알아야 한다. 즉, 주어진 나의 일에 몰두하고 집중할 때 나의 강점을 발견할 수 있다. 내가 일하는 일터에서 보람을 갖고, 성장하기 위해서는 누군가의 도움이 필요하다. 물론 함께 일하는 선배와 동료에게서 배울 수 있지만 그들이 모든 지식을 알고 있는 것은 아니다. 전혀 경험하지 못한 프로젝트가 진행되는 곳이 우리의 일터다. 이 책은 당신에게 직장에서 일은 어떤 의미인지,

직장에서 당신이 성장하는 데 좋은 파트너가 누구인지를 묻는다. 질문에 답을 찾으면서 책에 대한 호기심이 커지고, 책을 더 가깝게 느끼게 될 것이다.

5. 『명품 인생을 만드는 10년 법칙』
공병호 지음 / 21세기북스 / 2006

젊은 직장인들 중에는 적성에 맞지 않는다는 이유로 변변한 업무 경험을 쌓기도 전에 회사를 그만두는 사람이 많다. 연봉과 근무 조건이 조금만 좋아도 메뚜기처럼 옮겨 다니는 이들에게 앞서 소개한 책 『일-나는 지금 무엇을 위해 일하는가』는 일침을 가한다. 이 책으로 일의 의미를 찾았다면 그때부터 명품 인생 만들기가 가능해진다. 어떻게 일을 통해 내 인생을 명품 인생으로 만들 수 있을까? 『명품 인생을 만드는 10년 법칙』이 해답을 제시해줄 것이다.

10년 법칙은 공병호 박사가 만든 개념이 아니다. 스톡홀롬대학교 앤더스 에릭슨(Anders Ericsson) 박사가 소개한 것으로 "어떤 분야에서 최고의 수준과 성취에 도달하려면 최소 10년 정도는 집중적인 사전준비를 해야 한다"라고 말한다. 그 견해를 바탕으로 앤드루 카슨(Andrew Carson) 박사도 "어떤 특별한 분야에서 세계적인 수준이 되기를 원한다면 'deep practice', 즉 심층연습이 필요하다"라고 했다.

공병호 박사는 한 걸음 더 나아가 직업세계에서 전문가로 이름을 떨칠 지름길은 존재한다고 말한다. 열심히 노력하면 10년이 아니라 1~2년만에도 전문가가 될 수 있다고 말이다. 어떻게 가능한지 이 책이 제시해준다.

6. 『더 딥(The dip)』
세스 고딘 지음 · 안진환 옮김 / 재인 / 2010

한 분야에서 10년을 일하기란 쉬운 일이 아니다. 몇 년을 해도 이 일이 내 적성에 맞는지 그리고 비전이 있는지 갈등이 생긴다. 3년을 하고 전혀 다른 업종으로 옮겼는데 마음속에서 자꾸 아니라고 한다. 이럴 때는 어떻게 해야 할까? 보통 사람들은 어떤 일을 할 때 절대 포기해서는 안 된다고 배운다. 그래서 장애물을 만났을 때 대개 인내하는 쪽을 택한다. 『더 딥』에 인용된 빈스 롬바르디(Vince Lombardi)의 "포기하는 자는 결코 승리하지 못하며, 승리하는 자는 결코 포기하지 않는다"와 같은 말을 굳게 믿으면서 말이다. 이 말에 세스 고딘은 도발적으로 "잘못된 충고다"라고 말한다. 그는 "승자도 항상 포기한다. 다만 적절한 시기에 적절한 대상을 포기할 뿐이다"라고 말하면서 '포기'를 새로운 시각으로 조명했다.

무슨 일이든 처음 시작할 때는 대부분 재미있다. 최초의 며칠 또는 몇 주 동안은 배우는 속도가 빠르기 때문에 신이 나서 계속한다. 그런 다음 딥(웅덩이)이 발생한다. 딥은 어떤 일의 시작과 그것에 숙달되는 지점 사이에 놓인 길고 지루한 과정이다. 또한 딥은 초보적 기술과 좀 더 쓸모 있는 전문가적 기술 사이에 놓인 간극이다. 길고 지루한 과정이 사실은 지름길이라고 세스 고딘은 이야기한다. 하지만 딥이 아니라 컬드색(막다른 길)일 수도 있다. 이를 잘 구분하는 것이 관건이다. 딥이라면 포기하지 않고 계속 가면 명품 인생을 만들 수 있지만 컬드색이라면 10년을 투자해도 아무것도 얻지 못할 수도 있기 때문이다.

이 책은 '포기할 것인가, 끝까지 버틸 것인가?'라는 질문을 자신에게 해봐야 한다는 것을 제시하고, 스스로 답을 찾을 수 있도록 도와준다. 이 책을 보면서 '21세기 가장 영향력 있는 비즈니스 전략가'인 세스 고딘의 주옥같은 원 포인트 레슨을 받아보기를 권한다.

직장 일이 나와 맞는지 의구심이 드는 사람에게 추천하는 3권

7.『나는 무엇을 잘할 수 있는가』
구본형 변화경영연구소 지음 / 고즈윈 / 2008

명품 인생을 살려면 10년 법칙을 준수해야 한다. 하지만『더 딥』을 읽은 독자라면 무조건 10년을 버티는 것이 최선이 아님을 알 것이다. 일을 하면서 내 일이 아니라는 생각이 들 때는 포기할 것인지, 끝까지 버틸 것인지를 판단해야 한다. 그 판단은 아무도 대신해줄 수 없다. 마지막 선택은 자신이 해야 하는데, 이때 과연 그 일이 나에게 맞는 일인지 아닌지를 파악하는 것이 중요하다.

나에게 맞는 일이란 내가 좋아하는 일인 동시에 내가 잘할 수 있는 일이기도 하다. 결국 나를 잘 알아야 끝까지 계속할 수 있는 천직을 찾을 수 있는데, 안타깝게도 우리는 대학을 졸업하고 회사에 취직할 때까지도 자기 자신을 알지 못한다. 자신을 잘 모르는 독자에게『나는 무엇을 잘할 수 있는가』는 자신이 무엇을 좋아하고 어떤 강점을 갖고 있는지 찾을 수 있도록 안내해줄 것이다.

이 책은 6명의 평범한 직장인이 좌충우돌하면서 자신의 강점을 찾아가는 내용으로, 총 6장으로 구성되어 있다. 1장 첫 번째 강점 발견법 산맥 타기, 2장 두 번째 강점 발견법 DNA 코드 발견, 3장 세 번째 강점 발견법 욕망 요리법, 4장 네 번째 강점 발견법 몰입 경험 분석, 5장 다섯 번째 강점 발견법 피드백 분석, 6장 여섯 번째 강점 발견법 내면 탐험으로 강점을 찾을 수 있는 방법을 구체적으로 제시했다. 친절하게 '워밍업'에서는 '내게 맞는 강점 발견법 찾기'를 제공하여 여러 발견법 중 자신에게 맞는 두 가지 강점 발견법을 찾을 수 있게 도와준다. 시간이 부족한 사람은 두 가지 강점 발견법을 경험해보고, 시간이 되는 사람은 추가로 네 가지 강점 발견법을 이용해 숨어있는 강점과 재능을 발견하기 바란다.

8. 『탤런트 코드』
대니얼 코일 지음 · 윤미나 옮김 / 웅진지식하우스 / 2009

강점을 발견한 다음에는 강점을 더 효과적으로 개발하고 강화하는 것이 중요하다. 강점을 노력만으로 개발할 수 있을까? 똑같이 1만 시간을 연습해도 따라잡을 수 없다면, 항상 자기 능력의 80퍼센트만 보여주고 있다면 한 번쯤 왜 어떤 사람은 한순간에 느는데, 어떤 사람은 중간에 머무는지 생각해보아야 한다. 또한 열악한 환경에도 불구하고 개인과 집단의 능력을 완전히 다른 차원으로 발현하는 방법에 대해서도 고민해봐야 한다.

이 질문에 대답하기 위해 1년 2개월 동안 전 세계를 돌아다닌 사람이 있다. 바로 저널리스트이자 뉴욕타임스 베스트셀러 작가 대니얼 코일(Daniel Coyle)이다. 러시아의 허름한 테니스 코트에서 샤라포바 같은 최고의 선수들이 배출된다. 별 볼일 없는 후보 선수에 불과하던 사람이 갑자기 세계적인 축구선수가 된다. 무명의 작가가 천재적인 작품을 발표한다. '위대한 능력'이 타고나는 거라면 과연 이런 일들이 가능할까? 도대체 무엇이 평범한 이들을 특별하게 만드는 것일까?

직장에서도 비슷한 경우를 볼 수 있다. 입사 동기가 5년이 지난 후 나보다 훨씬 앞서 있다면 무엇 때문일까? 왜 이런 일이 발생하는지 궁금하다면 이 책을 읽어볼 것을 권한다.

9.『프레임』
최인철 지음 / 21세기북스 / 2007

『나는 무엇을 잘할 수 있는가』와『탤런트 코드』를 읽으면 자기 안에 숨어있던 강점이라는 보석을 발견할 수 있다. 하지만 몰랐던 강점, 재능을 발견했다고 바로 삶이 바뀌지는 않는다. 두 책을 읽기 전의 프레임이 여전히 당신을 지배하고 있기 때문이다.

프레임의 가장 흔한 정의는 창문, 액자의 틀, 안경테다. 모두 대상을 보는 것과 관련이 있다. 프레임은 뚜렷한 경계 없이 펼쳐진 대상들 중에서 특정 장면이나 특정 대상을 하나의 독립된 실체로 골라내는 기능을 한다. 심리학에서 '프레임'은 '세상을 바라보는 마음의 창'을 의미한다. 어떤 문제를 바라보는 관점, 세상을 관조하는 사고방식, 세상에 대한 비유, 사람들에 대한 고정관념 등이 여기에 속한다.

이 책에서는 현재 프레임의 왜곡을 다음과 같이 설명한다. 과거에는 없고 현재에만 존재하는 가장 중요한 것은 '결과'다. 2013년을 살고 있는 우리는 2006년 월드컵에서 우리나라가 16강에 오르지 못한 것을 알고 있지만, 월드컵이 열리기 전에는 그 사실을 알지 못했다. 그럼에도 우리는 어떤 사건의 결말이 그렇게 되리라는 것을 처음부터 알고 있었던 것처럼 과거를 회상하는 경향이 있다. 우리에게는 우리가 모르는 미래의 강점이 있다. 즉, 이전의 눈으로 자신의 재능을 다 안다고 단정하지 말자. 이 책을 보면서 현재라는 프레임을 다시 한 번 점검해보면 삶을 변화시키는 데 도움이 될 것이다.

재능과 강점을 일터에 적용하고 싶은 이들에게 추천하는 3권

10. 『성과를 지배하는 바인더의 힘』(『성공을 바인딩하라』 개정판)
강규형 지음 / 스타리치 / 2013

필자는 책을 읽고 고민을 많이 했지만 실생활에서 변화가 잘 느껴지지 않아 답답했다. 그러던 중 친한 형님에게서 이 책의 예전 판을 소개받았다. 책을 택배로 받던 날 빨간색 표지가 강렬하게 다가왔던 기억이 난다. 책 표지의 "성과와 생산성을 높여 전문가의 반열에 오르는 사람이 있는가 하면 이력서를 누더기로 만들며 이곳저곳을 전전하는 낙오자가 있다. 자기관리능력에 차이가 있기 때문이다. 자기관리의 핵심은 시간 관리다. 시간 관리에 성공하면 목표 관리가 가능하고, 이를 위해서는 기록 관리, 학습 관리가 필요하다"라는 내용이 눈에 확 들어왔다. 훈련 없는 지식은 쓸모가 없고, 지식 없는 훈련은 맹목적이 되기 쉽다는 내용도 인상 깊었다.

에필로그를 보면서는 그동안 내가 왜 직장 업무에서 성과를 내지 못했는지 이유를 알게 되었다. 리더십 대가인 존 맥스웰(John Maxwell)은 『최고의 나』에서 "포춘 선정 500대 기업의 최고경영자 중 50퍼센트 이상은 대학시절 C 또는 C-를 받았다. 미국 상원의원의 65퍼센트는 학교 성적이

중위권 이하였고, 백만장자 기업가 중 절반 이상은 대학을 졸업하지 못했다'라는 내용을 소개하면서 재능이 성공의 전부가 아님을 이야기했다.

분명 재능만으로는 성공하기 어렵다. 그렇다면 정답은 무엇일까? 저자도 이랜드에 입사해서 알게 되었다. 그는 대학에서 배운 것보다 수십, 수백 배의 학습량과 자기관리를 통해 성장할 수 있었다. 이 책에는 20년 동안 현장에서 경험하면서 터득한 자기관리 방법을 고스란히 담고 있다. 평범한 사람들도 책에서 소개한 자기관리 도구인 '3P바인더 시스템'을 활용하면 자기경영의 달인이 될 수 있다. 이 책을 읽고 매일 15분씩 실천한다면 누구나 직장에서 프로페셔널한 인재가 될 수 있을 것이다.

11. 『아침 청소 30분』
고야마 노보루 지음 · 박미옥 옮김 / 소담출판사 / 2010

인생에서 성공하고자 하는 사람들을 위한 조언을 담은 책들은 참 많다. 경영 전반에 관련된 전략서와 인간관계론 및 처세서 그리고 자기계발에 관련된 책도 많다. 그래서 '청소 30분이 당신과 당신 회사를 살린다'라고 했을 때 사실 쓴웃음을 지었다. 하지만 책을 읽으면서 곧 나의 교만함을 반성했다.

이 책은 청소를 통해 어려움에 처했던 27개 기업을 다시 살려낸 이야기를 담고 있다. 청소는 단순히 깨끗하고 보기 좋게 하는 것만을 가리키지 않는다. 업무를 보다 효율적으로 수행하기 위한 정리정돈이 청소라는 일상적인 말로 표현되고 있을 뿐이다. 이 책에서 말하는 청소는 정리정돈이라기보다는 환경정비라고 해야 한다.

『청소력』을 쓴 마쓰다 미쓰히로는 "당신 방이 당신 자신이다"라는 말로 청소와 자신의 생활이 아주 밀접하게 연계되었다고 했다. 고야마 노보루 씨도 그와 철학이 같다. 청소는 누구나 할 수 있는 사소한 행위라서 '청소=자신의 성장 또는 기업의 성장'이라는 등식을 받아들이기 어려울 수도 있다. 하지만 저자는 형식이라는 입구를 통해 마음이라는 본질에 다다를 수 있다고 강조한다. 작지만 큰 변화를 바라는 독자라면 이 책에 나오는 가르침을 한 가지만이라도 실천해보기를 권한다.

12. 『관계 우선의 법칙』
빌 비숍 지음 · 김승욱 옮김 / 작가정신 / 2001

필자가 이 책을 읽은 것은 5년 전이다. 직장에서 일을 하면서 어떻게 하면 고객들과의 관계를 개선할 수 있을까 고민하던 차에 강규형 멘토에게 소개받은 책이다. 자신의 강점을 발견하고, 자기경영을 하게 되었다 해도 또 하나의 산이 남아 있다. 그 산은 타인과 나에 대한 관계 정립이다. 마케팅에 관련된 책은 정말 많다. 하지만 근본적인 고객과의 관계 설정에 대한 중요성을 잊지 않게 해주고, 고객에게 사전 동의를 얻은 후 진행하는 퍼미션 마케팅(Permission Marketing)의 원칙을 알려주는 책은 드물다. 이 책의 주제는 기업은 제품이나 서비스가 아닌 다양한 취향과 욕구를 가진 특정 유형의 고객을 중심으로 구축되어야 한다는 것이다.

이 책은 고객에게 좀 더 좋은 제품, 좋은 서비스를 제공하면 된다고 생각하던 나에게 큰 충격을 주었다. 특정 유형의 고객에게 무엇을 줄 때 그들은 나의 팬이 된다. 전략적 기업은 고객에게 독특한 가치를 지닌 제품을 지속적으로 제공해준다. 전략적 기업이나 개인은 제품이나 서비스 중심이 아니라 고객 중심으로 완전히 통합된 정보시스템을 갖고 있기 때문에 통신을 포함한 즉각적인 커뮤니케이션을 통해 고객을 섬긴다는 내용은 큰 깨달음으로 다가왔다. 열심히 일해도 이렇다 할 성과가 나타나지 않는다면 일독을 권한다.

열심히 살아온 당신을 위해 추천하는 3권

13. 『가장 낮은 데서 피는 꽃』
이지성 · 김종원 지음 / 문학동네 / 2012

"세계 3대 빈민도시로 꼽히는 필리핀 톤도 파롤라. 한마디로 거대한 쓰레기 산이 마을 전체를 뒤덮고 있다. (…) 이곳의 상황은 전쟁 중인 것처럼 처참하다. 한국에서는 보통 가정집 방 하나 정도의 크기인 집에서 평균 여덟 명 이상이 거주하고 있다. 식구가 모두 한꺼번에 다리를 뻗고 잠을 자는 것 자체가 불가능해서, 네 명이 자면 네 명이 나가 있는 식으로 교대로 잠을 잘 정도다."

톤도의 기적 같은 교육 이야기는 이런 말도 안 되는 환경에서 일어났다. 도대체 어떻게 이런 일이 가능할까? 톤도 교육센터의 특별한 교육철학이 있기 때문이다. 첫째, 배움의 기회에서 차별을 하지 않는다. 톤도에서는 공부 잘하는 학생과 못하는 학생을 구별하지 않는다. 공부 못하는 학생을 차별하면 그 학생은 평생 아무것도 못하는 사람으로 살게 되기 때문에 톤도 교사들은 모두에게 끝없이 기회를 준다.

둘째, 우등생이 아니라 인간을 만든다. 톤도에서는 학생이 문제를 일으키면, 교사가 그 학생을 자기 집으로 데려와 학생의 태도가 좋아질 때까지 함께 살며 교육한다. 톤도의 교사들은 집요할 정도로 엄청난 책임감으로 아이들을 우등생이 아닌, 인간으로 성장시킨다.

셋째, 동반성장 학습을 교육철학으로 삼는다. 톤도 교육센터는 잘못이 있어도 학생을 탓하지 않는다. 모든 문제는 교사와 센터 그리고 사회의 문제라고 생각한다. '다 같이 잘되자'라는 구호 아래 '함께'라는 단어를 강조하는 교육을 실천하고 있다.

톤도 출신의 성공한 학생들은 미국에서 연봉 1~2억 원 이상을 제안받는다. 그런데 그들은 신분 상승의 기회를 버리고 고향에 와서 한 달에 50만 원도 되지 않는 월급을 받고 아이들을 가르친다. 이 비결을 저자는 가치관 교육으로 보았다. 이 책은 앞만 보고 달리던 사람들에게 가치관과 나눔, 교육을 돌아볼 수 있게 해준다.

14. 『내 인생에 힘이 되어준 한마디』
정호승 지음 / 비채 / 2006

쉽고 행복하기만 한 인생은 없다. 부자에서 가난한 자에 이르기까지 인생은 참으로 힘들고 고통스럽다. 너무 고통스러워 벼랑 끝에 홀로 서 있는 듯할 때도 있고, 광막한 광야를 한 마리 벌레처럼 헤매는 듯할 때도 있다. 이럴 때 따뜻한 손길이 필요하다. 만약 지금 어떤 어려움으로 인생에 지쳤다면 이 책을 통해 뜨끈한 국밥 같은 위안을 얻을 수 있다.

이 책을 보면서 장황한 말보다 한마디 짧은 말이 더 큰 위안을 준다는 것을 실감했다. 지금도 수많은 사람들이 각자의 자리에서 크고 작은 어려움을 겪으며 절망하고 있을 것이다. 누구에게도 털어놓기 어렵고, 혼자서는 절망 속에서 빠져나오기 힘들 때 이 책을 보기를 권한다. 어떤 상황에서도 당신 편이 되어줄 것이기에 고통과 절망에서 벗어나 다시 씩씩하게 인생을 살아갈 수 있을 것이다.

15. 『숲에게 길을 묻다』
김용규 지음 / 비아북 / 2009

"희망은 본래 있다고도 할 수 없고, 없다고도 할 수 없다. 그것은 마치 땅 위의 길과 같은 것이다. 본래 땅 위에는 길이 없었다. 걸어가는 사람이 많아지면 그것이 곧 길이 되는 것이다."

의미심장한 말이다. 우리는 한동안 아주 많은 사람들이 걷는 길을 의심 없이 걸어왔다. 그리고 다른 사람보다 먼저 그 길을 더 빨리, 더 멀리 걷기만 한다면 우리의 삶이 훌륭해질 것이라고 믿었다.

하지만 저자는 자기 호흡대로 숨을 쉴 때 삶은 정말 행복해진다고 말한다. 이미 만들어진 길만을 고집할 때 더 많이 길을 잃고 절망하기 쉽다. 이 책은 인생이라는 긴 길을 가다 절벽을 맞이했을 때 어떻게 해야 하는지 해법을 제시해준다. 숲이 들려주는 이야기에 귀를 기울이다 보면 스스로 어떻게 절망에서 벗어나 새로운 희망의 길을 걸을 수 있는지를 알게 된다.

책 속 부록

비끄즈

북 바인더

Before Reading

년　월　일　작성자 :

책 제목		저자/역자		출판사	

① 이 책과 나의 연관성은?

연관성 점검표						점 수
책의 흥미성	1	2	3	4	5	
직업 연관성	1	2	3	4	5	
생활 연관성	1	2	3	4	5	
성장성 점검표						점 수
책의 고전성	1	2	3	4	5	
작가의 전문성	1	2	3	4	5	
적용 가능성	1	2	3	4	5	
합 계						

점수표	행동지침
6점 ~ 20점	무독(無讀)　- 지금 당장 급하지 않은 책
21점 ~ 24점	발췌독(拔萃讀) - 부분적으로 필요한 것만 읽는 책
25점 ~ 27점	열독(熱讀)　- 꼭 필요한 책(직업과 밀접한 책)
28점 ~ 30점	심독(深讀)　- 패러다임을 바꿔줄 책

② 책을 보고 예상 키워드 3개 뽑아보기

keyword 1　　　keyword 2　　　keyword 3

③ 이 책에서 얻고자 하는 것은 무엇인가?

Before Reading

                                                        년   월   일   작성자 :

책 제목		저자/역자		출판사	

① 이 책과 나의 연관성은?

연관성 점검표						점 수
책의 흥미성	1	2	3	4	5	
직업 연관성	1	2	3	4	5	
생활 연관성	1	2	3	4	5	
성장성 점검표						점 수
책의 고전성	1	2	3	4	5	
작가의 전문성	1	2	3	4	5	
적용 가능성	1	2	3	4	5	
합 계						

점수표	행동지침	
6점 ~ 20점	무독(無讀)	- 지금 당장 급하지 않은 책
21점 ~ 24점	발췌독(拔萃讀)	- 부분적으로 필요한 것만 읽는 책
25점 ~ 27점	열독(熱讀)	- 꼭 필요한 책(직업과 밀접한 책)
28점 ~ 30점	심독(深讀)	- 패러다임을 바꿔줄 책

② 책을 보고 예상 키워드 3개 뽑아보기

keyword 1   keyword 2   keyword 3

③ 이 책에서 얻고자 하는 것은 무엇인가?

Before Reading

　　　　　　　　　　　　　　　년　월　일　작성자 :

책 제목		저자/역자		출판사	

① 이 책과 나의 연관성은?

연관성 점검표						점 수
책의 흥미성	1	2	3	4	5	
직업 연관성	1	2	3	4	5	
생활 연관성	1	2	3	4	5	
성장성 점검표						점 수
책의 고전성	1	2	3	4	5	
작가의 전문성	1	2	3	4	5	
적용 가능성	1	2	3	4	5	
합 계						

점수표	행동지침	
6점 ~ 20점	무독(無讀)	- 지금 당장 급하지 않은 책
21점 ~ 24점	발췌독(拔萃讀)	- 부분적으로 필요한 것만 읽는 책
25점 ~ 27점	열독(熱讀)	- 꼭 필요한 책(직업과 밀접한 책)
28점 ~ 30점	심독(深讀)	- 패러다임을 바꿔줄 책

② 책을 보고 예상 키워드 3개 뽑아보기

keyword 1　　　　keyword 2　　　　keyword 3

③ 이 책에서 얻고자 하는 것은 무엇인가?

Before Reading

년   월   일   작성자 :

책 제목		저자/역자		출판사	

① 이 책과 나의 연관성은?

연관성 점검표						점 수
책의 흥미성	1	2	3	4	5	
직업 연관성	1	2	3	4	5	
생활 연관성	1	2	3	4	5	
성장성 점검표						점 수
책의 고전성	1	2	3	4	5	
작가의 전문성	1	2	3	4	5	
적용 가능성	1	2	3	4	5	
합 계						

점수표	행동지침	
6점 ~ 20점	무독(無讀)	- 지금 당장 급하지 않은 책
21점 ~ 24점	발췌독(拔萃讀)	- 부분적으로 필요한 것만 읽는 책
25점 ~ 27점	열독(熱讀)	- 꼭 필요한 책(직업과 밀접한 책)
28점 ~ 30점	심독(深讀)	- 패러다임을 바꿔줄 책

② 책을 보고 예상 키워드 3개 뽑아보기

keyword 1   keyword 2   keyword 3

③ 이 책에서 얻고자 하는 것은 무엇인가?

Before Reading

년　월　일　작성자 :

책 제목		저자/역자		출판사	

① 이 책과 나의 연관성은?

연관성 점검표						점 수
책의 흥미성	1	2	3	4	5	
직업 연관성	1	2	3	4	5	
생활 연관성	1	2	3	4	5	
성장성 점검표						점 수
책의 고전성	1	2	3	4	5	
작가의 전문성	1	2	3	4	5	
적용 가능성	1	2	3	4	5	
합 계						

점수표	행동지침	
6점 ~ 20점	무독(無讀)	- 지금 당장 급하지 않은 책
21점 ~ 24점	발췌독(拔萃讀)	- 부분적으로 필요한 것만 읽는 책
25점 ~ 27점	열독(熱讀)	- 꼭 필요한 책(직업과 밀접한 책)
28점 ~ 30점	심독(深讀)	- 패러다임을 바꿔줄 책

② 책을 보고 예상 키워드 3개 뽑아보기

keyword 1　　keyword 2　　keyword 3

③ 이 책에서 얻고자 하는 것은 무엇인가?

After Reading

년   월   일   작성자 :

책 제목		저자/역자		출판사	

① 나에게 유용한 책인가?

BOOK FeedBack						점 수
책은 전체적으로 논리적인가?	1	2	3	4	5	
저자가 말하는 것은 실천 가능한가?	1	2	3	4	5	
자신의 흥미와 호기심이 충족되었는가?	1	2	3	4	5	
이 책에 얼마만큼 동의하는가?	1	2	3	4	5	
한 번 더 읽을 필요가 있는가?	1	2	3	4	5	
이 책을 소개하고 싶은가?	1	2	3	4	5	
합 계						

점 수	적 용
6점 ~ 20점	책 속 본깨적
21점 ~ 24점	본깨적 노트
25점 ~ 27점	컨셉화(강의안)
28점 ~ 30점	책 쓰기에 활용

② 책을 읽고 난 후 핵심 키워드 3개 뽑아보기

keyword 1   keyword 2   keyword 3

③ 이 책에서 얻은 것은 무엇인가? (Before Reading의 ③번 항목과 비교)

④ 책 속의 책, 또는 연관 지어 읽어볼 책이나 내용은 무엇인가?

After Reading

년   월   일   작성자 :

책 제목		저자/역자		출판사	

① 나에게 유용한 책인가?

BOOK FeedBack						점 수
책은 전체적으로 논리적인가?	1	2	3	4	5	
저자가 말하는 것은 실천 가능한가?	1	2	3	4	5	
자신의 흥미와 호기심이 충족되었는가?	1	2	3	4	5	
이 책에 얼마만큼 동의하는가?	1	2	3	4	5	
한 번 더 읽을 필요가 있는가?	1	2	3	4	5	
이 책을 소개하고 싶은가?	1	2	3	4	5	
합 계						

점 수	적 용
6점 ~ 20점	책 속 본깨적
21점 ~ 24점	본깨적 노트
25점 ~ 27점	컨셉화(강의안)
28점 ~ 30점	책 쓰기에 활용

② 책을 읽고 난 후 핵심 키워드 3개 뽑아보기

keyword 1   keyword 2   keyword 3

③ 이 책에서 얻은 것은 무엇인가? (Before Reading의 ③번 항목과 비교)

④ 책 속의 책, 또는 연관 지어 읽어볼 책이나 내용은 무엇인가?

After Reading

년   월   일   작성자 :

책 제목		저자/역자		출판사	

① 나에게 유용한 책인가?

BOOK FeedBack						점 수
책은 전체적으로 논리적인가?	1	2	3	4	5	
저자가 말하는 것은 실천 가능한가?	1	2	3	4	5	
자신의 흥미와 호기심이 충족되었는가?	1	2	3	4	5	
이 책에 얼마만큼 동의하는가?	1	2	3	4	5	
한 번 더 읽을 필요가 있는가?	1	2	3	4	5	
이 책을 소개하고 싶은가?	1	2	3	4	5	
합 계						

점 수	적 용
6점 ~ 20점	책 속 본깨적
21점 ~ 24점	본깨적 노트
25점 ~ 27점	컨셉화(강의안)
28점 ~ 30점	책 쓰기에 활용

② 책을 읽고 난 후 핵심 키워드 3개 뽑아보기

keyword 1   keyword 2   keyword 3

③ 이 책에서 얻은 것은 무엇인가? (Before Reading의 ③번 항목과 비교)

④ 책 속의 책, 또는 연관 지어 읽어볼 책이나 내용은 무엇인가?

After Reading

년   월   일   작성자 :

책 제목		저자/역자		출판사	

① 나에게 유용한 책인가?

BOOK FeedBack						점 수
책은 전체적으로 논리적인가?	1	2	3	4	5	
저자가 말하는 것은 실천 가능한가?	1	2	3	4	5	
자신의 흥미와 호기심이 충족되었는가?	1	2	3	4	5	
이 책에 얼마만큼 동의하는가?	1	2	3	4	5	
한 번 더 읽을 필요가 있는가?	1	2	3	4	5	
이 책을 소개하고 싶은가?	1	2	3	4	5	
합 계						

점 수	적 용
6점 ~ 20점	책 속 본깨적
21점 ~ 24점	본깨적 노트
25점 ~ 27점	컨셉화(강의안)
28점 ~ 30점	책 쓰기에 활용

② 책을 읽고 난 후 핵심 키워드 3개 뽑아보기

keyword 1   keyword 2   keyword 3

③ 이 책에서 얻은 것은 무엇인가? (Before Reading의 ③번 항목과 비교)

④ 책 속의 책, 또는 연관 지어 읽어볼 책이나 내용은 무엇인가?

After Reading

년   월   일   작성자 :

책 제목		저자/역자		출판사	

① 나에게 유용한 책인가?

BOOK FeedBack						점 수
책은 전체적으로 논리적인가?	1	2	3	4	5	
저자가 말하는 것은 실천 가능한가?	1	2	3	4	5	
자신의 흥미와 호기심이 충족되었는가?	1	2	3	4	5	
이 책에 얼마만큼 동의하는가?	1	2	3	4	5	
한 번 더 읽을 필요가 있는가?	1	2	3	4	5	
이 책을 소개하고 싶은가?	1	2	3	4	5	
합 계						

점 수	적 용
6점 ~ 20점	책 속 본깨적
21점 ~ 24점	본깨적 노트
25점 ~ 27점	컨셉화(강의안)
28점 ~ 30점	책 쓰기에 활용

② 책을 읽고 난 후 핵심 키워드 3개 뽑아보기

keyword 1   keyword 2   keyword 3

③ 이 책에서 얻은 것은 무엇인가? (Before Reading의 ③번 항목과 비교)

④ 책 속의 책, 또는 연관 지어 읽어볼 책이나 내용은 무엇인가?

체크리스트

도서명:
저 자:
출판사: 기간: ~

단계	Check		
Before Reading	☐ 귀접기(목차)	☐ 귀접기(본문)	☐ 양식지 작성
Reading	☐ 책 속 본깨적 작성		
	전체 페이지 ( ) ÷ 7일 = 하루에 ( ) 페이지		

	월	화	수	목	금	토	일
	page	page	page	page	page	page	page
	○△X	○△X	○△X	○△X	○△X	○△X	○△X

After Reading	☐ 책 속 본깨적 분류	☐ 양식지 작성

One Msg.	One Action	21 days				
		1	2	3	4	5	6	7
		8	9	10	11	12	13	14
		15	16	17	18	19	20	21

― 피드백 ●

체크리스트

도서명:
저 자:
출판사: 기간: ~

단계	Check		
Before Reading	☐ 귀접기(목차)	☐ 귀접기(본문)	☐ 양식지 작성
Reading	☐ 책 속 본깨적 작성			
	전체 페이지 ( ) ÷ 7일 = 하루에 ( ) 페이지			
	월	화	수	목	금	토	일
	page	page	page	page	page	page	page
	○△X	○△X	○△X	○△X	○△X	○△X	○△X
After Reading	☐ 책 속 본깨적 분류	☐ 양식지 작성		

One Msg.	One Action	21 days					
		1	2	3	4	5	6	7
		8	9	10	11	12	13	14
		15	16	17	18	19	20	21

● 피드백

체크리스트

도서명:
저　자:
출판사:　　　　　　　　　　기간:　　　~

단계	Check		
Before Reading	☐ 귀접기(목차)	☐ 귀접기(본문)	☐ 양식지 작성

Reading							
☐ 책 속 본깨적 작성							
전체 페이지 (　) ÷ 7일 = 하루에 (　) 페이지							
월	화	수	목	금	토	일
page	page	page	page	page	page	page
○△X	○△X	○△X	○△X	○△X	○△X	○△X

After Reading	☐ 책 속 본깨적 분류	☐ 양식지 작성

One Msg.	One Action	21 days				
		1	2	3	4	5	6	7
		8	9	10	11	12	13	14
		15	16	17	18	19	20	21

피드백

체크리스트

도서명:
저 자:
출판사: 기간: ~

단계	Check
Before Reading	☐ 귀접기(목차)　　☐ 귀접기(본문)　　☐ 양식지 작성
Reading	☐ 책 속 본깨적 작성 전체 페이지 (　　) ÷ 7일 = 하루에 (　　) 페이지

월	화	수	목	금	토	일
page	page	page	page	page	page	page
○△✕	○△✕	○△✕	○△✕	○△✕	○△✕	○△✕

After Reading	☐ 책 속 본깨적 분류　　☐ 양식지 작성

One Msg.	One Action	21 days
		1　2　★3　4　5　★6　7 8　★9　10　11　★12　13　14 ★15　16　17　★18　19　20　★21

― 피드백 ●

체크리스트

도서명:
저 자:
출판사: 기간: ~

단계	Check		
Before Reading	☐ 귀접기(목차)	☐ 귀접기(본문)	☐ 양식지 작성

Reading	☐ 책 속 본깨적 작성						
	전체 페이지 ( ) ÷ 7일 = 하루에 ( ) 페이지						
	월	화	수	목	금	토	일
	page	page	page	page	page	page	page
	○△X	○△X	○△X	○△X	○△X	○△X	○△X
After Reading	☐ 책 속 본깨적 분류		☐ 양식지 작성				

One Msg.	One Action	21 days				
		1	2	3	4	5	6	7
		8	9	10	11	12	13	14
		15	16	17	18	19	20	21

피드백

본깨적 II NOTE

Page 본 것 ☆ 깨달은 것 □ 적용 ☑ 진행중 ☒ 완료   년   월   일

책 제목		저자		출판사	
키 워 드				작성자	

본깨적 II NOTE

Page 본 것 ☆ 깨달은 것 ☐ 적용 ☑ 진행중 ☒ 완료   년   월   일

책 제목		저자		출판사	
키워드				작성자	

본깨적 II NOTE

Page 본 것 ☆ 깨달은 것 ☐ 적용 ☑ 진행중 ☒ 완료   년   월   일

책 제목		저자		출판사	
키 워 드				작성자	

BOOK LIST

20   년 목표: 권

번호	날 짜	도서명	저자/출판사	메 모

BOOK LIST

20   년 목표: 권

번호	날 짜	도서명	저자/출판사	메 모

BOOK LIST

20   년 목표: 권

번호	날 짜	도서명	저자/출판사	메 모

IDEA NOTE

☐ 중요한일 ☑ 진행중 ☒ 완료

Date / Origin	Subject :

IDEA NOTE

☐ 중요한일 ☑ 진행중 ☒ 완료

Date / Origin	Subject :

IDEA NOTE

☐ 중요한일 ☑ 진행중 ☒ 완료

Date / Origin	Subject :

좋은글

출처를 적으세요.

좋은글

출처를 적으세요.

좋은글

출처를 적으세요.

인생의 차이를 만드는 독서법
본깨적

초판 1쇄 발행 2013년 10월 1일(30쇄 발행)
리커버 에디션 1쇄 발행 2022년 11월 10일 에디션 4쇄 발행 2024년 2월 28일

지은이 박상배
펴낸이 이승현

출판1 본부장 한수미
와이즈 팀장 장보라
디자인 함지현

펴낸곳 ㈜위즈덤하우스 출판등록 2000년 5월 23일 제13-1071호
주소 서울특별시 마포구 양화로 19 합정오피스빌딩 17층
전화 02) 2179-5600 홈페이지 www.wisdomhouse.co.kr

ⓒ 박상배, 2022

ISBN 978-89-5913-760-2 13300

* 이 책의 전부 또는 일부 내용을 재사용하려면 반드시 사전에 저작권자와
  ㈜위즈덤하우스의 동의를 받아야 합니다.
* 인쇄·제작 및 유통상의 파본 도서는 구입하신 서점에서 바꿔드립니다.
* 책값은 뒤표지에 있습니다.